国家社科基金青年项目"金融犯罪高
发地区社会管理综合治理路径探析"
（13CFX048）

金融犯罪风险高发场域的
社会治理路径研究

李娜◇著

上海交通大学出版社
SHANGHAI JIAO TONG UNIVERSITY PRESS

内容提要

本书对高发场域的金融犯罪进行治理化研究,意在为金融体制改革创造良好环境,为全局性改革积累经验,探索金融法律体系与金融犯罪风险治理体系的有机结合。各种高发性金融犯罪、各类金融风险高发行业和地区需要凝聚多重治理主体,采取多元治理手段、创造多赢治理价值。本书主要内容包括:绪论、我国金融场域活力与风险线索分析、金融犯罪高发场域和犯罪样态分析、现有的金融犯罪风险治理手段评议、金融犯罪风险高发场域加强社会治理的总体思考、金融犯罪风险高发场域社会治理方略等。

图书在版编目(CIP)数据

金融犯罪风险高发场域的社会治理路径研究/ 李娜
著. —上海:上海交通大学出版社,2020(2021重印)
ISBN 978-7-313-23227-4

Ⅰ. ①金… Ⅱ. ①李… Ⅲ. ①金融犯罪-预防犯罪-
社会管理-研究-中国 Ⅳ. ①D924.334

中国版本图书馆 CIP 数据核字(2020)第 077583 号

金融犯罪风险高发场域的社会治理路径研究
JINRONG FANZUI FENGXIAN GAOFA CHANGYU DE SHEHUI ZHILI LUJING YANJIU

著　者:李娜
出版发行:上海交通大学出版社　　　　地　址:上海市番禺路 951 号
邮政编码:200030　　　　　　　　　　电　话:021-64071208
印　　制:江苏凤凰数码印务有限公司　　经　销:全国新华书店
开　　本:710 mm×1000 mm　1/16　　印　张:20
字　　数:315 千字
版　　次:2020 年 6 月第 1 版　　　　　印　次:2021 年 8 月第 3 次印刷
书　　号:ISBN 978-7-313-23227-4
定　　价:78.00 元

前 言 | Foreword

　　近年来,中央相继确立了一批金融综合配套改革试验地区,加强了金融制度建设和金融监管体制改革。同时,金融犯罪的发案率、影响区域、波及群体和损失程度也在不断扩大。金融犯罪是社会关注的热点,也是学界研究的重点。研究者既对金融犯罪的内涵和类型、入罪条件、构成要件、刑罚配置等基础法理进行了深入探讨,同时,在历次刑法扩充与修正中,针对金融犯罪罪名的设置、罪名与罪名之间的衔接、具体个案定罪量刑的疑难问题等也进行了分析与研究,重点研究对象包括:金融犯罪的行为方式与手段、犯罪发生的时点与区域规律、犯罪的环境与体制诱因、犯罪打击与防控策略等。运用多学科视角研究金融犯罪防控取得了进展,有的研究结合金融学视角,发现大量诱致金融犯罪的金融活动符合"金融不稳定理论"描述的庞氏融资的特征,认为遏制犯罪的契机在于降低金融风险;有的研究根据制度经济学框架评估交易主体、交易金融工具、交易场所、交易监管水准等内生因素和金融发育情况、金融与经济适应性、金融法制健全程度等外生因素,并关注不同类型区域的金融安全水平的差异性;有的研究提出法律政策学范式,将刑法、金融法等法治建构以及金融体系建设、监管方式改进、行业自律、利益相关者等政策干预结合起来,设计金融犯罪的防治路径。

　　金融改革的深化、金融氛围的活跃、金融秩序的稳定都需要有良好的金融法制和治理环境作为保障。对各种高发性金融犯罪以及各类金融风险高发行业和地区的治理需要采取多元治理手段,创造多赢治理价值。对高发场域的金融犯罪进行研究可以为我国金融体制改革创造良好的制度环境,为全局性改革积累经验。因此,本书研究的目的是将微观的"个案+个体"和中观的"区域+时段+群体"结合起来,探讨在金融犯罪风险的高发场域中,金融犯罪发案的聚集性问题,将刑事政策、立法、司法方面的问题与社会治理问题关联起来,进而探析各场域金融犯罪风险治理路径设计和具体类型金融犯罪的逆转机制,以期有效减少金融犯罪风险。

金融犯罪防控的思考可以从以下角度展开。

第一,遵循多主体治理的路径。执法者、司法者、金融行业管理者、金融利益相关者(金融机构、企事业单位、民众)尽管有不同的价值取向,但在金融稳定方面亦存在共同利益基础,金融犯罪高发地区尤其要聚集更多的社会治理"正能量"来应对犯罪公害,不能将任何一方排除在金融犯罪防控网络之外。

第二,金融犯罪防控存在多种解决方案。核心犯罪因子的防控可以通过"硬法"(金融法规、刑法)来处置,而广泛分布的金融风险则需要金融从业者、金融利益相关者透过"软法"(机构内部治理、行业自律、信用环境协同建设)等途径来干预。单纯依赖"硬法"将导致权威和资源供给的瓶颈,故应增加"软法"的运用。

第三,金融犯罪防控的成效好坏取决于集体行动的最大公约数的多少。金融综合配套改革的实施对释放金融潜能、引导金融资源规范流动、缓解信息不对称有积极的影响。社会治理在稀释金融犯罪与特殊地域、市场、文化环境的亲和性,抑制金融犯罪的传染性方面的作用不可小觑。金融法治建设、金融改革、社会治理是治理金融犯罪的"三驾马车"。

目　录 | Contents

金融犯罪风险高发场域的
社会治理路径研究

第一章　绪　　论

第一节　当代金融发展趋势分析

一、我们面临的全球化金融

全球化是全球经济市场的形成及其连带产生的人类新形态的社会与政治生态。学者卡思特尔斯认为资本、信息、技术、组织正以前所未有的强度、容量及速度推动全球化的发展。一些经济、社会、文化生活必需品在千里之外被制造出来，然后又通过消费活动或是大众传播媒体等进入其他地区，被本地社会成员便宜、方便地取用。全球化的显著特性是实时性，即能以实时的方式让资本、劳动分工等在全球运作，这得益于新的信息与通信科技所构成的基础设施支撑。[①] 金融全球化也带来了金融不稳定。近年来，几个新兴经济体国家，包括金砖五国中的巴西、南非、俄罗斯都相继发生货币和主权债务方面的危机，对国家政权稳定和社会秩序带来了隐患，延缓了经济发展的速度。与此同时，我国也面临着对房地产等产业形态依赖程度过高、地方政府负债上升、虚拟经济中的泡沫成分增大、新兴互联网金融狂热化等问题，对金融健康发展敲响了警钟。为了应对这些金融问题，各国必须选择金融合作，尤其是在汇率、资本流动、金融机构发展等方面，使金融发展和金融稳定成为全球性公共事务。

二、科技金融发展突飞猛进

科技金融是金融信息化与金融网络化、金融数字化等发展趋势的合流，

---

① 白钦先.金融全球化——一把双刃剑[J].求是,2001(1):57-58.

正在深刻改变着金融面貌。金融科技的迅猛发展,体现出极强的生命力和极大的吸引力。具体而言,首先,金融业务中的互联网技术运用上升到了新高度,不仅可以帮助金融机构提高信贷和清算的效率,而且还在人工智能的参与下,帮助金融机构找到新客户或者客户的各种新需求。例如现在民众对移动互联网的依赖性逐渐增强,开发移动互联网应用的新经济形态可通过推出移动支付业务,使客户不需要寻找身边的金融机构,而是通过手机等移动终端发出业务需求,通过移动支付平台满足其需要,而后再由支付平台和金融机构之间进行业务清算交割。基于互联网的点对点网络借款(以下简称P2P)业务更是通过向用户发出接受金融资产的邀约,随时接纳用户的资金转变为金融资产,再投向其他有需要的客户,也可以应用户的需求将受托资产退出金融体系。大量新科技金融企业新型的金融业务补充了过往金融服务供给的不足,金融机构网点和金融资产配置严重不均衡的局面使得经济较落后地区和交通不便利地区的人或资金只要能连上互联网,就有机会享受与先进发达地区同等的金融服务。

其次,金融业和科技业高度融合。例如,通过大数据的优势可以收集民众多方面的经济行为数据,形成可靠的征信基础,形成全方位的金融征信。[①] 通过海量数据的运算,可以提出更为精准的保险精算建议,从而推算出费率、承保条件等更为个性化的保险产品。通过对资产配置的全面考虑、对市场趋势的精度预测以及对市场风险的深度分析,金融机构可以为客户提供优良的投资顾问服务。而区块链技术也将深刻改变以往的产业供应链构架方式,形成共生共用、不分彼此的供应链金融。在这些技术工具的使用上,科技行业和科技公司比金融业有更深的体会和更强的优势,科技业不再是金融业的助手,而是并驾齐驱者。

再次,金融监管对金融科技非常青睐,也给了了新业态比较宽松的空间。由于金融新科技具有用户容纳量大、服务领域广泛、边际成本下降快的特点,与以往的建设金融网点、购置机器设备相比有较强的成本优势,金融监管层乐于这些新型金融业务推广,故给予其较宽松的准入条件。

---

① 朱韬. 商业银行与金融科技融合:倡导新思维、依托新技术、服务新经济[J]. 中国银行业,2017(9):72-74.

三、风险成为现代金融活动的焦点

金融场域与市场经济中其他经济部门一样,受到市场基本规律的支配。在宏观经济形势影响下,证券等金融产品的价格会出现周期性波动,银行贷款等产品的安全性也受到企业是否景气的影响。由于金融市场和其他商品市场有所不同,即永远处于供不应求的状态,故对融资方而言,即便是产能过剩,也希望通过扩大规模、降低成本的方式,或者比对手先布局的方式来占据更多更新的市场份额。而对于出资方而言,总是希望闲余资金有更高的收益,希望寻找更理想的金融产品价格。对于中介金融机构而言,则希望提高资金周转效率,以时间换空间。在这一过程中,矛盾此消彼长。如果资产过大而又缺乏利用,则会产生效益问题。如果负债过大而又缺乏流动性,则很容易出现违约。即便政府可以通过调整利率等手段来调节金融供求关系,但各类金融力量的行为偏好又会冲淡这种努力,因此,在金融市场中很难形成某种均衡。在市场经济部门中,金融机构是专门经营"风险"的机构,避不开风险。金融机构时常处于存量风险未退潮而增量风险又涨潮的局面中。存量风险包括传统的信贷风险、伪造货币流通风险、保险欺诈和证券欺诈风险、民间集资风险。增量风险包括互联网金融诈骗风险、金融衍生产品风险、国际金融犯罪侵袭风险等。如果金融机构风险控制好,就能避险获利。金融机构的风险控制能力不高,就会败给风险,退出市场。近几十年来,英国巴克莱银行、法国里昂信贷银行、巴林银行等百年银行在正常环境下相继被金融风险打垮,两次金融风暴也迫使很多金融机构倒闭。通过一些金融体制改革和结构调整可以消解一部分存量风险,通过加强金融技防也可以抵御一些风险,但新增风险仍将层出不穷。而且,金融风险的波及面呈现扩张趋势。20世纪90年代后半期发生的东南亚金融风暴,重创了几个国家的政治、经济、社会发展成果。2007年在因次贷危机引发的全球金融风暴中,发达国家同样深受其害。根据存款保险制度设计,如果银行类金融机构遭遇破产,需要由中央存款保险机构对存款人给予适当的补助,而存款保险机构的资金除了由商业银行缴纳外,还包括一部分财政拨入资金。从这层意义来看,一家银行倒闭造成的存款兑付将变成全民买单。危机发生后各国财政部和中央银行已无暇顾及金融机构是国营性质还是私营性质,只能向它们提供资金支持,以确保它们不倒闭。其中2007年8月,欧洲中央银行向相关银行提供 948 亿欧元的资金。同年 8 月 10 日,欧洲中央银行再次宣布向欧元区银行系统注资 610 亿欧元,以缓解流动性不足问题并稳定信贷市场。美联储下属的纽约联邦储备银行向银行系统注入 240 亿美元资金。日本中央银行宣布向日本货币市场注入 1 万亿日元的资金。①

四、金融体系对安全的需求处于历史高位

实现金融安全就是要消除金融风险隐患和系统性金融风险警报,以杜绝整体性金融危机,同时促进金融稳定增长,服务国民经济,实现广大人民群众的获得感。

一方面,金融风险可以简明划分为微观(具体)金融风险和宏观金融风险,前者体现为一些没有完全暴露的金融风险线索和造成金融即时损失的违法犯罪案件,或者说是金融"外科病""急性病";后者则是潜藏的、对金融体系和经济支柱具有巨大破坏性的金融"流行病""传染病""并发症"。系统性金融风险对国家经济成长、社会稳定有着消极的影响,全世界都避之不及。近期有些官员和学者引入"明斯基"时刻的说法来描述宏观性、系统性金融。他们判断如果一个国家或区域经济体因受到内外经济形势影响,实体经济增速就会出现放缓,但金融业仍然高度活跃,而且这种增加值主要体现在非实体经济形态的高热度,例如房地产信贷市场、互联网风险投资、资产并购等有危机的征兆。② 当金融杠杆比例过高,金融产品价格扭曲较严重时,离宏观金融风险也就越来越近。除了这些预测性活动,有一点值得确信的是,微观具体金融风险线索虽不至于立即触发宏观金融风险,但确实是宏观金融风险的诱因和刺激。

另一方面,金融安全体系的建设已经提上各国日程。金融业的发展与金融安全的规制有着密不可分的关系,两者并不是以往人们所认为的"金融发展应按照市场规律,金融安全规制为其提供外部保障"那样,两者之间的真实关系应当是:金融安全规制是植入金融行业发展的重要变量,两者已经在金融机构体系内天然耦合,最终孕育出金融安全体系。金融安全体系是应对金融安全各个环节的制度、规则、安排、管理和组织的总和。它以一

---

① 孟德华. 美国次贷危机大事记[N]. 中国经济时报,2018－10－07.
② 余永定. 中国是否正在逼近明斯基时刻?[N]. 财经,2017－12－02.

定的组织形式为基础,金融安全体系内的构成主体运行应当是相互联系、相互关切的。不仅是政府在为提高金融安全而努力,金融经营者、金融监管者、金融行业组织也都处在金融安全共同体之中,金融机构的自身稳健性和透明度、市场的力量都是增进金融安全的重要因素。金融安全体系是不断成长、不断演化的系统。它的形成既有自发性,也有人为整合成分,尤其是法律设计。金融安全体系中的重点部分得到了法律授权以及约束力保障,但有些部分还是非正式化的。

第二节　我国金融场域新常态简析

经过几十年的改革开放和经济建设积累,我国已经步入金融大国行列,金融的活力保障了国民经济的运行效率。我国目前的货币发行数量、融资规模等都已超过年生产总值,其中金融机构融资规模为 173.67 万亿元,是目前我国国内生产总值的两倍,还有 50 多万亿元是社会融资。[①] 经济社会领域的"新常态"无疑也包含了金融场域的新趋向。我们对金融场域的新常态的认知,简单来说就是我国金融体量在不断膨胀的同时,金融体能却面临着更深层次的问题。

一、金融体量方面

普通民众能够感受到的是近年来金融业务品种和金融服务类型不断增多,除了传统型的银行、保险、证券服务机构之外,各种所有制形式、各种名目的新金融体横空出世,例如 P2P 互联网贷款、私募资产管理等。在银行领域,受科技驱动影响,过去银行大力投资建设的电话银行业务、网上银行业务等金融科技已不敌移动金融业务。手机银行已经成为金融机构柜面业务之外很多用户的选择,第三方支付业务也分享了很大的市场份额,银行正在主动或者被动的与一些科技公司合作。而另一部分庞大的科技公司则积极申请创办新型的非实体性银行——互联网银行,例如阿里巴巴集团申办的网商银行。银行通过金融大数据授信系统进行信用管理,接入企业财务综合服务系统来了解客户的需求,管理客户的资金流。这一时期,还兴起了不

---

① 周琳.2017 年现代金融体系建设十大成果[N].经济日报,2018－01－03.

少互联网信贷平台(P2P)类公司。这类 P2P 公司利用各种商业网站广告和社交网络渗透,通过低投资门槛、高回报承诺、灵活营销方式和低贷款条件与银行类金融机构开展竞争,在利用新一代互联网信息科技上占了一定先机。在保险行业,通过网络销售保险已经有较大规模,投保人选择保险条款、在线支付保费、线上报案、远程审核理赔、在线划转保险金已经成为各家保险公司的标准流程。保险公司推出的投资型、回报型险种在计算预期收益、确定投资渠道比例时也已运用科技手段。保监会已经向部分公司颁发了互联网保险业务许可证,同意保险公司自建网络平台,通过互联网和移动通信终端订立保险合同、提供保险服务。在证券领域,较早实现了经纪业务的电子委托、无纸化交易,证券交易所和专业证券公司建立了线上投资理财平台,帮助客户进行资产管理。随着金融科技在数据分析、量化投资方面的改进,互联网财富管理将会更具规模。而证券上市推荐、企业财务顾问等投资银行业务也更加智能化。

在金融行业中出现了新的创业方式。传统金融供给框架中资金(存款)与金融产品是扩大金融规模、获得利益回报的两大法宝。各类金融机构尤其是银行类金融机构竞争的就是业务规模,通过利差机制和业务批量来冲销风险,客户是围绕金融机构运转的。而在新经济、新金融环境下,金融信息、金融服务创新、金融风险管理成为金融业发展壮大的三驾马车。金融机构必须根据金融信息和客户需求而创新业务,不能再一味追求体量。金融业的加速服务业化使平均营利水平下降,再强大的金融机构也难以吸收坏账损失,必须比以往更加谨慎。此外,受到科技和生活方式的影响,金融创新成为金融行业内的热门话题,甚至盖过了传统金融的锋芒。

二、金融体能方面

在我国金融业规模迅速增长、面貌日新月异的同时,一些令人不安的金融警报信号也相继响起。

首先,最常见的是债务风险。一些产业部门的逾期贷款、企业债券违约数额增加。一些地方政府为了追求经济增长速度,放任地方融资平台发生风险。房地产贷款、消费贷款、理财投资等领域已经直接处于较高的风险级别。[①] 一

---

① 鲁静,梅春萍,宋磊. 风险管理——金融机构永恒的话题[J]. 中国农村金融,2006(4):35-38.

些金融机构大力推广银行理财产品、信托贷款、委托贷款产品,然后又将资金投入房地产市场、证券市场等较高风险行业。当前,金融场域的这些矛盾还发生了异化倾向。在负债方面,现在一些企业债务负担越重越押宝于融资,政策和市场环境还在允许它们融资,最终造成信用透支。还有些企业和个人在不具备信用条件的情况下融资,所融资的对象是那些资本有富余、但承受风险能力并不富余的民间金融资产持有者,由此酿成了民间集资纠纷。在这当中,有诸多的泛金融机构进行中介撮合,比如地方政府投(融)资平台、P2P网贷平台等。它们充分利用了宏观货币金融政策的宽松制造出各个领域的金融热点,例如房贷热、理财产品热、私募证券投资基金热、互联网借贷热等,共同推高了我国整个金融场域的资产负债规模。在金融链条上的其他主体——金融机构、担保公司、地方政府等的道德风险时隐时现。前述银行通过发售理财产品充盈贷款资金池,然后再违规给房地产、基建等高风险领域贷款。保险公司和银行营业网点合作,在未向储户充分告知信息的情况下,以"狸猫换太子"的手法销售银保合作产品。一些地方政府组建的融资平台超能力、超规格找银行和信托投资公司融资,有些项目进展周期和营利时点长达十几年至几十年,地方政府和银行都打着同样的"算盘",就是"新官难断旧案"。

其次,是我国金融场域累积的矛盾和风险源。例如长期存在的民间财富无处投资、安全投资渠道少等问题。又比如对跃进式的金融创新,金融行政管理不清晰、不及时的问题。我国传统金融法律制定时间较早,修订次数不多。例如,《中华人民共和国中国人民银行法》于1995年首次颁布,2003年修订过一次。《中华人民共和国商业银行法》于1995年颁布,2003年进行第一次修订,2015年第二次修订。《中华人民共和国证券法》1998年出台,2005年第一次修订,2014年第二次修订(不含少量内容修正)。《中华人民共和国保险法》1995年出台,2009年第一次修订,2015年第二次修订(不含修正)。我国也没有专门制定金融电子、互联网金融方面的法律条例,在有些新型金融科技领域存在着法律空白和监管权限不明确的现象。我国出现的互联网借贷中介平台(P2P)理论上应当受到市场监管部门和金融监管部门的双重管理,但目前是以工商行政管理部门的营业登记为主,在当地政府金融办公室或金融监管局办理的只是备案手续,日常监管主要是工商部门。我国目前在网上销售保险的机构有100多家,多数没有互联网业务或中介业务许可。还有一些公司借助互联网概念推出的云联网保险业务也还没有具体的行政规范。① 我国出台的第三方移动支付的许可证(俗称支付牌照)是授权第三方机构代收客户资金,然后再与金融机构进行结算交割的资格。支付宝、银联、财付通、拉卡拉、快钱等科技性公司推出的产品均获得中国人民银行批准应用,连后来卷入金融犯罪的深圳钱宝网、上海畅购卡公司等也一并获批。金融场域的新旧矛盾和风险肇源叠加起来所酿成的风险更加可怕。

再次,是金融机构的"大"和"强"、"新"和"久"的矛盾关系。金融发展中往往面临制度硬约束和行为多元化的矛盾。计划经济体制下金融和财政区分不明显,银行国有化、政府保底化的体制对现在的金融机构还有一定的影响。一些金融从业者还没有充分认识到金融业是一个高风险行业,对金融机构经营中存在的风险反应迟钝,还有不法分子趁着金融体系不健全实施灰色金融业务和伪装性金融业务,使得比较稳健的经济形势下的金融风险隐患不断增加。金融创新的健康发展也面临着巨大的挑战。例如互联网小额金融贷款曾经被视为一种金融创新,也被一些研究者认为是普惠金融的缩影,我国国内专门从事互联网贷款的机构已经增长到六七千家,但经营情况差异非常大,有些公司已经关闭或失联,还有一定比例的公司基本上承揽不到投资者,正在经营中的公司坏账问题也比较突出,部分公司的实际控制者和管理者有侵占、挪用资金的行为。

最后,是肆虐的金融犯罪活动。金融犯罪本质上是由急迫性、高破坏性的金融风险所引发,而且有其独有的产生和爆发场域。前述这些现实金融风险或金融风险隐患,如果是金融违法人员主观有意而为或者因为金融从业者、监管者的忽视风险的思想和举动被违法犯罪分子抓到机会,就能发生犯罪质变。金融犯罪反过来又会直接影响或间接促发区域性、行业性更大的金融风险,使更多的金融体系受害。当前,特定地域中的一些金融及相关行业以及一些特定的群体已经成为金融犯罪多发、高发的场域。对这类场域的分布情况、分化影响、危害结果等方面有必要展开专门研究。

---

① 苏向杲.30 余家互联网保险平台一年融资逾 10 亿,部分业务无牌照[N].证券日报,2018 - 01 - 04.

第三节 我国的金融场域维稳和
安全保护中的困惑

金融体系经过近百年的重大变革,部分金融生态和金融规范已经有了很大的改变,金融部门内部也分化为专司功能、特殊的活动模式以及独立运作的各种制度组织,但金融稳定似乎越来越难把控。虽然经济学家经过计算就可以知道金融风险发生的大致概率,但还无法准确知道金融风险究竟会在何时发生。[①] 金融稳定是在危机中成长出的产物。现代金融稳定状态的形成是不断与金融风险做斗争的结果。每当局部金融体系的运作和内部机制陷入困境且威胁到整体金融秩序的时候,就会产生出解决危机的制度安排。例如 1929 年美国股市大萧条时期,罗斯福总统推出的果断关闭问题银行的强硬政策;2008 年美国金融风暴后又催生出新的混业监管体系。我国的金融稳定状态也是来之不易的。在宏观金融稳定秩序营建、具体的金融维稳、金融犯罪防控、金融风险治理等方面,我国也做出了许多探索。

一、宏观的金融安全保护体系构建及困惑

多年来,我国政府就对增强风险意识、强化金融法治、维护金融安全开展了缜密的政策思考和设计。20 世纪 90 年代,中央批准建立中央金融工委作为金融工作顶层架构,并通过联席会议制度等方式来加强监管合作。在 1997 年召开的党的十五大会议上,时任中共中央总书记的江泽民在报告中强调:健全金融法规,依法规范和维护金融秩序,有效防范、化解金融风险。1998 年,在九届全国人大第一次会议政府工作报告中,时任国务院总理的李鹏提出要健全金融法规、整顿规范金融秩序,严肃结算纪律,加强金融机构内部管理,严禁非法金融活动。1998 年 5 月,中央政治局组织专题学习,听取了时任华东政法学院院长曹建明教授关于金融安全与法制建设的讲课,讨论了金融风险、金融监管、金融危机防范与金融安全建设等关键问题。从这一时期开始,中央就充分认识到金融风险、金融危机并不是单纯的经济事件,它是经济社会转型发展过程中多种矛盾的聚合。整顿金融秩

---

① Ulrich Beck. World Risk Society[M]. Cambridge Polity Press, 1999.

序,需要综合运用经济手段、行政手段与法律手段。

近年来,中央一方面要求金融业发展有序,为经济改革和政府宏观调控提供资源保障;另一方面要求对金融行业的高增长所带来的问题进行对症化解。2017年4月,中共中央政治局举办了维护国家金融安全的集体学习。习近平总书记指出:要加强金融监管,科学防范风险,强化安全能力建设,不断提高金融业竞争能力、抗风险能力、可持续发展能力,坚决守住不发生系统性金融风险底线。党的十九大报告将防范系统性金融风险和打赢扶贫攻坚战、改善生态环境作为建成小康社会的三大重点任务。

2017年11月,根据党的十九大精神,中央批准成立国务院金融稳定发展委员会作为国家级的议事协调机构,并统合中央银行、各类金融监管机构等各种金融监管力量,谋划更高标准、更广范围的金融发展政策,以便更有力地控制系统性金融风险。国务院金融稳定发展委员会还有权指导监督地方金融建设,能对金融管理部门、地方政府维护金融稳定和防范金融风险工作进行监督问责。这是金融监管部门不具备的职权,对当前解决一些地方性金融风险突出问题有着积极意义。国务院金融稳定发展委员会还吸收了一些协作成员单位,包括公安部、司法部、最高人民法院、国家网信办等,以加强行政司法协作。

2018年,新一轮政府机构改革对金融监管顶层设计做出了调整,原银监会和保监会合并,新设立的银保监会在原有职能部门的基础上进行部门重设,缩减至27个职能部门,并根据金融监管热点新设重大风险与案件处置局、股权与公司治理部两个部门。在地方层面,原银监会的36个省级银监局、306个银监分局、1 730个监管办事处,原保监会36个省级保监局、5个地市级保监分局也进行了改革,转变为现场监管的重要力量。两万多名监管人员管理270万亿银行保险资产,监管近万家金融机构和1 000万名金融从业人员,①监管场域涉及银行、保险、信托业、互联网金融,同时接手原由商务部监管的融资租赁公司、商业保理公司、典当行业务经营,这将使我国从现行的分业监管向更严密的联合监管迈出重要一步。与此同时,金融管理部门的一些职责进行了调整,中国人民银行接手拟订银行业、保险业重要法律法规草案和审慎监管基本制度的职权。新运行的监管体制对危害

---

① 俞燕.全国36家银保监局统一挂牌,省市县三级监管框架定格[N].财经,2018-12-17.

度大、涉及面广、犯罪率高的一些金融失范行为进行了清查、整顿,例如民间集资活动、互联网金融领域、资产管理领域等;一部分金融业务领域,如针对商业银行的审慎监管已经开展,既进行"门槛式"监管,也开展常态化的行动治理。但纵观推行数年的金融管控,无一例外地涉及金融法律规章的制定、实施和金融监管行为的全面覆盖和经常化,是一种典型的"法律+监管+技术"的思维,这在金融监管部门出台的各项政策意见、会议讲话中体现得非常充分。随着人们对金融风险因素多元性、对金融环境复杂性、对国内外金融体系关联性的认知加深,越来越多的看法认为,要防守好金融风险,单单靠政府监管部门紧盯金融业是不够的,还需要有立体化的政商、政社、商社关系将金融风险肇源包裹起来,充分地消化。

二、具体化的金融维稳措施及困惑

在经济建设取得进展的同时,党和政府为了调处和解决日益增加的社会矛盾和冲突,塑造和谐稳定的社会秩序和价值体系,开始着手研究如何对社会进行规范和管理。起初不少人士认为,社会矛盾源于经济体制改革带来的财富分化,是改革中伴生的矛盾,随着人民群众物质生活水平的提高,一些社会问题自然会迎刃而解。为了给经济建设创造一个稳定的环境,各级政府动用了大量的人力、物力资源进行"维稳"。在金融领域,对参与非法集资的民众,由公安部门牵头进行赃款追缴,进行清理返还;对因房地产"烂尾"而产生纠纷的客户,由政府协调银行暂缓实现抵押权,优先退还购房款;对经营产生严重困难的信用社、信托投资公司、保险公司等金融机构加以救助,为其补充注入资本,保障正常兑付等举措,都是维稳行动的一部分。

随着社会矛盾的不断升级,极端化社会事件的出现,政界学界的看法发生了一些变化,认为这些问题和矛盾与我国长期未重视社会建设、投身社会建设的主体过于单一、相关的社会组织发育不充分、社会管理手段高度行政化有很大的关系。[①] 频频投入的维护社会稳定资金实际上是以财政资源来增加社会开支,弥补以往社会建设的欠账。以往实施的维护稳定措施主要还是政府以公权力者的身份自上而下来推动,没有利用和聚合好社会应有的力量。在面临一些社会突发事件时,政府和社会之间应当有的互动还没有建立起来。

① 赵春丽.新媒体时代政府社会管理思维的新转变[J].社会主义研究,2012(1):56-60.

三、金融犯罪防控及困惑

长期以来,在金融犯罪刑事政策中,对预防金融犯罪有一些专门化策略。例如加强金融从业人员法治教育、加强技术防范和金融机构内部稽查、清除民间金融违法违规活动、阻断其恶化为犯罪,但这类政策及其指导下的行动的总体基调是控制。随着金融的专业化发展以及对经济社会生活的嵌入性加强,金融控制规则越来越得不到遵从,刑法的反应越来越不灵敏,一些地区、时点爆发出集中化的金融犯罪潮,例如民间非法吸储犯罪潮、P2P网贷诈骗潮、内幕交易型犯罪潮等。作为中枢的刑事政策受到了严峻挑战。从战略管理的眼光来看,预防和减少金融犯罪需要广泛的、理想的干预方式,干预场域也不应局限于金融体系内部或者周围,干预的目的是建立起良性的金融生态。以往的控制观功能障碍增加难以发挥应有效果,需要思考如何使金融犯罪刑事政策向社会安全体系靠近,结合社会生活体系中天然预防犯罪的机能,将正式规则与行业规约、社会习惯、集体行动等融合起来,将外部秩序与内部秩序统一起来,以群体性治理能量来压制个人私利膨胀和越轨,举社会系统之力来对抗金融犯罪的侵蚀势头。

第四节　金融风险防控中的社会治理方略运用

金融体系没有绝对的安全,只有不懈的防范和化解风险,遏制和减少犯罪。在避险除罪的方式选择中,我们的设想是大幅度地引入社会治理。

一、金融安全与社会治理在理念层面的交集

第一,金融领域可以纳入社会治理的作用场域当中。金融行业属于市场经济体系,有市场准入、行业监管、市场自律、审计稽核等专门性方面的规范活动,力图解决金融风险和金融稳定问题。政府监管部门、金融主体、市场中介组织也都不同程度参与到这些行动当中,这在本质上属于经济治理或者行业治理。金融领域同时也融入了社会生活,在社会端有必要也有能力针对金融风险开展治理活动,只是在这个场域下,治理主体、治理理念、治理规则、治理技术等需要做出一定的调整。

第二,金融领域的社会治理已有先例。在社会治理的"党委领导、政府负责、

社会协同、公众参与、法治保障"行动原则中,强调社会参与。我国在中华人民共和国成立前就有行会等组织类型,主要发挥一些自治、协调、同业救助的功能,它们是介于监管者和被监管者之间的主体。当前我国也建立了证券业协会等组织,并在金融风险治理中开辟了一些新的互动方式,发挥着新的作用。① 各种商业机构、商业媒介、各级工会、社会服务机构、志愿服务机构也被寄予防控犯罪的希望,成为金融犯罪防控的社会层。在中国社会建设的新型语境下,社会治理的主体将更为宽泛,社会层的培育具有更广阔的前景,金融领域的社会治理有着充足的人力资本。

第三,党和政府对金融领域的社会治理非常重视。长期以来,我国防范金融风险的基调都是外部管控加内部守法。过去党和政府为实现此目标,倾向于严格监管。而今已逐渐转变为监管与共治相结合。监管部门开始乐于接纳各种有利于金融风险控制的信息和力量,考虑将监管管控和柔性治理结合起来,将金融监管的对象激励为金融风险治理的主体,积极鼓励金融从业者和利益相关者的自我风险管理。这些逐步使金融监管的一维主体格局进步到金融风险治理多维主体的格局,已将监管者和被监管者之间的人为对立打破。

第四,金融行业发展与社会治理事业相得益彰。未来金融机构和金融行业之间的竞争,不仅仅只是凭借金字招牌和所有制优势,而更应该比拼业务收益性与业务安全性,以及更深层次的企业信用体系与社会责任。金融安全防控的成功能够提升金融机构的品牌价值,获得更多资产者的信任,以助推金融机构的业务。在金融安全防控过程中,社会治理措施不但能够帮助金融机构堵住一些漏洞,同时也能够帮助金融机构降低在维护金融安全上的成本,以减少政府部门在此方面的支出。

二、金融风险社会治理的切入点

金融犯罪研究的靶点无疑是如何控制和减少犯罪。在进行遏制金融犯罪的思路和对策设计时,不能单纯站在金融管理和刑事法角度自上而下地思考问题,还需要深入社会生活层面,对区域金融犯罪防控整体路径设计和

---

① 李聚合.加强金融领域信用体系建设,促进金融市场健康发展[J].宏观经济管理,2016(8): 11 - 13.

具体类型金融犯罪的阻却机制充分关注,自下而上地寻找答案。还需要将多元化的研究视角和探究方法运用到金融犯罪研究中,包括且不限于金融学、社会学、心理学、文化学等学科。① 本书主要通过社会治理角度去认知和指导金融犯罪风险的防控。一方面,通过描述社会治理的缘起、制度设计、参与主体、运行方式来评估社会治理方式在控制社会风险、促成法治社会、预防控制犯罪方面的功能,确证社会治理应用于金融犯罪的可行性。另一方面,通过梳理金融体系中的风险线索,追溯金融犯罪案件的发生条件、发案特征以及暴露出的治理空白点,从应对过程、影响范围、处置结果等来检视金融犯罪高发场域中社会治理元素的介入情况、社会治理手段与法律手段结合程度,评判社会治理发挥效用的程度,进而推导出刑事法回应与社会治理渠道联合治理金融犯罪的基本路线。

在具体内容上,本书分为六个部分,分别是绪论、金融风险线索探查、金融犯罪的爆发及防控反思、社会治理运用于金融犯罪防治情况的评议、推进金融犯罪高发场域社会治理定型化的总体思考、金融犯罪社会治理路径分析等。

---

① 李娜. 论金融安全的刑法保护[M]. 武汉:武汉大学出版社,2009.

第二章 我国金融场域活力与风险线索分析

改革开放以来,经过不懈努力,我国金融实力大幅增强。在国际影响方面,人民币已经正式加入国际货币基金组织特别提款权货币篮子,体现了我国金融开放的广度和金融产品的实力。在外汇金融资产方面,我国已成为持有美国国债数额排名世界第二的国家,并在海外收购了一些金融机构。

在国内实力方面,经济新常态环境下作为第三产业的核心部门,我国金融业增长速度和增加值对经济增长的贡献率不可小觑。在过去的几年间,金融业的增长率开始高于工业增速,快于经济增速(见表2-1)。

表 2-1　我国金融发展速度与作用对照表[①]　　　(单位:%)

年　度	金融业增速	金融业对GDP贡献率	金融业增加值占GDP的比重	金融业增速与工业增速差距	GDP增速
2012	9.4	7.5	6.51	1.3	7.9
2013	10.6	8.9	6.92	2.9	7.8
2014	9.9	9.5	7.25	2.9	7.3
2015	16	16.4	8.44	10	6.9
2016	5.7	7.1	8.35	—0.3	6.7

在银行业方面,我国近年来采取了比较宽松的货币政策,贯彻保增长、促民生的意图,银行体系可使用的信贷资金较充沛,对实体经济的支持力度增大。由于大城市集聚效应增强、城镇化推进、城市老旧房屋、棚户区改造等因素,房地产信贷规模同比上调,市民和金融机构对房地产信贷有很高的

---

① 数据来源于国家统计局历年国民经济运行情况数据,笔者自行整理。

热度。还有一些地方政府融资平台充当着类似贷款者的角色,构成了金融业增长的底数。在证券方面,我国 A 股中 226 只股票被记入国际上重要的 MSCI 股票指数。[①] 我国近年来开辟新三板、创业板市场交易,使得证券市场扩容,证券整体市场交易量增大。在保险领域,国家鼓励民营资本进入保险市场、放宽保险资金投资限制,打通财产险和人寿险的分隔围墙,大力发展投资性险种,做大了保险市场。近年来还发展了资产管理新型业务,扩大了沉淀资金的使用效率。与此同时,民间金融市场更加活跃,以互联网金融为代表的金融创新迅速铺开,与正规金融形成了互补和一定程度的竞争。越来越多的民众熟悉金融、参与金融、得益于金融。但是,在高增长速度、巨大资金沉淀和对社会高渗透的趋势下,我国的金融业健康发展受到了广泛关注,也面临着一定的挑战。金融稳定和金融安全成为全社会关注的焦点。

当前我国的金融风险一方面沿袭了改革开放以来尚未解决好的一些金融结构性问题,尤其是 1997 年亚洲金融危机和 2008 年全球金融风暴给我们带来的一些后遗症,另一方面也出现了一些新的金融风险点。在旧的风险点方面,最突出的是违约风险。从 1995 年《商业银行法》正式实施开始起算,我国银行业以及非银行金融机构的不良资产比率出现了迅速上升、大规模剥离、整体平稳、加速上升的轨迹。不良资产的上升缘起于金融机构内部的违法发放贷款,以及来自外部的贷款诈骗犯罪现象,两者是互为表里的关系。另外就是金融机构内控风险。早年由于一些地方和行政部门乱批、滥设金融机构,或者与一些全国性金融机构进行地方联营,出现了大量的违规经营、账外经营现象,导致一些问题金融机构,例如信托投资公司、证券公司、租赁公司、城市信用社被接管或被勒令关闭、破产。一批金融机构高级管理人员屡次做出违规在账外吸收公众存款、发放贷款、渎职、挪用资金、内幕交易等丑行。有些案件在当时就被处置,而有些犯罪行为和线索则被隐藏起来,直到现在才暴露风险。经过对金融机构长时间的监管,对金融体系进行功能完善,现阶段正规金融机构中大面积直接违法犯罪现象得到了控制,但个别犯罪现象还时有发生。在民间金融领域,由于居民财富的增加以及通货膨胀的现象,民间金融与正规金融息差的扩大,各种非法集资现象大

---

① 谢卫群. 226 只股票纳入 MSCI A 股,国际化迈出重要一步[EB/OL]. [2018 - 06 - 01]. http://baijiahao. baidu. com/s? id=1602031119542826647&wfr=spider&for=pc.

幅增加,地下钱庄、标会猖獗,多个地区爆发了非法吸收公众存款、集资诈骗的大案。

在新的风险点方面,主要有以下表现。

第一,由于货币投放量的增加,大量资金流入民间金融投资机构、互联网金融机构,它们在高速发展过程中出现了大量的兑付困难和金融欺诈现象。

第二,经济增长速度减缓导致前期大举借债、盲目扩张的一些企业利润下滑,无法偿还银行贷款,沦为"僵尸"企业。还有一些企业从债券市场筹集的资金也出现违约现象。据专家统计,2016 年我国企业的杠杆率是 166%,负债达 123.5 万亿元人民币,每年需偿付的利息高达 6 万亿元人民币,几乎相当于每年国民生产总值的增加值。同时,一些地方政府为了追求经济增速,通过融资平台、产业基金等各种渠道向银行借债,一些本应由吸纳民间投资的项目实际上是政府在操办,造成了地方政府债务上升和地方预算赤字,加大了银行的负担,使我国银行整体不良资产处于 2% 的高位。[①]

第三,房地产金融成为隐蔽式金融风险的聚集点。据中国人民银行的统计,目前我国银行商业贷款中约有 25% 直接发放给房地产开发企业和居民住房贷款,同时还有一些贷款与房地产紧密相关,例如以房地产抵押方式获得的流动资金贷款。[②] P2P 平台、资产管理业务中也有相当多的合约以房地产作为抵押品。在房价上涨的预期下,这些贷款质量尚且稳定。但当房地产价格下跌时,银行就会面临借款人放弃抵押品而不愿偿还贷款以及抵押品抵押率不足等问题,会给银行造成巨大的压力。[③]

第四,在增量金融方面,一些大型金融控股公司、证券公司、保险公司、基金公司近年来开展了上百万亿的投资银行业务、资产管理业务。这些业务中存在一些较为复杂的金融产品,运用大量的金融杠杆,并和国外流入的"热钱"有着千丝万缕的联系。在国际、国内金融形势发生动荡和金融监管失灵客观存在的背景下,一些风险隐患会逐步暴露出来,例如近期安邦金融集团、华信金融控股公司、海航金融控股公司爆发的危机。

---

①　五大行年报. 中行业绩下滑,农行不良率最高[EB/OL]. [2017 - 04 - 07]. http://bank. jrj. com. cn/2017/04/07082822273886. shtml.

②　张明. 银行被房地产"绑架"了多少?[EB/OL]. [2017 - 09 - 21]. https://www. sohu. com/a/193581694_481683.

③　夏斌. 如何认识和化解系统性金融风险[J]. 银行家杂志,2018(5):34 - 35.

这些也提醒我们,在金融体系中的风险是长期的、普遍性的、难以移除的,而且,对风险的苗头不能掉以轻心。因为它就像一扇破窗,会招致更大的风险骨牌效应,动摇为维护金融稳定所做出的努力。

第一节 产业部门的金融风险线索

一、信贷违约风险线索

国民经济中的生产型部门对金融资金的需求非常大,这也构成了金融行业的主要利润来源,但巨量的资金流入产业后会伴随信贷违约风险隐患的增加,这种风险是固化的、传统化的。在经济增长主体中,资源密集型、劳动密集型企业的成本较低,获得银行信贷支持后产能迅速增加,规模优势明显,营利期间短,银行信贷和企业之间形成良性循环。但是当产能增加到一定限度及市场饱和时,企业营利能力下降,营利周期变长,信贷风险就变大。出现产业升级换代时,老的产能被挤出,根本无法营利。银行信贷投放就容易变成坏账。在新经济环境下,技术密集型、资本密集型企业的竞争力要依靠高昂的人力成本以及无形资产成本,这类资产在估值上的泡沫化、短期化比较严重,无论是银行信贷还是股权投资在资产计价上都存在风险。

当前,除了经济大环境影响下的债务违约,一些企业不同程度骗贷的现象也不少见。根据第三次全国经济普查数据显示,我国有企业法人820.8万个,登记的个体工商户3 279万家。① 2017年底我国商业银行贷款总额为129万亿元,扣除个人住房抵押贷款(约为25万亿元),平均每个企业商户的可贷款额度为250万元。但实际情况是,我国目前有785万家小微企业法人,占全部企业法人单位95.6%,而银行业小微企业贷款为31万亿元,平均每个小微商户能得到的信贷支持是70万元,另外73万亿元贷款投放给了总数只占5%的大中型企业。为了获得银行贷款,一些借款企业进行了充分"包装",甚至使用欺诈手段。除了典型性的伪造身份、资信、抵押物证明外,还出现一些虽未达到犯罪程度但对信贷安全产生极大影响的

---

① 国家统计局、国务院第三次经济普查办公室. 第三次全国经济普查主要数据公报(第一号)[EB/OL]. [2014 - 12 - 16]. http://www.stats.gov.cn/tjsj/zxfb/201412/t20141216_653709.html.

事件。主要类型包括以下方面。

第一,以虚假业绩、经过包装的财务会计资料以及未经尽职调查的项目来申请银行贷款。

第二,利用商业银行对票据业务的重视度提升,积极承销、承付短期融资券、资产支持票据、定向融资票据等各类企业票据,套用银行贷款。[①]

第三,一些企业在资本市场上演化出异常复杂的股权结构,为境外商业事务向银行申请内保外贷、保理等方式融资,回避国家对资本流动的监管。一些企业投资行为业务熟练度和市场适应性差,最终拉银行做垫背。

第四,一些上市公司在穷尽了股票增发、发行公司债券等手段后,以大额未流通股权做质押向银行申请贷款,推行一些不靠谱的资产重组或投资项目,公司股票市价有预见性地急速下跌,质押股份减值现象严重,即便银行被迫提前行使质押权,仍然无法稳定贷款质量。据统计,自 2015 年以来已经先后有 2 000 家 A 股上市公司向银行申请了股权质押贷款,质押物价值最高峰时达到 4.9 万亿元。到 2018 年上半年,至少还有 2 万亿元的股份尚未解除质押。[②]

二、直接融资债务风险线索

当前,在第二、第三产业的一些企业部类中,债务风险和流动性风险呈现严峻化、临界化倾向形势。一些生产经营尚属正常、但金融依赖过度的企业出现了财务性风险,拖累了企业的生存发展。从总体上看,我国目前面向企业开展直接或间接融资都有风险问题。作为生产部门的企业在加强直接融资的政策鼓励下,近年来发行了为数不少的债券产品。依照公司治理规则,公司债券是比股份更为安全、偿还顺序更为优先的融资方式。但截至 2016 年底,已经有 88 只公司出现了债券违约事件,违约的发行方累计为 52 家,违约本金规模为 496.94 亿元。[③] 连一些具有国有资本背景的公司在证券交易的合规性、企业债券的守约性以及其他层次资本市场的回报性方

---

①　江西财经大学九银票据研究院. 票据市场 2017 年回顾与 2018 年展望[EB/OL]. [2018 - 01 - 02]. http://finance. sina. com. cn/roll/2018-01-02/doc-ifyqchnr8296427. shtml.

②　程婕. 股权质押贷款成银行禁区[N]. 北京青年报,2016 - 01 - 16.

③　顾志娟. 今年 31 起债券违约金额超 300 亿,低等级债券收益率高企,遭投资者"冷眼"[EB/OL]. [2018 - 08 - 31]. http://www. sohu. com/a/244256149_616824.

面都暴露出风险。例如丹东港集团公司发行的"13丹东港MTNI"等3只债券相继出现违约，金额达24亿元。中国城市建设控股集团公司发行的"16中城建MTN001"等11笔债券出现违约，违约总金额超过100亿元。上市公司中弘股份私募债券和资产管理计划相继出现违约，公司负责人最后出逃。在民营经济较发达的广东、浙江、福建等省，这种危机也不时爆发。福建省老牌鞋业公司富贵鸟集团创办于1991年，2013年赴我国香港联交所上市，2015年4月由国泰君安证券公司承销"14富贵鸟"债券共计8亿元，期限五年。根据发行合同约定，债券发行第三年末发行人可以行使上调票面利率选择权，而投资者享有回售选择权。但该公司经营业绩下滑，三年时间里债券的信用评级从AA级迅速下调到A级、BB级、CC级、C级。到2018年4月，该期债券进入回售期，但公司爆出现有负债达到30亿元，公司账面流动资金只剩1亿元，倘若投资者选择回售而富贵鸟公司无力兑付，投资者只能起诉公司及申请财产保全，而富贵鸟公司的出路只能是选择申请破产、资产重组或者应投资者要求提供额外担保物。2018年4月23日，富贵鸟公司在上海证券交易所发布公告称：由于公司前期存在大额对外担保及资金拆借，相关款项无法按时收回，无法按期偿付"14富贵鸟"公司债券到期应付的回售本金及利息，导致本次债券发生实质性违约。[①] 这些公司的困境是当前很多上市公司的通病，即真实资产质量不高，营业收入萎缩，债务杠杆率高，依靠股权大量质押换取资金维持流动性，并不顾偿付条件盲目发债。一旦股票价格发生波动就可能面临债权银行强制处分质押股份而引起连锁下跌。在它们身上除了存在证券股权领域的风险，还折射出金融体系其他方面的风险。这类公司的资产财务情况并不好，但屡次都能被获准发行债券，也有各类银行为它们提供贷款，其中包括一些地方性商业银行发放的大额贷款额度。

金融业务对企业的主要作用应当是开展中介业务、解决财务平衡，而不应当是企业的发动机和救命草。企业通过金融渠道融资，不应当只看到融资成本低于营业利润就打算占用金融资金，还应当考虑到债务规模和流动性对企业安全的影响。上述企业就是拿着银行、债券的信用进行流动性透支。

---

① 李思.无法偿还7亿元到期本息，富贵鸟实质性债务违约[N].经济观察报,2018-04-24.

第二节　正规金融机构体系内部风险线索

一、我国银行业中隐藏的风险线索

根据银监会统计,截至 2017 年底,我国具有法人资格的广义银行类金融机构 4 549 家。除了狭义的银行,还包括金融资产管理公司、信托投资公司、大型企业财务公司、金融租赁公司、消费金融公司、汽车金融公司和货币经纪公司。若只单纯统计银行,则有政策性银行 3 家、国有银行 5 家、全国性股份制商业银行 12 家、邮政储蓄银行 1 家、城市商业银行 133 家、农村商业银行和农村合作银行 930 家、农村信用社和农村资金互助社 1 421 家、村镇银行 1 311 家、民营银行 6 家,另有中德住房储蓄银行、亚洲基础设施投资银行等特殊机构。5 家国有大型商业银行的总资产合计超过 88 万亿元,占整个银行业资产总额的 35%,相当于目前我国一年的国民生产总值。12 家股份制商业银行的资产总额约为 44 万亿元,接近国有商业银行的一半,成为我国银行资产的半壁江山。[①] 新近成立的 6 家民营银行(天津金城银行、上海华瑞银行、浙江网商银行、温州民商银行、重庆富民银行和深圳前海微众银行)也非常引人注目。

近年各地银监部门持续公开了一些因对商业银行贷款管理涣散而受到行政处罚的案件,进而暴露出银行业内部的经营风险和管理风险。其中披露次数较多的是商业银行向房地产开发项目放款时不严格审查用地、建设、规划、预售方面的许可证,为房地产开发企业提供土地出让保证金贷款和竞标贷款,容许借款人改变用途,将款项投入房地产开发或炒作等,连政策性银行也概莫能外。在这种不规范信贷环境下,2016 年年底,中国银行的不良贷款比例为 1.46%,中国工商银行的不良贷款比例为 1.62%,中国建设银行的不良贷款率为 1.52%,中国农业银行的不良贷款率为 2.37%。根据银监会的统计数据表明,截至 2017 年第三季度,商业银行不良贷款余额为 1.67 万亿元,不良贷款率为 1.74%。[②] 根据有关智库发布的《中国金融风险

---

① 王恩博. 中国银行业资产规模超过 250 万亿元[EB/OL]. [2018 - 02 - 09]. http://www.crntt. com/crn-webapp/touch/detail. jsp? coluid=7&docid=104987892.

② 毕马威会计师事务所. 2016 年中国银行业调查报告[R/OL]. [2016 - 09 - 19]. https://home. kpmg. com/cn/zh/home/insights/2016/09/mainland-china-banking-survey-2016. html.

报告(2017)》显示,2017 年我国商业银行不良贷款率不低于 1.6%,虽然比 2016 年时有所下降,但还未能脱离公认的 2% 风险警戒线。[①] 在这些数据背后,存在着银行间的大量风险博弈。

首先,是争存款,补充"弹药"。主要竞争形式表现在以下几方面。

(1) 在客户存款时赠送礼品,或给付商业银行自定的额外利息部分。有些银行网点是发给储户现金,有些是给其他有价凭证,例如赠送保险、不记名国债、纪念币等。有的银行是当即给付,有的是事后给付。有些银行在定期存款到期与储户未事先约定的情况下,自行将存款转为定期。

(2) 接受一些中介机构介绍来的存款业务,或者主动委托一些中介机构和银行员工到企业和居民处拉存款。有些银行聘请合同制员工,其主要工作职责就是拉存款,并且根据拉来存款的数额和存款期限决定员工的报酬。有些从银行或企业财务部门离职的人员专门成立投资咨询公司或财务顾问公司,使他们成为职业的资金掮客,为不同银行介绍存款来源,甚至当银行不方便支付利息和手续费时也由这些公司来代为支付。然后银行再以劳务费、广告费等方式回馈给它们,或者接受它们的推荐,以向特定客户发放贷款作为回报。

(3) 存贷挂钩,即要求或暗示贷款客户必须将借款金额的一定比例部分存入银行,在一定期限内不得取用。如果客户不答应,就不为其提供贷款,使客户在不能自由动用借款资金的同时还必须按贷款合同规定支付贷款利息。近期还有一些银行物色一个空头客户,办理一整套贷款审批手续,名义上将贷款发放到其账户上,实际上并没有真正的资金划付。然后再假借该客户名义存款到银行,使得银行存款在账面上增加,而实际存款并没有到位,待上级对存款的检查考核期满后,就撤销掉该笔贷款的信贷记录,也抹去相应的存款记录,使得银行中出现一些"幽灵借款人"和"幽灵存款者"。

(4) 将理财产品、同业业务冒充存款,即银行设计的对外销售利率高于普通存款的理财产品,吸引民众购买。理财产品在会计报表中属于表外项目,但一些银行为了冲高存款数额或者完成上级下达的存款指标任务,就在理财品种上做手脚,将理财产品销售资金进行账目调整,记录到表内负债科目下冒充存款。在银行业会计统计的几个重要时点,例如年末、每年 6 月

① 殷鹏.金融风险报告蓝皮书建议:增持权益类资产[N].中国证券报,2017-12-03.

底、每个季度和每月最后几天等,一些银行会密集发布理财产品,而且产品利率会高于往常,其中往往隐藏着这一目的。这种操作是违背银行会计准则的,因为理财产品的收益率计算与存款类有较大不同,如果将理财产品混入表内业务,将导致银行的经营业绩数据非常不真实。由于理财产品资金是小额化的,有些金融机构并不做这些业务,就通过常用的同业拆借资金来冒充存款。一方面,银行以补充头寸不足为名向中国人民银行或其他金融机构拆借来资金,将资金不记入同业存款科目,而是记入一般性存款科目。另一方面,银行将存放在本行的财务公司、保险公司等同业存放的资金、第三方存管业务项下的资金进行挪位,也计作普通存款,以粉饰业绩。

(5) 设置业务障碍,拖延支付到期存款。有些商业银行经营网点制定了存款提取金额和时间限制方面的一些"土政策",尤其是针对一些企业开户客户,例如要求他们月底不能临时取款、工资发放日期要根据银行的意见来确定、大额汇兑需提前申请等,而企业用户迫于对银行的贷款和结算业务的依赖,也只能答应这些条件。对于居民存款人,有些银行也会使出花招,例如存款时给客户赠送礼品后要求客户不能办理提前兑付,进行大额现金支取的限制、每日最高取款额的限制、网上银行停止服务的限制等,[1]这些做法既不便民,也不完全是为了存款安全,而是为了银行自身利益,导致储户对存款无法自由行使支配权。

(6) 使用会计手段拖住存款。有些银行网点在出现存款下滑时,就想方设法阻止存款人和开户单位取走存款,在无法硬性要求客户不取款的情况下,一些银行会在会计结算方面做文章。如对客户申请开立本票、支票类业务以办理时间较长为由进行拖延,或者以客户申请不符合规定为由加以退票。对客户申请承兑入账的汇票,以验证真伪、汇票记载事项不清等理由加以压票,以减少资金划出,或者少付一些利息。还有的银行在为客户发放贷款后,又私下要求客户不要取用贷款,而是向银行再申请开具承兑汇票,将贷款金额的全部或一部分作为承兑汇票保证金,然后客户将承兑汇票作为货款或其他类型款项支付给他的债权人,待承兑汇票到期后银行才予以承付,这样银行前期发放的贷款就全部回笼成为存款,整个交易结算中用远期票据取代了实时汇付的资金,银行还凭空增加了一些承兑业务。中

---

[1]　陈希琳. 迎中考 银行揽储显神通[J]. 经济,2014(7):62-63.

国人民银行和原银监会多次发文要求各家商业银行不能采取高息或变相高息的手段拉存款,不得存贷挂钩,以贷引存,但实际上商业银行并没有完全遵照。

其次,是比资产规模,开展贷款竞赛。对于重点产业和企业,各大银行趋之若鹜,竞相为其办理授信、贷款业务。比如在各地出现的房地产跃进式发展中,商业银行起到了推手作用。在房地产开发企业组成财团竞拍土地时,有些银行给予了高额的授信支持。有些房地产企业在已拍得但尚未付清出让款项时,即将土地作为出资或者作为抵押标的,银行未进行严格的风险评估,未履行严格的核保核贷手续,不愿得罪贷款大客户。[①] 对于房地产开发和建设企业资产负债率畸高,已经严重威胁偿付能力但仍大举扩张的,银行未能及时调整其资信等级,或者为求自保采取紧急收紧贷款额度等做法,由此导致消极的后果。当然,大多数银行的房地产信贷决策属于经营不审慎,或者轻微程度的违规,未卷入金融犯罪。但正是金融机构对风险感觉上的迟钝和在风险控制上的态度暧昧,使得房地产金融活动体量膨大、杠杆高企,潜在的次级风险尚无法短期估量。存款规模较小、分支机构较少的小型商业银行也有信贷冲动,它们在贷款市场上拼不过国有银行,就曲线营利。有些小型商业银行通过同业、理财等业务将资金转移到股票和信托市场、地方政府融资平台,然后再流入一些发改部门、监管部门点名强调的产能过剩企业、高污染或高耗能企业、“僵尸”企业、已经出现风险迹象的固定资产建设项目等次级贷款者。一些农村商业银行和农村信用合作社身为小微金融机构,利用小额扶贫贷款期限较长、不需要担保和抵押、财政部门提供贴息、贷款逾期可核销的便利,将涉农贷款转成关系贷款,或者放任一部分投机分子伪造收入或社保资料,冒充贫困人口来套取贷款,滥用宝贵的扶贫资源。

商业银行的贷款业务之外的经营活动也不是安然无虞。近期商业银行被处罚案件曝光次数较高的问题主要包括:银行间同业业务、理财业务、会计业务等,具体分析主要表现如下:违规处理会计账目;滥发个人消费贷款;理财产品销售管理混乱,将非保本型理财产品与保本保息型理财产品混淆,违规做出兑付承诺,签订保本合同,出具保函;超规模实施同业存款或拆借,为他行同业业务提供担保等。

---

① 廖方楠.业绩竞赛、地方国企过度投资和城市商业银行贷款[D].重庆:重庆大学,2014.

（一）大中型商业银行风险线索

四大国有银行和若干股份制商业银行是我国银行体系的主力军,已先后完成股份制改造,其金融资产质量相对良好。但与发达国家相比,这些银行在业务品种数量、人均金融服务的指标方面不是很突出,而且与成熟商业银行应具备的银企关系、政银关系、业务合规性方面还有一定差异。

在银企关系上,我国商业银行是企业融资的最主要渠道,是投资驱动型增长的最大推手。近年来,大中型商业银行受到一些指责,指责其向一些过剩产能部门如钢铁、水泥等大量发放贷款,而对民营经济、中小企业惜贷吝贷,成为房地产价格迅速上涨的帮凶。还有指责大中型商业银行对个人房地产信贷客户、个人信用卡申请客户把关很松,只顾赚钱,忽视风险。比如在淘宝等网站上,一些非法经营者炮制虚假业务专用章,记载虚假的银行存款、消费记录、收入情况、账户余额变动的"流水单",供买家到银行申请个人贷款,每份假单据售价 200—400 元。[①] 有些房产中介在帮助购房者办理住房按揭贷款时,会提示不合资质的申请人去购买此类单据。受理银行在拿到这类单据时只是略加审查或者根本没有审查,就启动审批程序,轻易地将贷款发放出去。商业银行推出的个人贷款业务中还有一种较独特的助贷业务,即由第三方机构帮助贷款人开展对借款人的资信审查、风险评估,或者提供所谓的增信服务,比如提供良好的信用记录证明、承诺当借款人不能偿还时进行兜底等。有些时候银行也把这些业务外包,由于我国信用体系建设和专门信用经营机构的不完备,这类业务很容易沦为收费和盖章的灌水征信。又如,当前商业银行个人贷款违规流入房地产市场的现象有蔓延的势头,原先这些贷款的申请用途是消费类、教育类、旅游类等类型,贷款人改变约定用途,将其用来归还陈欠的住房抵押贷款或者用来支付新增住房款首付,银行对此是可以追溯的,但一些银行只要借款人能按期还本付息,就不再追究。还有,为了绕开中央银行强制性、高比例的存款准备金制度,各大商业银行"另辟蹊径",大力推出银行理财业务,以高于挂牌存款利率一倍以上的回报率使得居民将存款"搬家",以增加商业银行的信贷能力。

在政银关系上,大中型商业银行在获得政府支持方面有独特的优势,也忠实贯彻着服务于政府在经济发展方面的意图。银行和政府力量的结合,

---

① 顾志娟. 假银行流水单几百元网上公开卖,想做多少金额就做多少[N]. 新京报,2018 - 08 - 09.

一方面,大大降低了银行的扩张难度,使银行得到一些垄断性资源,提升银行的估值水平。另一方面,则会将政府信用和商业信用混同起来,对风险产生麻痹心态,银行也难免受制于政府的政绩观考量,成为"万能政府"手中的融资"棋子",导致政府虽然有能力管制金融机构的业务,但无法有效管制金融风险。

在银行业务合规性方面,有些大中型商业银行发行的一些金融产品承诺无风险,实践中这些金融产品也由于市场稀缺性原因基本能保证稳赚不赔,虽然这些产品看起来是无害的,但对金融体系的整体构建却并非是好的。因为这类产品多样化、短期化的倾向十分明显,而且有些产品在设计上有意无意地触碰道德风险底线,极可能造成一些金融违法犯罪。比如银行设计销售的周末理财产品,其发售时间是每周五,理财期限两天,在下周一上班时间前可以将理财产品本金和收益返回至投资人账户。试想一下,一些具有资金保管权限的业务和财务工作人员完全可以开立理财账户,将所经手的单位款项在周末下班后放到银行去"睡两天觉",周一上午再平安赎回,坐收理财收益,这就给一些业务人员额外发财的机会。他们会从挪用小额资金入手,看所在单位是否会发觉,当发现无人察觉时,他们就会挪用更大数额的资金。上述诱使公款私存的理财产品所幸没有明显风险,但也有一些收益高的理财、P2P 产品将单位业务人员拉下水的例子。

在大中型商业银行"走出去"的过程中也面临新的风险挑战。2015 年,美联储向中国建设银行发出执法整改命令,要求该行遵守美国联邦和各州的反洗钱法和银行保密法。2016 年,美联储向中国农业银行纽约分行发出禁制令,认为根据员工投诉,中国农业银行在风控、反洗钱方面不合规。①

(二)政策性银行风险线索

我国的政策性银行具有国有独资股权特点,意味着其受到全民委托,同时也受到政府的委托参与经济调控和公共投资,但这不代表着政策性银行不涉足金融市场、不沾染金融风险。部分政策性银行在签订借款协议时不过问借款用途,默许借款人将贷款用于高风险项目,或者让一些没有偿付能力的借款人获得借款,搭政策的便车。2017 年,银监部门通报中国农业发

---

① 李莹莹. 农行被美联储指责反洗钱存"重大缺陷",限期 60 天整改[EB/OL].[2016 - 09 - 30]. https://www.thepaper.cn/newsDetail_forward_1536958.

展银行河南省分行在开展政策性信贷业务时没有履行贷款调查、审批和贷后管理的尽职审查就发放贷款，将信贷资金投向国家宏观调控限制的固定资产领域、高污染或高耗能产业。国家开发银行浙江省某地分行在 2017 年度的信贷额度使用完后，在当地有关部门的请托下，违背国家对基本建设和房地产行业加强调控、有保有压的政策精神，又变相增加额度向当地一些部门发放固定资产贷款。国家开发银行吉林省某分行违规提供担保，帮助地方政府融资。[①] 目前政策性银行借款给地方政府投（融）资平台，然后再间接地将款项流入房地产等行业的做法十分流行，这就将政策性银行与地方政府债务捆绑在一起，造成中央政府与地方政府一体受债务影响的局面。

（三）地方商业银行风险线索

我国 1 000 多家地方性商业银行集中出现于 20 世纪 90 年代末期，脱胎于早先的城市信用社、农村信用合作社。经历了二十年的发展壮大，有些规模较大的地方性商业银行已经壮大并成功上市，还有相当一部分成长缓慢。在竞争日益激烈的金融体系下，地方性商业银行面临着更大的挑战。

从发展战略上看，地方性商业银行是全国性银行和股份制商业银行的陪衬还是一个独立的金融力量，是走特色化道路还是走规模化道路，至今没有清晰的路线。目前不少地方性商业银行都试图开设异地分支机构，扩张规模，试图跻身全国性、综合性银行行列。比如北京银行在 10 个省份设立了分行，上海银行设立了 7 家省外分行，宁波银行、杭州银行、天津银行有 5 家跨省分行，规模较小的包商银行也设有 4 家跨省分行。有少数地方性商业银行在我国香港地区设立了代表处、合资银行，步伐最快的厦门国际银行在我国港澳地区已经有 37 家分行。[②] 还有些地方性商业银行未经银监部门批准，私自设立异地业务管理部、事业部、业务中心、客服中心、代表处、办事处、常驻经营团队等，在设立分支机构问题上打擦边球。一些地方性银行虽没有获准设立省外分行，但拥有村镇银行等异地持牌金融机构。有的地方性商业银行设立了 20 多家金融租赁公司，11 家消费金融公司以及汽车金融公司，地方性商业银行之间还相互参股。有几家规模大的地方性商业

---

① 中国银监会网站［EB/OL］.［2018 - 05 - 31］. http://www.cbrc.gov.cn/henan/docPcjgView/C22FCF1836264136BB40B0C982B1CCF4/12.html.

② 任涛. 35 家地方性银行的跨省分行设立和综合化经营情况［EB/OL］.［2018 - 05 - 31］. http://www.sinotf.com/GB/News/1002/2018-05-31/1NMDAwMDMxNTU1Ng.html.

银行还获准开展保险、基金、资产管理业。对地方性商业银行的跨区域经营,监管部门和行业有不同的看法。商业银行从业者普遍认为,如果刻意加以限制,画地为牢,将造成金融资源不平等和金融抑制。一些银行业者还呼吁应允许地方性商业银行借助互联网渠道展业,以减少异地经营的成本;允许地方性商业银行进入一些非银业务领域,比如重组企业集团财务公司、开展资产管理业务、参股证券公司和保险公司、增加地方商业银行之间的相互持股、在国有商业银行混合所有制改革中为地方性商业银行留出席位,以增加收入来源。监管部门则考虑到如果地方性商业银行异地经营完全放开,会存在着资金过分集中于发达地区和金融中心,而惠农金融、小微金融难以实现的问题,会面临地方性商业银行的驻外机构脱离注册地监管部门的视野,而属地监管没有配套等风险。而且与目前商业银行法和监管规章中所规定的商业银行未经批准不得设置分支机构、村镇银行不能在辖区外发放贷款、不允许办理外地票据承兑贴现业务等规则相违背。

在信贷资产质量方面,一些城市商业银行乐于给上市公司提供大额的信贷支持,并接受其股份质押,导致信贷风险过于集中。目前这批城市商业银行的不良贷款率均接近 2%,有些银行的不良贷款余额甚至超过了当年的利润总额。① 即便贷款逾期后处置股份,但因为上市公司的股价波动大,商业银行的债权偿付率也不会特别高。一些农村商业银行、村镇银行的信贷敞口大,在投放对象上不满足于只支持农业农村和小微企业,而是将业务做到了城市以及规模以上的企业,但由于自身风险控制体系不健全,导致一些银行的不良资产率远远超过 2% 的警戒线,有的甚至高达 5% 以上。

在表外业务方面,当前地方性商业银行已成为同业拆借市场、银行间债券市场、票据市场的活跃分子,有些地方性商业银行成为地方政府投(融)资平台主要输血者,有偏离主业经营的苗头。其根源在于地方性商业银行的存款等负债业务竞争不过国有银行,金融衍生业务竞争不过股份制银行,在地经营也使地方性商业银行错过了一些优质客户,于是,有些地方性商业银行就通过高存款利率和优惠贷款利率来吸引客户,或者依赖地方政府来组织客户资源,有些则将可贷资金投入到银行间同业业务。在票据业务中,地

---

① 中国银监会. 2017 年三季度商业银行不良贷款余额为 1.67 万亿元[N]. 中国经济时报,2017 - 11 - 15.

方性商业银行已经暴露出违规开票、接受伪造票据被骗走资金等风险。

在法人治理结构方面,地方性商业银行多物色有实力的大中型企业作为股东,故存在内部人贷款、关系贷款、被大股东控制等风险。而且银行的高级管理人员不容易进行任职交流,长期担任一些关键职位容易诱发管理风险。

二、我国证券业中的风险线索

我国现有证券公司 144 家,经营地域基本上是全国性的,少数是省域性公司。2017 年我国证券公司资产总额为 5.8 万亿元,但分布比较分散,其中最大的中信证券公司资产为 4 400 亿元,最少的金通证券公司资产为 9 309 万元。在营业收入方面,中信证券公司 2017 年总收入为 432.92 亿元,只相当于美国最大投资公司摩根士丹利公司的四分之一。而证券公司的杠杆率(总资产与净资产的比率)却偏高,基本上都超过 2 倍,最高的达到 4.35 倍。[①] 证券公司股权中有些是中央直接管理的金融集团持股,有些是中央汇金公司持股,有的是地方政府控股,但国有金融资本占比并不高。

我国证券业发展呈现出典型的"由乱到治"规律。20 世纪 90 年代末,中央政府各部门、地方、银行及信托投资公司纷纷创办证券公司,导致"泥沙俱下"。2002—2005 年,国务院和中国人民银行决定开展严格的证券公司清理整顿,关闭了十多家"先天不足"或严重违规的证券公司,实施自营类证券和经纪类证券分开设置。此后,证券公司内部爆发的违法违规案件得到了有效遏制,金融投机分子很难轻松控制证券公司而大肆开展违法经营。我国证券市场也推进了股权分置改革、上市公司股票全流通等重大改革以及融资融券等重大业务创新。但从全域观察,证券市场发展还有一些层面不健康,投资者对证券市场的政策期望和政策满意度的落差相当明显。主要问题集中在三方面。

一是证券公司的治理面临的挑战还在延续。2015 年,中国证券市场爆发方正证券系列股东内部控制权争斗以及证券犯罪案件。证券监管机构在对方正证券的全资子公司——民族证券公司进行稽查时发现,该公司开展

[①]　毕马威会计师事务所. 2017 年中国证券业调查报告[EB/OL]. [2017 - 09 - 21]. https://home. kpmg. com/cn/zh/home/insights/2017/09/mainland-china-securities-survey-2017. html.

的自有资金投资业务中有 20.5 亿元资金涉及违法违规行为,违反了《证券公司监督管理条例》《证券公司风险控制指标管理办法》等行政法规,北京市证监局决定暂停民族证券公司的大部分证券自营业务,并停止审批新业务申请。① 民族证券公司在我国早期证券市场的整顿中就暴露出一些问题,但后来没有坚决将其关闭重整,而是寄希望于通过方正集团加以控股来救活它,但方正集团本身在内部治理方面也陷入混乱,民族证券公司反而成为其在资本市场扩张、敛财的帮手。

二是金融衍生业务和杠杆工具带来的证券市场震荡,使一些形式上具有合理性的风险控制工具出现逆效应。自 2005 年 6 月起,基于国内外经济景气程度、国际市场能源价格波动等诸多原因,我国证券交易出现大幅下挫,连续几个交易日跌幅超过 7%,引发了证券交易熔断机制。最高决策层和金融监管部门决定启动特殊的市场稳定工作,组织中国证券金融公司进场大量买进具有指标意义的成分股。不少证券公司也响应号召,提出本公司自营证券资金在特定时期内保持高仓位,不减持股票,这些措施起到了一定的稳定作用。因投资需要,中国证券金融公司及一致行动的券商增持的股票名单及增持数额没有向广大投资者披露,但部分券商的分析师和交易员是知晓的,就在关键的救市时刻,监管机构发现中信证券公司的部分高级交易员利用知悉的市场内幕信息进行反向操作,即当中国证券金融公司增持某只股票时,他们提前低价买入,然后待股价上涨后,违背当初不减仓的承诺高价抛出,这种行为不仅赢得暴利,而且更是动摇了稳定证券市场、减轻股民损失的大局。证券监管部门和公安机关经过侦查,认定中信证券部分高级管理人员涉案,并对他们进行立案侦查。②

三是证券监管机构的漏洞问题。由于长期实施股票上市核准制,以及证券监管机构在证券机构高级管理人员认定权、证券违法处罚权等方面的专断性,滋生了较为严重的腐败问题,党的十八大以来,以证监会原副主席姚某某,证监会原主席助理张某某等为代表的一大批证券监管高官被查出存在严重违纪违法犯罪现象,其中不乏给问题券商、劣质公司开绿灯,使他

---

① 北京证监局. 暂停民族证券自营业务及新业务申请核准[EB/OL]. [2015 - 07 - 24]. http://www.csrc.gov.cn/pub/beijing/.

② 马继鹏. 还原中信证券高层涉嫌内幕交易被调查始末[EB/OL]. [2015 - 09 - 25]. http://finance.cnr.cn/gundong/20150925/t20150925_519979340.shtml.

们可以在证券市场浑水摸鱼,违法犯罪。

四是我国的证券公司与美国的大型投资银行相比还有不小的差距,需要壮大规模以配合我国金融中心的建设,同时加强证券公司的科技金融水平。因为规模不够理想的中小型证券公司在从事自营性证券交易业务时缺乏雄厚的风险应对资金,在市场波动幅度巨大时比普通投资者反应更慢,受股价牵连的损失概率更高。但如果证券公司大幅度增加营业网点和经纪人员,又常常出现内部控制失灵,证券从业人员利用资金、信息优势操控证券交易的风险。

在基金业方面,我国有公募性证券投资基金公司 109 家,其中大部分投资股东是银行、证券公司、财务公司及大型上市企业。私募证券投资基金机构在我国发展迅速,中国证券基金业协会登记的私募基金管理人共计 19 708 家,它们有些采取合伙形式,有些采取了公司化经营。[①] 有些私募型证券机构风险隐患突出。如上海阜兴实业集团公司下设有西尚投资管理公司、郁泰投资管理公司、意隆财富投资管理公司 3 家私募基金公司,管理的私募基金规模达 270 亿元,实际控制人为朱某。这家公司曾经打着金融控股(集团)公司的旗号活动,后被市场监管部门要求改名。[②] 2018 年,该公司经营停顿,办公地点搬离,控制人朱某不再露面,使得监管机关和公安机关被迫介入。

信托投资公司是银行业务和证券业务交叉性机构,在属性上更接近于证券业。回顾近 30 年来我国信托投资机构发展的轨迹,早期这些公司资产增长速度快,但暴露问题多,存续难度大,相当一部分都需要政府实施救助,不少未获得救助的公司倒在了风险之下。比如光大国际信托投资公司在 20 世纪 90 年代初期资产达到了 140 多亿元,比成立时增长了几十倍,主要手段是靠比当时银行更高的利息吸收资金,但是信托业务风险控制却并不得力,亏损额达到了 8 000 多万美元,加上吸收信托存款的财务成本,造成公司运转出现困难,只能依赖国家和母公司向其注资。[③] 而广东省国际信托投资公司、大连国际信托投资公司等机构由于没有得到政府的救援,最终被迫

① 中基协. 我国境内共有基金管理公司 109 家[EB/OL]. [2017 - 04 - 26]. http://finance. sina. com. cn/money/fund/jjzl/2017-04-26/doc-ifyepsec1372855. shtml.
② 徐芸茜. 阜兴系疑虚构多个项目募资,数百亿兑付风险渐近[N]. 华夏时报,2018 - 07 - 06.
③ 孔丹. 坚持党的领导,善于驾驭市场和管控资本[EB/OL]. [2018 - 03 - 25]. https://www. guancha. cn/KongDan/2018_03_25_451409. shtml.

破产或关闭。就连经营十分稳健的中国国际信托投资公司在我国香港地区参股的下属企业中信泰富公司,也因炒作大宗商品期货合约而出现155亿港元的巨额合约亏损,最终依靠母公司注资才被避免清盘。[①]从信托投资公司的命运可以看出,任何金融投资机构如果采取高成本获取资金和低风控对外投资的手法,再加上一些内部人违法犯罪现象,其承压性都会很差。这些公司在宏观政策调整和具体业务风险的夹击下,在短时间内就会四面楚歌。

三、我国保险行业中存在的风险线索

我国有财产险业务保险公司44家、人身险业务保险公司64家、再保险公司6家,还有8家同时具有财产险、人身险业务资格的大型保险集团控股公司。除了安邦保险集团外,大型保险控股公司都是以国有资本为主。近年来,先后有新华人寿保险公司、中华联合财产保险公司、安邦保险集团公司因违规经营被中国证监会接管。违规的主要表现是滥设一些交叉性金融产品、私自动用保险资金到境外投资、流入信托贷款市场和房地产市场,等等。也有保险公司在市场竞争中面临淘汰命运,2017年,中外合资经营的信利保险公司主动退出财产保险市场,只保留再保险业务。[②]

四、地方性投(融)资平台运营中携带的风险线索

在我国,金融机构设立有严格的限制,但这种严格限制在地方性投(融)资平台和互联网金融机构被打破。地方性投(融)资平台的常见的名称是发展投资公司、建设投资公司等。它既是政府的办事窗口,又可以注册成为一个企业;既是市场主体,又有统合、协调国有资本的职权,还插手一些金融机构的业务。在业务领域既接受银行、保险、证券机关部门监管,又在行政上受地方政府及金融办公室的领导。通常以行政管理为主,比如其核心管理人员的任命就不需要由监管部门进行任职资格审核。

据银监会统计,地方政府投(融)资平台在2017年时达到了11 734家,其中仍在活动的融资平台有9 236家,有2 498家已经关闭或转移。[③] 这些

---

① 朱益民.中信泰富:186亿巨亏内幕[N].21世纪经济报道,2008-12-11.

② 冷翠华.零保费!信利保险今年全面退出中国直保业务[N].证券日报,2007-03-16.

③ 周潇枭.2 498家城投公司纷纷退出政府融资平台[N].21世纪经济报道,2017-12-26.

平台涉及贷款、信托、金融担保、票据、股权投资管理、资产管理、金融租赁等各种业务,为地方政府各项建设、各类地方企事业单位输血,实际上担负着金融机构的角色,由它们经手的地方政府债务已成为当前金融风险治理的一个突出点。从数据上看,2010 年,地方政府投(融)资平台经办的地方政府债务达 10.7 万亿元,到现在至少又增长了 3 倍,多数是给政府公共建设项目融资,投资强度大,经济效益不明显或者见效慢,部分老债务还款期限已经届满。债务率在省级政府中,贵州省达到 178.9%、辽宁省达到160.2%,内蒙古自治区达到 121.7%。市级政府中,昆明市达到了 215.7%。这些地区的政府投(融)资平台都入不敷出,发生违约是在所难免的。① 如云南省国有资本运营公司是省级政府融资平台。该公司的负债为 440.5 亿元,资产负债率达到了 77.9%,公司流动资金仅剩下 11 亿元,在 2017 年底出现了信托产品收益不能兑付的状况。而这家公司的票据信用评级在2017 年中还属于 AA 级。② 一些政府投(融)资平台的机构管理者和政府指导一心想着扩张,对政策禁令采取绕着走的态度。还有一些地方政府投(融)资平台为地方建设部门向金融机构的贷款提供信用担保或者其他担保,如果出现逾期,平台将被迫履行担保义务,这不但损害政府的形象,也会使政府财源枯竭。如果不收回这些贷款,商业银行尤其是一些地方金融机构不良资产率将会明显上升,甚至影响存款的偿付。

地方政府对投(融)资平台的管理从根本上存在着"自己生的儿子,自己不好管"的困境。有些地方政府投(融)资平台按照国有独资公司模式建设,董事会和监事会与管理层混同,管理模式像政府机关。有些地方政府投(融)资平台的人员多从财政部门、产业经济管理部门抽调,专业金融管理人员的数量并不多,也不是核心决策人。而且这些平台的活动多承受政府意志,包括对它们的关闭也是政府决定,对其金融业务中存在的问题主要是通过审计、监察等渠道来查明,其中的风险程度外界还无法准确评估。

五、不良资产处置行业存在的风险线索

在 20 世纪 90 年代末,我国银行业尚未实施贷款分级管理制度,信贷风

① 杨志锦.全国债务图谱:这些债务超过 100% 的省份都值得警惕![EB/OL].[2017 - 12 - 17]. https://www.sohu.com/a/211090534_100018577.
② 张奇.2018 年首个省级平台违约:15 亿信托计划被卷入[N].21 世纪经济报道,2018 - 01 - 16.

险偏高,不良(逾期)贷款比例最高达到34%。1999年,我国不良资产管理行业首先出现了国有专门性公司,它们从大型国有商业银行剥离出来,其中华融资产管理公司负责处理中国工商银行不良资产、信达资产管理公司负责处理中国建设银行不良资产、东方资产管理公司负责处理中国农业银行不良资产、长城资产管理公司负责处理中国银行不良资产。这些资产管理公司的注册资本来自财政部,经营流动资金由中国人民银行提供支持,并通过定向发行债券方式收购不良资产。一些地方也加以效仿,由地方财政部门出资成立小型金融资产管理公司,通过行政划转、低价收购等方式来消化城市商业银行、信用社等遗留的不良资产,比如武汉长江资产经营管理公司就承接了汉口银行剥离的不良资产。资产管理公司主要任务就是在十年左右时间里处置完不良资产,没有其他经营指标的要求。为回收债权、压缩风险,资产管理公司采取了法律诉讼、人力清收等方式,对不良贷款现金回收率约20%。除了直接清收以外,资产管理公司还采取分拆出售、委托清收、监督债务人重整、债转股、资产重组等方法,[1]并形成了一定的处置流程。

2009年前后,财政部和金融监管机关同意4家全国性资产管理公司转型为商业化的金融组织,主要发展方向是从事非银类业务和证券业务,比如信达资产管理公司组建了信达证券公司,华融资产管理公司发展成金融控股集团,获准经营金融租赁、信托、股权投资等业务,并参股一些银行。资产管理公司还从国外引进了不良资产证券化工具,开展试点。这些处置方式比清收的回收率更高,最高的不良资产包发售价格接近本金额度的80%,能够有效减少金融机构的坏账拨备。2008年全球金融风暴发生以后,我国采取一些经济刺激政策,银行向房地产、钢铁等部分产业发放了大量贷款,各个地方政府也调动资金开展基础设施建设、产业园区投资等,过度密集的投资也带来了金融机构不良资产上升。这其中既有银行的不良贷款,也有债券类、信托类不良债务,这为资产管理公司赢得了良好的发展机会。与此同时,各地也再度组建一批新的地方性资产管理公司,目前数量已达50余家。

当前资产管理公司是多线作战,一条战线是收购和处置不良资产,而其

---

① 巴曙松,杨春波,陈金鑫. 中国不良资产管理行业的发展新趋势[EB/OL].[2018 - 03 - 06]. https://www.sohu.com/a/224923265_481741.

他战线包括与银行混同经营理财产品、投资证券、投资基金、参股控股实体企业等。这些高速发展的资产管理公司的资产与财政部门的投入金额以及在并购、投资过程中所使用的资金归属都不是十分清晰,难以分清是初始股本还是后续自有资金投入,导致了其治理结构不平衡、内部管理者权力高度集中、股东监督乏力、外部董事形同虚设等问题,出现了制度漏洞和主要负责人涉嫌金融犯罪的现象,例如原华融资产管理公司董事长赖某某近期被立案调查。在资产管理公司领域也没有制定专门的监管法规,出现大型风险的可能性较大。

六、金融控股公司中隐藏的风险线索

金融控股公司(Financial Holding Company)被认为是金融创新、产融结合的一种形式,它的优势在于可以将各类金融业务整合到同一营业网络中,实现业务设备、客户资源的共享,可以最大限度地发挥资金的流动效应,减少闲置率,可以搭配各种金融产品,实现信用增值和规模快速增长。英国的金融控股公司产生于 20 世纪 80 年代,主要由商业银行收购兼并证券公司而来。在美国,金融控股公司得到法律承认始于 1999 年的《金融服务现代化法案》,该法取代了著名的《格拉斯—斯蒂格尔法》,使混业经营取代了分业经营。巴塞尔银行监管委员会、国际证监会组织、国际保险监管协会曾联合发布《对金融控股公司的监管原则》(1999 年版),并开始注意到这种多元金融集团。[1]

我国最早成立的金融控股公司是 20 世纪 80 年代因对外开放需要成立的中信集团、光大集团等中央企业。它们通过两种方式开展业务:一是在境外设置或收购金融机构,形成多元业务金融集团;二是根据修改后的商业银行法和国务院批复,在国内新设金融机构。随着金融体制改革的开展,中央同意商业银行可以设立基金管理公司、金融租赁公司,可以入股保险公司、证券公司;允许保险公司购入商业银行股权。中央决定成立中金公司、中投公司等国家资本持股代表,同意大型央企成立投资型财务管理公司,批准几家资产管理公司转型为金融控股集团,这使得我国金融控股公司数量

---

① 万喆.金融控股公司是历史性选择,有效监管是关键[EB/OL].[2018 - 03 - 24]. http://www.thepaper.cn/newsDetail_forward_2038882.

和类型逐渐丰富。

目前我国的金融控股公司大致有以下几种类型：一是政策性金融集团，如中投公司、中央汇金公司；二是多种业务并举的集团，比如中信、光大、平安金融集团；三是以大型商业银行为核心的金融控股集团，比如工商银行、中国银行、建设银行、农业银行四家大行下属的各个金融机构；四是以证券、资产管理业务为重心的金融集团，比如中国银河金融控股公司、信达、东方、长城、华融资产管理集团；五是以工商企业为主体组建的金融控股集团。国有企业组建的集团包括石油、钢铁、电力财务集团公司，以及一些地方政府财政公司，民营资本组建的集团包括安邦金融集团、海航集团、复星集团、华信集团等；六是近年来互联网经济兴起而形成的互联网金融集团，比如阿里巴巴公司就控制了蚂蚁金服、网商银行等金融机构。遗憾的是，金融市场虽被一定程度地激活，却让原本按照分业经营思路设计的我国金融监管体系出现严重的不适应。近期出现危机的海航集团就是政府孵化、政府扶持，然后为政府带来麻烦的金融控股公司的典型例子。还有业务严重违规的安邦保险集团利用分红险募集的大量保费收入去参股其他金融机构和上市公司，收购海外资产，形成了风险漏斗。

七、资产管理业务中的风险线索

资产管理业务类型比较广泛，包括银行理财产品、公募基金、私募基金、信托、定向委托投资、定向委托融资、资产管理计划等，这些产品在国外是由投资银行经营的，在我国则分散于银行、信托、证券、民间金融平台等不同机构，在监管上也没有实现统一。近年来，互联网金融组织也加入进来，一些P2P平台还设计和推出资管产品，另一部分P2P平台主要从事代销。从监管机关的规定来看，必须先在线下取得资产管理业务牌照或者经过审核获得资产管理产品代销资格才能在互联网上销售，而从部分P2P平台披露的信息看，目前仅有陆金所一家平台拥有资产管理业务牌照，还有少数几家拥有代销基金业务资格。但在长达几年时间里，数以千计未经审核的P2P平台的资产管理业务照做不误。用法律眼光审视，一些平台很可能已经触犯了未经批准发行证券、非法吸收公众存款等法律禁令。

即使解决了准入资格问题，风险权重问题也非常严重。互联网金融资产管理机构虽然渠道广泛,但风险承受能力非常弱。一些未评定风险级别的资产管理产品在互联网上进行销售,加强了商品属性,但掩盖了金融属性。一些代理平台也不顾购买者有没有相应抗风险承受能力,在营销过程中采取一些误导或虚假宣传,例如承诺回报率、暗示有机构会兜底兑付,将低风险理财产品和高风险产品加以混淆等。尽管资产管理合同和我国现行法规都明确资产管理计划存在不能获得利息甚至损失本金的风险,但一些投资者却将资产管理业务和存款业务视作同一类业务,抱有盲目乐观的看法,认为只要是国有资本出资的机构,资产肯定安全,政府和股东最终定然会设法兑付。

此外,目前资产管理产品负债已经成为很多 P2P 平台经营困难的主因,金融监管部门采取了先控制风险、再追查非法经营责任的做法,设定了 P2P 平台退出资产管理业务的时间期限,规定没有清理完资产管理产品的平台不能申请备案验收,但想要剥离掉这些业务相当不易,如果允许 P2P 平台单独组建公司承接资产管理业务,则对网贷业务会形成抽血效应,实为首尾不相顾。

除此之外,随着全面深化改革,允许地方先行先试政策的实施,一些地区探索金融创新,纷纷成立了各种交易所,主要包括大宗产品交易所、产权和知识产权交易所、期货交易所等等,[①]这些机构有些属于金融监管部门审批,有些则属于开发新区、自由贸易区、综合改革示范区自主审批,但实质上是地方政府审批。他们只是履行了一些金融职能,现在还没有对应的法规和部门进行一对一监管,稍有不慎,就会酿成新的金融风险。

第三节　民间金融体系中的风险线索

民间金融的样态相当丰富。只要是金融机构以外的民间主体,包括自然人、企业、其他社会组织、中介组织都可能参与其中。例如直接借贷、典当质押借款、单位村组合作社等内部集资入股、P2P 平台、私募委托投资理财等。

---

① 陈长永,陈晓枫,汪力夫. 我国知识产权交易市场建设与发展初探[J]. 产权导刊,2008(9):52-54.

一、民间金融活动犯罪化：环境因素

（一）业内金融犯罪和民间金融活动犯罪的界分

根据近年来的司法实践，可以依据金融犯罪的实施主体以及发生的领域为标准，将金融犯罪划分为两大类。

一是业内金融犯罪，即肇始于金融机构内部人员非法行为的犯罪，表现形式多为金融从业人员利用手中职权和掌握的资源，借外部监管和机构内部控制的漏洞实施犯罪行为，而且不乏内外勾结共同作案，较典型的实例包括 2005 年中国银行哈尔滨河松街支行分理处主任高某携巨款潜逃案；2010 年山东省齐鲁银行巨额金融票据诈骗案等。这类犯罪反映了金融活动的专业性以及蕴含着白领犯罪的特性。

二是民间金融活动犯罪，即在民间开展的金融借贷行为及类金融行为中挟带的犯罪，最为典型的是融资诈骗型案件，其显著特征是采取项目筹款和高息回报相结合的方式，滚雪球般地吸收民间游资，用款人早期能够按期还款付息，随着融资规模扩大，无一例外地会出现利息负担畸高、投资回报萎缩、挥霍借款等困境，导致还款资金链断裂，集资人逃遁或债权人失控事发，①典型的案件如发生在浙江地区的连锁性集资诈骗案件。2009 年，丽水市的杜某某集资诈骗金额 7 亿元，温州的高某某和郑某某集资诈骗 1 亿多元；2010 年，绍兴的赵某某非法集资 2.7 亿元、台州的王某某非法集资 4.7 亿元、温州的陈某某非法集资 5 亿元、杭州的孙某某集资诈骗 1 466 万元、丽水的吕某某集资诈骗 2.6 亿元；2011 年，丽水银泰集团的季某某、季某某、季某某非法集资达 55 亿元；2012 年，温州施某某涉嫌非法集资 7 亿元、非法承兑汇票 5 亿元，温州大型民营企业立人集团涉嫌非法集资 22 亿元。而引起全国关注的东阳吴某集资诈骗案则更为曲折。不难看出，当前金融犯罪已走出专门的金融机构，更多在民间场合（社区、企事业单位）孳生，越来越多的人群（包括加害者和受害者）被卷入其中，这种"草根"犯罪案件的波及人数、资金数额、损失情况更烈于前者，对于地方性金融稳定的冲击更为剧烈。

从民间金融活动所孳生的犯罪行为方式与手段、犯罪发生的时点与区

---

① 彭冰.非法集资活动规制研究[J].中国法学,2008(4)：43-55.

域等因素上看,民间金融活动犯罪算不上是"新型金融犯罪"。[①] 但通观金融犯罪的研究,无论是现状分析、理论对接还是机理解剖和路径设计,大多数是笼统地讨论原因、罪行、治理等,为此,有必要专门围绕民间性金融活动孳生的犯罪进行研究。

（二）民间金融活动孳生犯罪的环境分析

1. 金融与社会结合背景下的民间金融活动

我们所说的民间金融活动,实际上是广泛存在于社会场域中的经济行为,"民间"这种称谓富有中国特色,与西方社会理论所提及的市民社会、市场经济、政治国家"三分法"有相似之处。第一,在社群性质上的"民间"等同于那些数量庞大、分散成长的,不具备官方团体身份的微型社会主体,它们虽小,但并不是原子化分布,具备着某种社会网络关联性,例如乡土联系、血缘联系、产业链关联等,他们的社会交往渠道、话语和价值倾向是世俗性的;第二,在经济版图上的"民间"是"草根"经济主体的主战场,他们主要从事的是传统家计型、流通型经济,在事关国计民生的战略性资源、关键性产业等方面涉足较少,对各类经济资源的汲取渠道较为有限,主要是民营经济体系内循环。自改革开放以来,我国的民间经济活跃程度和经济体量日益可观,目前民营经济已能与国有经济、境外投资经济三足鼎立,民间蕴藏的产业资本和生活财富规模处于万亿元的数量级,而且还处在不断膨胀之中。

民间有大量的金融需求,金融活动很早就扎根民间,很多重要的金融工具雏形也出自民间,如宋代四川地区通行的交子。随着金融的发展,在工具、技术上日益正规化,产生了一些新型的金融产品和复杂的金融规则,例如信托、期货杠杆,同时也产生了银行、保险公司等金融机构。但经济学家也指出,在金融发展过程中出现了金融机构活动和民间金融活动的分野。相比之下,民间金融活动更为神秘。国外研究者使用"路边市场"来形象地描述这一现象,并在印度等发展中国家找到了具体的例子。[②] 在中国,有研究者观察到主要存在于农村地区由农民间自发形成的资金借贷活动,通常

---

① 吴平. 类罪名否定论[J]. 法治研究,2013(1):49 – 53.
② 张军. 改革后中国农村的非正规金融部门:温州案例[J]. 中国社会科学季刊(香港),1997(20):10 – 20.

是通过亲戚、友情和其他人际关系作为桥梁而开展,原因是正式金融机构在经营范围限定下无法提供这类服务。[①] 学者史晋川则发现,中国众多民营经济组织是民间金融活动的主要参与者,它们不同程度存在旺盛而又彼此差异的微观融资需求,与金融机构之间存在着信息、谈判地位、交易价格等方面的隔阂,而民间金融活动以特殊的血缘和业缘纽带、合约、价格、风险结构等优势迎合了民营经济者的需求。[②] 有的研究者对上述现象加以归纳,将民间金融活动界定为:不通过依法设立的金融机构来融通资金的融资活动和用超出现有法律规范的方式来融通资金的融资活动的总和。即使在全球化视野下,民间金融活动都具有明显的优势与不可或缺性。由于地域优势而具备较低的交易成本,由于规制程度低而具有较大幅度的创新自由。更关键的是,由于规模和产品的错位性,民间金融活动可以补充金融的不足,而且在微观融资需求与金融服务供应匹配性矛盾下,民间金融活动必然会存在。在我国,属于市场经济活跃的长三角、珠三角、厦漳泉地区,规模庞大的实体经济尤其是民营经济成分就长期得到民间金融的输血。[③]

2. 民间金融活动发展中的路径依赖

以上论述说明了民间金融活动在我国可望获得正常的成长,但从成长历程上看,我们也发现,我国的民间金融活动在某些方面存在着严重的路径依赖。

首先,在独立性方面,我国的民间金融活动表现羸弱。从历史上看,民间金融活动对政府的依赖性非常强,一旦脱离了特权护持,再强盛的金融帝国也会坍塌。如19世纪后期盛极一时的山西晋商票号,其兴旺缘于当时清廷允许其代理国库官银的收支上解,而当1905年后成立户部银行后,这些票号立即成为明日黄花。近些年,呼声较高的农村金融互助会类型的组织,在成立之初得到一定的政策支持,后来由于政府担心民间互助资金流入"钱生钱"的投机性利益链条中,以及对行为人道德风险的警惕,政策旋即收紧,之后这种金融活动趋于萧条。缺乏独立的地位意味着非正式民间金融往往

---

① 张胜林,李英民,王银光.交易成本与自发激励:对传统农业区民间借贷的调查[J].金融研究,2002(2):125-134.

② 史晋川,严谷军.经济发展中的金融深化——以浙江民营金融发展为例[J].浙江大学学报(人文社会科学版),2001(6):70-76.

③ 潘煜双.中小企业集群融资与民间资本对接运作模式研究——以浙江为例[J].嘉兴学院学报,2012(4):33-39.

潜行于实体性经济活动之下,或者曲线式借助某种窗口生存壮大,历史较为悠久的典当业和近期纷纷成立的投资咨询管理机构即是这种情况。

其次,在接受监管方面,我国的民间金融活动处境尴尬。对民间金融活动的监管在世界范围内都是难题。它的组织方式不固定、规模时大时小、活动的不规律、低度契约约束性、运作不透明性等阻挠了金融准入审查和现场性金融稽核。我国的金融监管从总体上看是制度性规制优位于行为性监管,过往不少金融管理规章中都或多或少体现了对民间金融活动限制和取缔的倾向,实际上反映了监管部门对这类特殊金融资源的无奈式回应,即便是在近期所释放的民间金融资本有序发展的利好政策形势下,受惠的也仅仅是民间金融活动中的少数标志性力量,更多的民间金融活动仍处于既无准入监管也不受控的状态之中。

再次,在抗风险方面,我国的民间金融活动缺乏可逆性。民间金融活动的初衷是解决民间性经济主体亟须的资金融通问题,既发挥闲置资金的周转效率,又助力于实体经济,在这一过程中,既存在平稳的信用,民间金融资金的有效增值,也存在着不小的风险,主要表现是民间金融炮制出的债权质量良莠不齐,可动用的代偿性措施乏力,一旦民间金融活动所投射的微观实体经济份额出现运行困难时,民间金融的坏账损失率就会居高不下。而比实际风险更危险的是民间金融行为者的道德性风险。[①] 在债权人与债务人的关系体系中,信息传播大体上是不利于债权人的,民间金融活动在这一点上要好于机构金融,出于特定的经济纽带,不少民间融资活动的债务人属于被动违约,但也不排除一些"钓鱼"式的债务人采取主动违约的方式来"解套"。

上述路径依赖表明我国民间金融活动的自维持机制较为脆弱。换言之,民间金融活动携带着具体和敏感的风险元素,一旦这些风险因素与特定的外部环境叠加,民间金融活动的健康发展路径就可能被阻断,从而滑向恶性发展的渊薮。

二、民间金融活动孳生为犯罪的机理分析

关于民间金融活动如何转化为犯罪,已有的法学研究或采取较为含糊

---

① 中国人民银行广州分行课题组. 从民间借贷到民营金融:产业组织与交易规则[J]. 金融研究,2002(10):101-110.

的描述,或将其作为定论提出,导致此间的路径极不清晰。根据笔者在浙江地区的考察和思考,并结合相关学科的研究成果,可以大致以图像方式比较形象地绘出犯罪路径,并依次展开图 2-1 中所包含的逻辑线索。

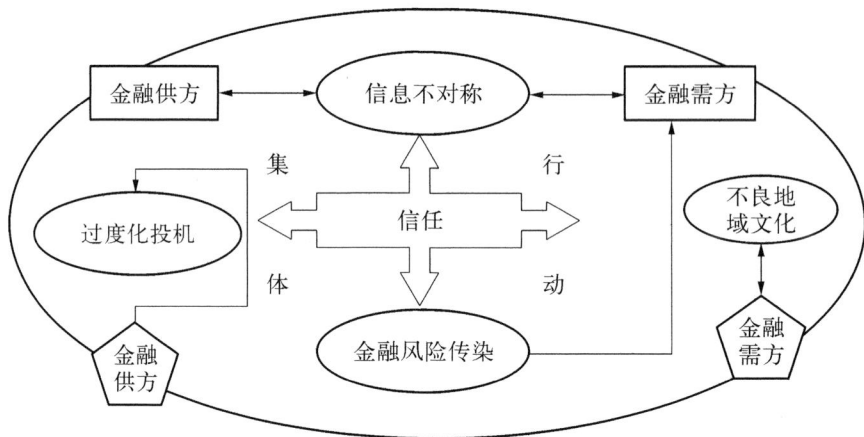

图 2-1 民间金融活动违法犯罪演化图

第一,信息问题是民间金融孳变为犯罪的前提。我们看到,在民间金融活跃地区存在着两大群体:一边是因工商业原始积累、土地征用、炒作不动产、证券、海外劳务等方式聚焦起来的巨量资金正在盲目寻找增值和保值方向,根据温州金融业人士估计,温州一地可调动的民间资本即可达到6 000 亿元至 8 000 亿元;另一边是处于资金瓶颈的民营企业实业、市场投机者在急迫购买信用,近年来一些地方出现的"贷款荒"即证明了这一点。在金融供方(出资者)和金融需方(用资者)之间天然存在着信息墙和传播噪声,即便在本乡本土的民间金融市场上也是如此。虽然在不少商业合作中也存在着信息不对称,但其和民间金融活动中的信息状况有较大的不同,其机理在于民间资金或信用这类特殊的商品,长期在较为狭窄而又不被法律完全认可的市场环境下存在,使得这些信息带有某种地下化特征,而且流传的渠道比较隐秘,印证的机会概率也比较小。正是这种"晦式"信息会引发本书后文所述的连锁性行动。需要指出的是,本书所揭示的民间金融活动信息不对称并没有预设这些信息带有"犯罪意图"的这一立场,只是实事求是地考察出这些信息很难被金融活动中的某一方所掌握。

第二,投机的底线模糊使民间金融活动的风险增加。金融活动在发挥融通资金、创造投资机会的同时也会带来投机的盛行。但投机的本质是最大限度地追求利润，而且在追求利润的过程中将资金安全和止损放在非优先考虑的位次，使得投机属于低概率成功事件。在民间金融活动中，从出资人角度看，存在专注于追求高额利息，而不仔细审查出资人的经济实力、经营项目、信用状况、担保状况的现象。从用资人角度看，存在不核算引资成本、不匡算资产负债适宜比例、不预提应还账款准备金等现象。出现这些现象最重要的原因在于出资人和用资人都有较强的投机倾向，而且不少出资人和用资人都往往只做了短期化的信用交易打算，故在民间金融活动中，"风险"二字很少在资金圈子中被提及。在几起集资诈骗案件中，被"套牢"的不乏一些资深的"金主"，他们出于获利目的反复向用资人提供借贷，或者大力追捧、追加借贷。而案件中的"主角"——用资人，他们的资金链似乎从来没有饱和过，而是像海绵一样反复汲取，即便在经营状况没有走下坡路的时点时，其资产债务比也是非常惊人的。正是这种跃进式的投机经营风格使得民间金融借贷活动缺乏某种"刹车"机制，容易把风险锁定在资金链内部，一旦出现内外部危机，投机就会立即失灵，使得用资人的窘境原形毕露，在退无可退的境况下，以违约为表现形式的金融犯罪难以避免。

　　第三，金融风险的传染使民间金融活动极度缺乏犯罪免疫力。金融风险有内外部之分，近年来影响我国民间金融性犯罪活动的主要是外部金融风险，或者说是系统性风险。自1997年亚洲金融危机以来，以外向型为支柱的沿海地区民营经济时刻受到影响，多国出现的经济衰退、金融风暴，以及我国宏观经济速度和结构的调整，加上国际性的能源、原材料价格上涨，人民币受迫性升值，劳动力成本攀升，环境、公共卫生事件暴发，周边发展中国家的后发优势冲击，使得我国民营内外贸经济受到了巨大冲击，过去引以为傲的资源红利、人口红利越来越被摊薄。这些实体经济的"拦路虎效应"很快就传导到金融虚拟经济当中，在广东、浙江等地，出现了一批民营企业主"跑路"的现象，使很多出资人发现他们的资金投到了摇摇欲坠的空中楼阁里，这种担忧资金链断裂的恐慌氛围很容易蔓延，使得出资人和用资人之间的信用平衡被打破。① 一旦出资人收紧资金链条，用资人就将面临"硬着陆"的局面，再完备的产业链条也无法及时导出现金流，何况是处在不佳经

---

① 程蕾.民营经济的融资困境及其策略选择[J].当代财经,2001(3)：14-15.

营时期的民营经济。与大环境相呼应的还有一些个案性风险,例如政府机关对民间非法金融活动的运动式整治,部分不务实业的用资人过快违约等,这些事件极可能成为民间金融活动大面积瘫痪的导火索,而在这种混乱中毫无例外地交织着金融犯罪。

第四,不良地域文化成为民间金融活动孽变为犯罪的温床。通过考察各地民间借贷链条,笔者发现出资人和用资人具有较强的地缘、业缘、亲缘关系,说明了地域性金融社会网络的兴旺,但并不意味着在这一网络中存在高水平的信任机制。其原因在于,在民间金融活动这种影子银行关系中,出资、用资双方本是"同在一条船上"的关系,如同经济学中合约理论的解释,按照正式与非正式契约行事,在履约中应将对方当事人利益的实现放在与己方利益同等的位置上;在履约存在障碍时,双方有警示、协同的义务,这需要资金交易的双方有较强的互信。[①] 而在一些民间集资的高发地区,出资用资双方并没有充分展现出这种默契和相关行动,一些出资人对实体经济看不上眼,而且要价畸高,一些用资人在占用资金后没有勤勉经营,而是热衷于炒作风险、追逐泡沫,而且趾高气扬、大肆挥霍,这与一些地方在改革开放先富起来后出现的抛弃艰苦创业、诚实经营传统、不愿意从事实体经济、炫富攀比、假冒伪劣现象抬头等不良地域文化有密切的关联,也与一些地方依靠资源要素迅速崛起,尚未做好产业承接和资金利用规划有关。而在一些经济欠发达地区,也存在着热衷于炒资金致富的现象。一旦这种地域文化侵入民间金融活动,则这个地方非常容易沦陷为金融债务的重灾区,错综复杂而又基础脆弱的金融利益网破裂之时就是金融犯罪的高发之始。

三、对于民间金融活动引发犯罪的进一步思考

前述民间金融活动的生长环境存在着一些风险因子,这是民间金融无法选择的,从很大程度上说也是无可避免的。我国正处于市场经济体制建设的关键时期和金融体制改革完善的进展阶段,金融行为规范体系和金融风险防控网络尚未及时做出响应和完善,各种金融漏洞逐一暴露,给包括操作性风险、利益攫取行为、极端犯罪行为在内的金融失范现象提供了机会。

民间金融活动是一种充满活力同时也充满不确定性的偏好集合,既深

---

① 卢燕平.社会资本与我国金融发展研究[M].北京:法律出版社,2010:32-35.

受环境影响,但也会有不同路径样态,可以向善亦可以趋恶。不能将民间金融活动中苟营的犯罪活动全数归咎于当前的金融环境,但令人担忧的是当前民间金融活动孳生的犯罪成功率相当高。这一方面说明民间金融环境的某些方面在恶化,使得犯罪人屡屡突破犯罪防控系统,另一方面则说明民间金融活动偏离规范的趋势性越来越强,犯罪人从民间金融活动中吸取的负面养分越来越足,犯罪的动能和势能都得到了加强,后者就是民间金融活动滑向金融犯罪的关键因素或者说是引爆点。理论研究者和司法实务工作者比较关注"不同的民间金融活跃地区会出现不同的金融犯罪流行态势","在某些民间金融区块内的不同地区会出现犯罪发案率性、犯罪成功性、犯罪遏制效果的较明显差异"等问题。[①]实际上,这些问题可以转化为民间金融活动孳变的金融犯罪的关键因素的多寡、强弱问题,也许通过孳变因素的角度对犯罪人群、作案手法、犯罪成功的原因、犯罪危害等方面进行观察会更直观。基于此,我们认为,民间金融活动引发的金融犯罪是在普遍环境加特定诱因的双影响因子叠加下演化而成。用一个形象的比喻来说明,民间金融活动如同在风险的海洋(环境)里航行,如果再遭遇到漩涡、礁石(孳变因素)则会使民间金融活动的航向发生改变,最终酿成倾覆的后果。要防范民间金融活动引发的犯罪或者减少犯罪的损失需要从孳变因素入手,反思现有金融法制和刑事政策,转换规制思路,立足于社会问题应由社会化方式解决的立场,[②]探索多元犯罪治理的应对措施、策略与实践,例如硬法与软法相结合、法律控制与社会控制协同、刑事法手段与其他法律部门相配合,等等。

四、民间金融体系中风险线索的具体体现

(一)传统民间借贷的风险线索

人们熟知的民间金融活动主要是民间借贷和担保等,其本质是应资金供需需要,将资金作为一种"商品"进行交易。由于历史原因和金融抑制的政策导向,我国民间借贷活动在独立性方面较弱,同时带有非正规性,即组织方式不健全、规模时大时小、低度契约化治理、运作不透明性。由民间借贷所产生的债权质量也良莠不齐,可动用的代偿性措施乏力。一旦微观实

① 劳东燕.公共政策与风险社会的刑法[J].中国社会科学,2007(3):126-140.
② 高晋康.民间金融法制化的界限与路径选择[J].中国法学,2008(4):34-42.

体经济单位出现运行困难,民间借贷的坏账损失率就会居高不下。比现实违约风险更危险的是民间借贷行为者的道德风险。具体而言,资金出借人和资金使用人都有较强的投机倾向,而且不少出资人和用资人都往往只做了短期化的信用交易打算,在融资链条前段的交易成功完成后,无论是出资人还是用资人都会变得越来越不理性。用资人融资变得非常轻易,而出资人只惦记"分红""收息"等事项,对用资人是不是在经营、在经营什么已毫无警惕,更有甚者还专门做起了"资金"生意,通过前后转贷利差和介绍费牟利。① 发展到极端化以后,没有或者编造资金用途的集资诈骗活动甚嚣尘上。更为可怕的是民间金融风险的强传染性,无论是经济大环境趋紧,出资人收紧资金链条,还是政府对民间非法金融活动开展整治,都可能引发整片区的民间金融活动"四面楚歌",而且没有正规化化解渠道,只能造成出资人、用资人、地方金融环境"三输"的局面。

(二)互联网金融活动中的风险线索

互联网金融是近年来的热点,它既包括正式金融机构设置的互联网经营平台,如网上银行、网上信用卡服务中心,也包括各类民间资本设置的互联网金融组织,它们在线下是按照一般公司注册成立,然后网上开展业务,具体的数目还无法准确统计。P2P 网贷平台无疑是互联网金融的焦点所在。2007 年,P2P 平台开始登陆我国。新兴的 P2P 平台相比以前流行的私人钱庄、标会等组织有其进步性,比如科技含量较高、减少中间环节、将投资人资金拆分出借、账目比较清晰等。当时恰好也是各个地方集资诈骗案件高发、民间金融陷入信任危机的时刻,因此,P2P 平台有了一定的颠覆性意义。在随后十年的发展历程中,我国迅速出现几千家 P2P 平台,形成了一个产业,在规模上更是迅速膨胀,尤其是近两三年内保持高成长率,2015 年,全国 P2P 平台统计成交量为 1 万亿元,到 2018 年,累计成交量已经达到 7 万亿元。② P2P 平台经营出现了集中的趋势,也产生了强烈的挤出效应。据统计,在 2 000 多家平台中,排名前 100 位的平台融资标的总额占到了全行业的 70%,另外在数量上占 90% 的平台只贡献了 30% 的业务量,约为

---

① 李娜,田芳芳.民间金融活动犯罪化:环境因素与孳变机理[J].宁波大学学报(人文科学版),2015(3):108-112.

② 网贷之家.P2P 网贷行业 2018 年 5 月月报[EB/OL].[2018-06-01].https://www.wdzj.com/.

2万亿元。对P2P平台等民间金融行业的正常盈利渠道、整体盈利能力,现在还缺乏有效的经济学研究。单看上述这些数据还不足以了解整个P2P行业的业务和经营状况及其风险。我们针对P2P平台的经营方式进行了一些分析,借此寻找它的具体风险点。

第一,由于P2P平台融资项目的审查和风险评估不够专业,以及项目本身的次级债务性,造成P2P平台经手的融资项目中逾期不能按时偿还以及不能足额偿还的情况较常见,这些亏损的垫付和坏账记提都需要P2P平台有较雄厚的资金实力。而众多P2P平台中多数是以金融创新和网上营销见长,资金实力强的不多。平台的债务承压性差,又没有同业间的稳定资金拆借机制,所以P2P平台资金流动性风险很高。P2P平台在发展初期错误地使用了“刚性兑付”的营销策略,尽管有些平台没有明确宣示,但在扩展业务时暗地里给投资人的一些承诺,也帮助垫付了一些逾期的融资标的。刚性兑付并不代表信用高、实力强,而是混淆了平台的中介功能,误导了投资者的期望。如果按商业银行的资本充足率计算,P2P平台根本无法达到偿付要求。有些P2P平台希望把规模做大,将风险摊薄也不具有现实性。

第二,由于设立门槛宽松,网络经营自由度高,P2P平台比较容易推出一些新业务。加之P2P平台的业务和银行个人信用贷款、消费贷款、线下小额贷款公司存在一些竞合之处,遍地开花的P2P平台之间也在激烈竞争。为了寻找与其他金融组织的差异化发展方式,P2P平台也被迫推出了一些新业务。部分新业务在一定时期受到市场的欢迎,但由于经济环境、政策的改变,一些P2P平台产品推广和销售的难度增大。特别是对民间金融的监管加强后,一些领域对P2P平台实施了禁入,加上传统金融机构和支付宝等大型金融科技企业也开始在互联网金融领域“跑马圈地”,造成一些旧的业务因为部分P2P平台倒闭而声名狼藉,而一些新的业务推出难、热点时间短,整个P2P平台的业务范围、业务规模加快呈现缩紧的态势。比如赎楼贷,即二手房地产交易中的卖方因为已将房屋抵押给银行,需要提前偿还住房抵押贷款才能与买方办理过户手续,因此P2P平台为房屋卖家介绍一笔融资,帮助它们还清银行贷款。这种产品对于促进二手房成交、防止卖方欺诈售房、防止买房者因卖方还不起房贷而购房愿望落空起到了一定的作用,而且也有利于金融安全,但随着国家房地产市场调控力度的加强,二手房成交出现萎缩趋势,卖方也选择观望态度,导致这类融资需求减少。与此同时,由于各个城市房地产交易服务平台的健全,引入了买房购房款第三方银行存管的机制,即卖方和买方签订购房意向合同后,买方将首期购房款存入指定银行账户,然后银行可以直接用这笔资金冲抵卖方尚未归还的房贷,这些都导致赎楼贷这种业务品种失去吸引力。同样与房地产有市场有牵连的P2P产品还有首付贷、房抵贷。首付贷是P2P平台从房屋交易中介机构那里得知购房客户信息后,向购房者宣传可以用平台上的资金缴纳房屋的部分资金甚至全部首付款,然后再向银行申请住房抵押贷款,坐等房屋价格上升后再脱手卖房,赚取差价。这种业务使投机炒房者得心应手,成为一些地方房价快速飙升的帮凶。^① 但这种业务也给国家住房公积金贷款系统和商业银行房贷业务带来了风险,因为它们无法识别购房人是否能交纳足够的首付资金和后续的还款能力。随着各地方响应中央号召,出重拳遏制炒房,出台个人住房限售、限贷的组合拳,严格查处房屋中介机构诱使客户成交的行为,各地房地产价格出现止涨趋势,炒房者数量减少,这种垫资首付行为不再像以前那样火爆。房抵贷是P2P平台模仿银行的抵押贷款业务开发的品种,它不问房产有无设置抵押,或设置了几重抵押,不计入中国人民银行的征信系统,有房者能贷出的资金有些被用来再次投资房地产,有些被用于个人消费或偿还债务。这种业务的死穴是抵押物办理登记的问题,根据《物权法》和最高人民法院有关司法解释规定,要享有抵押权必须办理物权登记,单凭抵押合同不能产生物权效力。P2P平台在这类融资中将遭遇催收难、变现难等困难。现在部分商业银行也推出了在房屋评估值和已抵押份额的差额范围内的二次房屋抵押贷款业务,限定借款人可以通过这种方式补充经营资金的不足,而且银行收取的利率比P2P平台优惠一些,导致房抵贷业务增长不快。

第三,P2P平台具有较明显的以资养资的特性,它们从事的业务与改革开放初期我国新成立的信托投资公司颇为相似,既从事信托中介服务,也开展直接投资,即自融现象。过去在没有严格执行投资者资金银行专户托管的时候,P2P平台可以以存量资金在其他金融渠道理财或者存款,所得收益可以弥补一些经营成本。现在要求P2P平台不得染指投资者的资金,而且金融监管部门和司法机构明确P2P平台融资收益(含平台中介收益和投资

---

① 张锐.拆解"首付贷"[J].国际金融,2016(6):57-62.

方收益)比照民间借贷的标准,即不得超过银行同期贷款利率的四倍(约合年利率24%),平台的经营费用有些捉襟见肘。现在P2P平台的硬性成本开支包括网站设置和维护费用、广告宣传费用、工作人员薪酬开支。在这些构成当中,P2P平台过去的高薪酬成为一块难以消化的成本。此外,P2P平台近期还面临一些资质认证开支,比如为取得监管部门的备案许可、P2P平台要建立合规经营和风险控制体系和客户数据库等。在P2P平台进行全行业整顿、金融投资者持观望态度的情况下,这些开销或许会变成压垮一些P2P平台的"稻草"。

第四,P2P平台具有草根金融的一些属性。以往一些经营典当行、资金调剂乃至地下钱庄的人员都触网办起了P2P平台。对于逾期不能收回的融资,不少P2P平台采取电话、短信密集催收,雇请专门催债公司催收,到用款人家中或企业强制拖走财物、车辆等方式催收。与提起诉讼、仲裁等法律途径相比,这种催收方式令借款人更为忌惮。现在,金融监管部门、公安机关禁止采取人身跟踪、财产扣押等暴力方式催收债权,这也造成一些融资项目本金回收时间延滞,对一些蓄意赖账者P2P平台无计可施的局面,增加了P2P平台的坏账率。

根据上述分析,结合多家P2P平台实际经营中的成本收益,可以看出P2P平台并不是一个能轻松赚钱的行业,甚至在成立初期采取的是"烧钱"换客户策略,存在着较大的盈利压力或者亏损风险。2018年6月中旬,中国人民银行党委书记、中国银行保险监督管理委员会党委书记、主席郭树清曾对媒体记者说,监管部门应当让人民群众认识到高收益意味着高风险,民间金融中开出的收益率超过6%就要应当打问号,承诺收益率超过8%就代表很危险,而开出10%以上的收益率很可能不但无法兑现,还会有很大可能损失全部本金。[①] 对照现行P2P等网贷平台和财务管理机构的收益率广告,如果按照郭树清主席所列出的收益率,这些投资经营商的承诺都难以兑现。在爆发式发展时期,各家P2P平台为了竞争业务,攀比规模增长速度,炫耀返现率,竞争放款速度,还推出了新人补贴,对首次参与投资的客户给予现金返还或高返现率,但平台之间的竞争没有体现在比谁的业务瑕疵少,

---

① 张颖.收益率超过6%就要打问号,10%以上就要准备损失全部本金[N].国际金融报,2018-06-14.

比谁的融资标的审核严等。还有数量不少的 P2P 平台的极端者走向了民间集资诈骗的老路子,成为金融监管的"麻烦制造者"(见表 2-2)。在国务院金融稳定发展委员会部署下,多个部门组成了互联网金融风险专项整治工作领导小组,由中国人民银行作为牵头单位,说明中央已经确认互联网金融是重要的金融风险点。2016 年以来采取的出台规范、实施整顿、备案后纳入金融监管措施的期限已基本邻近,但受到过去互联网金融高速发展所积累的不利生态问题集中爆发等因素的催化,P2P 行业有构成地区性金融风险的倾向。

表 2-2　正常经营 P2P 平台与涉案 P2P 平台融资情况对照表[①]

经营正常的 P2P 平台	融资额(亿元)	涉案 P2P 平台	融资金额(亿元)
陆金所	983	e 租宝	703
玖富	542	唐小僧	750
宜信	871	钱宝	500
人人贷	379	善林金融	600
爱钱进	368	牛板金	390
捷越联合	210	钱爸爸	300
拍拍贷	202	银票网	140

除了显性的现实风险外,P2P 平台的风险还潜藏在多个层面,目前可见的风险包括以下方面。

第一,一些经营比较正规的大型 P2P 平台也面临不良债务增多、资产安全风险上升、规模扩张变缓、承诺收益率下滑的瓶颈期影响。例如安徽省供销社控股的新力金融控股公司创办的互联网金融平台"德众金融"累计成交额为 40.4 亿元,资金主要投向安徽省内地方政府的项目,由地方政府的政策性融资担保公司进行担保。但是大股东创而不管,目前大比例的债权已逾期 90 天以上,与之合作的担保公司已不能履行连带清偿义务,只能依靠地方政府清收。[②] 目前规模处于前列的上海陆金所代销的流动资金贷款集合资金信托计划资产在 2017 年曝出牵连性的违约事件,该金融产品较为复

---

① 数据系笔者自行整理。
② 吴振北.新力金融旗下德众金融千万金额项目逾期,回应:将持续催收[EB/OL].[2016-06-02].http://ah.ifeng.com/a/20160602/4612248_0.shtml.

杂,是由大同证券公司设计的一款"资金集合计划"产品,放在陆金所平台上代销,要求投资起点为 100 万元,年化收益率为 6.7%,共有 118 名投资人投资了该产品。大同证券收到投资者资金后又交给中海信托投资公司作为信托贷款定向发放给山东龙力生物公司。山东龙力生物公司在贷款到期后无法偿还本息,导致大同证券无法向集资客户兑付,而陆金所作为发行平台,过往在发行理财产品时作出过刚性兑付的承诺。随后,陆金所代销的理财产品又出现利息延期支付现象,负有清偿义务的用资人居然是上市公司凯迪公司和东方金钰公司。[①]

第二,有些 P2P 平台的股东通过挪用、侵占平台资产等方式"掏空"平台。有的平台的股东给高级管理层下达了融资规模业绩指标,并向平台推荐了几家所谓的优质公司的融资标的,当公司管理层拼命做广告吸收投资者、冲高融资额度时,发现这些推荐用资企业都出现了问题。有的平台股东投资背景复杂,通过入股和间接注资等形式连环控制多个 P2P 平台,在不同平台上发布标的、相互担保,或者借助某个平台来做大其他平台的业绩,然后转卖,甚至谋求上市,赚取投机利益。

(三)社会(慈善)金融中包含的风险

普惠金融的一个重要发展方向是社会金融。目前网络上通行的公益筹款平台、众筹项目等就具备这一特征。随着我国非营利性活动的培育和民间财力的增强,目前通过网络捐赠已经成为社会各界,尤其是年轻群体喜欢使用的一种捐款方式。根据民政部统计,2017 年已经有 62 亿人次通过网络向陌生人捐款,而互联网募捐平台收到和分配的慈善款项达到 25.8 亿元。尽管每一笔捐款的平均金额不足 0.3 元,但跬步细流也是不容小觑的。[②] 这些活动中筹款、拨款、用款等行为都离不开金融体系,这些活动一旦不规范就会酿成较低级别的支付风险,也涉及民众的资金安全和金融诚信。并且,网络资金筹集中也包含着一些诈骗、非法吸收存款等较高级别的金融风险。例如一些对网络公益慈善进行跟踪的学者和新闻媒体发现一些互联网慈善募捐平台存在着技术漏洞和管理空白,有些已经完成和正在开展的公益性活动很可能被诈骗者所利用,涉及目前国内规模领先的水滴筹、爱心

---

① 王擎宇.陆金所四曝逾期都掉进同一个坑,高风险雷区全面见光[EB/OL].[2018-09-20]. https://baijiahao.baidu.com/s? id=1612100395739255887&wfr=spider&for=pc.

② 菅宇正.12 家互联网募捐平台 2017 年筹款总额超 25 亿[N].公益时报,2018-03-06.

筹、轻松筹三个网络募捐平台。他们发现网络募捐平台在审核救助申请时只是简单地要求申请者提供患病情况说明、医院诊断说明、所希望筹集的款项、筹到款后的提取方式等。而有些求助者所提供医院诊断证明是很容易伪造的，或者遭到涂改或夸大。这些网络筹款平台一方面没有能力到现场进行被救助者与医疗机构核对，另一方面也没有尽到保护捐款人资金安全的监管责任，让一些可疑的募捐项目进入了网络。① 网络募捐平台对自身操作方式的解释是：先将募捐项目推出，而后再进行资料全面核对。如果在募捐开展过程中发现被救助人提供的信息不真实，再决定是否终止募捐项目，然后将未被提取的捐款返还给捐赠者。而网络募捐品平台发现虚假、欺诈式募捐的主要渠道是第三方的举报。如果某类捐款项目不够"起眼"，或者社会各界没有掌握虚假线索，这类项目就可以轻松地卷走捐款人的爱心捐赠。在行政部门监管覆盖不了、募捐平台监督积极性不高的情况下，暴露出的侵占风险是非常可怕的。

（四）金融第三方支付行业中的风险线索

在金融科技的催生下，新型金融支付结算方式层出不穷。数据显示，目前我国移动金融支付的规模已超过 200 万亿元，其中通过第三方机构代理支付的超过 100 万亿元，而且大多数是由民间资本所建设的支付平台所经手。中国人民银行先后分六批批准了 239 家非银行第三方支付机构，这些支付机构可以发行预付卡、开通支付账户、办理网上收付款、手机转账扣款等业务。在给用户带来便捷的同时，这些支付机构近年屡屡暴露出越轨经营现象。一些支付机构超越经营范围，将客户沉淀资金拿来理财，甚至进行高风险投资；有些支付机构不将客户备付金集中存管，有些支付机构不执行开户客户实名制规定，违规帮助客户取现；有些支付机构违规留存客户信息，或者不保留消费记录，为资金出逃、洗钱、甚至恐怖活动所利用，例如从事第三方支付的卡友公司因上述违法事由已被罚款 2 583 万元，并取消在25 个省份开展业务的资格。有些支付机构开发的通过扫描付款码支付在中小型消费中被广泛使用，但相应的安防手段不齐全，被违法犯罪团伙利用。有些犯罪分子在付款码中植入木马病毒窃取付款人账户信息；有些犯

---

① 杨博宇.用假资料也能发起网络筹款并提现 律师解读平台监管责任[EB/OL].[2018-06-01].http://china.cnr.cn/xwwgf/20180601/t20180601_524255180.shtml.

罪者利用伪造的二维码替换真实的付款码,或者将假二维码覆盖在真实付款码上面;有些犯罪者开发出二维码扫码工具,指向一些商户的付款界面网站链接,可以避开一些杀毒软件;有些犯罪者在二维码上设置提示信息,要求下载某些应用,并要求输入使用者的个人信息,强行扣费、盗刷盗付;有些犯罪人引诱消费者在朋友圈里出示付款码就可以领到红包或者赠送产品,骗取消费者的付款码,实施盗刷。

(五)民间担保机构存在的风险线索

作为直接融资服务的担保类机构也处于较高风险。河北融投担保集团公司是国内第二大的担保公司,获批开展担保、再担保、私募股权基金、融资租赁等金融业务。主要为一些中小企业、房地产项目、P2P融资项目提供担保,担保授信总额度达500亿元,主体长期信用评级为AA+。因其董事长、副总经理、总经理助理等高级管理人员利用职务上的便利收受贿赂,帮助企业牵线找贷、随意提供担保等问题,加上担保项目质量不高、中小企业经营效益下滑等原因,自2014年开始就无法承担担保代偿责任。[1] 与此类似,四川汇通担保公司是四川省内最大的担保公司,注册资本9亿元,累计担保业务超过100亿元,主要担保对象是民间借贷和一些P2P平台的业务,它和一些P2P平台关系深厚,所担保的一些P2P融资项目发标人是由该担保公司虚构的,融得的资金被担保公司投入房地产项目或者小额贷款,[2]最终导致资金链断裂,不但不能为P2P平台的投资人承担担保责任,而且自身投资出去的资金也无法收回。

第四节　金融活动参与者携带的风险线索

金融活动有赖于社会成员来进行支撑资金、信息和信用等方面的交换。金融稳定与经济社会发展格局有密切关系。现代金融与传统金融相比,受到了信息化、后工业化、多元化、全球化的影响,也遭到了风险社会的挑战。现代经济社会的面貌和社会成员的生活习惯、价值文化、科技接受程度直接影响金融行为的方式和信用观、风险观等基础性价值,从参与金融活动的民

---

[1] 张婕. 河北融投风险处置方案出台,明确第一责任人[EB/OL]. [2015 - 09 - 10]. http://p2p. hexun. com/2015-09-10/179006048. html.

[2] 罗辑. 四川汇通担保公司突现危机,多家银行牵涉其中[N]. 中国经营报,2014 - 07 - 12.

众的某些特质可以观察到一些金融风险线索。

一、民众金融资产的差距拉大

在大环境上,随着改革开放的深入,我国经济和社会财富大量积累,但客观存在着社会成员贫富差距加大的现象。在民间金融资产存量领域,这种差距也非常明显。从微观上看,在金融发展过程中,一些地区和个人的金融资产因为投资时机、政策机遇、投资能力等方面出现了巨大的差异。例如20世纪末开始买卖上市公司原始股的人群,他们手中拥有上市公司职工股、禁售股,还有在股票公开发行申购中"中签"的市民,在公司上市或解禁后出现了一夜暴富的现象。从群体上看,一部分拥有财富优势、信息优势的社会阶层往往善于利用金融杠杆,通过投资理财、购买证券、参股公司等金融杠杆使自身财富迅速放大,成为千万、亿万型富豪,使得金融贫富差距拉大。这种现象会刺激和诱导一部分社会成员循例去"搏一把",[1]诱发金融违法投资者利用制度漏洞或采取欺诈上市、公开操纵证券市场、拖欠银行信贷等方式不正当聚敛财富,也会引发更多的投机者效尤。

二、民众的金融活动可及性发展不平衡

在代际差异上,我国青壮年人群和老年人群的金融资产差异悬殊。在一些国家,由于金融体系较为健全,人群的金融素养和理财观念强,中老年人群拥有较庞大的金融资产,例如养老保险金、长期持股计划、信托财产等,这些金融资产与青壮年人群持有的金融资产相比较为稳定,起到了金融"压舱石"的作用。而在我国,由于金融发展的重心和开放程度的差异,只有存款等极少数适合中老年人群的金融工具,这就是经常在金融机构中看到的"大爷大妈"排队存款、取款的现象。同时由于国力原因和制度设计,我国当前的劳动分配和社会保障制度对某些社会成员而言存在保障水平低、保障面窄等不公平问题,目前我国实施的养老保险金等社会保障基金投资证券市场和以房养老模式,商业保险、职业年金、政府养老金三者并行模式是金融与社会保障结合的初步探索,但还没有找到金融和社会保障深度结合的路径。

---

① 潘煜双,李云. 我国股市投资者行为心理偏差分析[J]. 财会月刊,2011(5):82-84.

三、民众的金融信用观、风险观存在片面性

信用观和风险观的形成受到历史因素和当代生活的影响。中华人民共和国成立前的上海、天津、汉口等金融中心城市设有一些银行,有些因挤兑倒闭,有的一直坚持营业。中华人民共和国成立后我国金融机构存款由国家兜底的承诺在民众中留下了深刻印象,很多民众会认为只要政府不决定关闭金融机构,金融机构就不会倒闭。据估算,目前我国银行存款余额有164万亿元,在正规金融机构管理的资产总额达126万亿元,其中银行理财额29.54万亿元,信托资产26.25万亿元,基金公司管理资产7.4万亿元,证券公司资产管理规模16.88万亿元,期货公司资产管理额0.25万亿元,保险公司资产管理额16.75万亿元,公募证券投资基金额11.6万亿元。这些资产中有相当大的比例是由民众投入到金融系统中。①受益于金融特许经营政策,过去银行理财、保险投资等渠道绝大多数是赚多赔少,而且还有保底兑付,这更强化了大部分民众的低风险观,即认为把资金放在金融机构里是安全的。

然而金融市场的现实是有盈有亏、优胜劣汰的。比如资产管理产品必须要实现保本,一定会有收益反馈给投资者的经营策略并不能经过市场考验。为了竞争收益以及为了实现保本承诺,只会驱使资产管理资金更加肆意流入一些高风险产业。也有金融机构自身出现经营失误甚至更严重的道德风险,给委托人带来损失的例子。在民间金融中不少所谓的"保本"其实是庞氏骗局,是金融违法违规犯罪的外衣。而且对于非国有资本设置的非银行类金融机构,政府从未承诺过兜底偿付,而是由市场决定。因此,民众的风险期望和金融现实之间存在着不小的悖论。但要让民众接受金融市场规律,接受风险教育,懂得保本保收益显然是空中楼阁,进而审慎地决定是否参与是知易行难的。

第五节 科技金融活动掺杂的风险线索

全球范围内的金融机构、公司、民众对金融科技抱有很高期望,希望尽

---

① 李延霞.我国银行业资产托管规模达126万亿元[EB/OL].[2017 - 07 - 04]. http://www.xinhuanet.com/fortune/2017-07/04/c_1121263620.html.

可能多地用金融科技来丰富金融功能、改造金融机构组织形式,将金融市场和社会市场连接,按照用户的选择来确定金融服务的供给方式,为金融业创造更多增长机会,使不发达地区的金融能够快速进步。但新事物的反面是金融科技也暴露出不少的风险缺口,极有可能被金融违法犯罪活动所侵袭。

一、技术缺口

过去的金融业务强调双人操作、多次复核、客户亲自在场原则。可是金融科技推广使一些业务流程出现简化,为避免增加用户负担,提高体验性,一些一键授权、远程操作、实时完成的业务方式被使用,使得业务现场复核、全程监控的可行性降低,由此引发一些资金安全问题。比如信用卡、储蓄卡随身携带方便,由于卡内磁条信息易复制,导致客户银行卡被盗刷;网上银行、手机银行账户划款非常方便,但引发黑客攻击盗走支付密码或者植入恶意程序偷偷转走客户款项。在这当中既有犯罪分子的手段高明,也有金融机构没有对金融用户进行充分的风险提示,没有根据投资者实际能力来决定其开通一些金融便利功能是否适合等原因。此外,一些金融机构出于利益考虑,借助金融科技手段把一些不必要的、权利义务配置不合理的金融产品和服务搭售甚至强加给金融消费者,而消费者还没有相应的消费经验和安全知识,金融机构的远程监控和客户支援手段也未跟上,容易出现风险。比如在办理银行卡时在未征得消费者同意情况下开通手机银行、手机证券,一些消费者根本不知道自己能够独立实施这些业务,进而误用或被诱骗使用。另一些经营者打着金融创新旗号,用技术将一些传统的金融业务进行包装组合,模糊业务本质,推出的银证、银保、银(行)资(管)、期货期权项目,其背后并没有明确的金融监管许可,相应的业务监控和数据管理也跟不上。轻则出现数据和清算错误,比如光大银行曾经出过的"乌龙指"事件,重则爆发投机诈骗。被称为"保险科技第一股"的众安保险公司没有完全依照互联网保险业务要求开展业务,而是与第三方中介机构合作,将中介机构的网站与互联网保险平台进行链接,然后依靠中介公司招揽线下潜在保险客户,由中介机构代替客户登录保险平台进行承保并支付手续费给中介方。① 这种

---

① 程竹.银保监会连发6份监管函,众安在线等因违规被责令整改[EB/OL].[2018 - 06 - 29]. http://www.sohu.com/a/238533378_676454.

行为与以前保险公司惯用的保险推销员营销模式有相似之处,只不过变成了线上推销员,模糊了互联网保险与普通保险的业务边界,互联网业务平台丧失了对客户资信审查的主动权,客户也没有充分了解互联网保险产品在费率、理赔方面的属性。

二、信息安全缺口

科技发展导致金融机构的业务和信息高度依赖计算机和互联网,在软件方面对恶意网络攻击的抵御能力不足是全球金融机构的通病,我国也概莫能外。加之我国的计算机核心芯片等信息基础设施产品严重依赖于国外,我国金融业的整体信息安全可靠度不高。同时,由于一些陈旧的业务习惯作祟,金融工作者对客户金融数据及相关隐私的保护意识不强,无意中会将客户信息泄露出去,还不排除一些金融机构工作人员将重要客户的信息加以倒卖。现在随着电子商务和移动支付的勃兴,金融机构以外的商户、网络服务商处还存留着大量的客户数据以便从中探知客户的行为习惯和喜好。金融机构为了拓展业务也非常希望得到这些数据,通过和第三方支付机构的合作和利益交换来获取数据,这使得金融机构本身也成为数据打探者,和其他商业主体一样都存在客户数据的过度采集和未经授权使用的现象。

金融之间、金融机构和商户之间、金融机构和客户之间建立了多象限的网络连接。接口越多,网络犯罪势力的攻击点就越多,只要某个营业网点信息屏障被攻破,就会连累到整个金融网络,造成一些恐慌,进而成为系统性金融风险的爆发条件。

三、金融科技活动产物包含的不确定风险

有些科技金融风险行为尤其是内部人行为,连专业化的金融企业和人员也预见不到,但有些金融投机者乐于放大风险,虚拟货币金融产业链就是其中的典型。当前的互联网平台中自称为虚拟货币的有近百种,使用常用区块链技术、开放源代码、去中心化、未来货币等词语进行宣传。截至2018年年初,一些虚拟货币的交易量达到了上百亿元,价格也暴涨了几百倍。而这些只停留在技术层面的产物根本没有对应的财富和信用支撑,很多投资者不知道其中的内幕,引起了监管部门的警惕。2017年9月,国家相关部门下发《关于防范代币发行融资风险的公告》,对以"ICO"(数字货币

首次公开募资)名义进行融资的行为发出警示,但市场上随即出现冠名为IFO、IMO、IEO的各类虚拟货币。2018年8月,公安部、中国人民银行、银保监会等部门再次发出通知,将上述性质的虚拟货币的违法推广、销售行为归入传销和集资诈骗。从公安机关查处的一些虚拟货币诈骗案件中,可以看到一些行骗的手段。

第一,制造谎言。很多平台并不具备比特币、以太币等较成熟数字财产的生成技术,而是用一些简单计算机代码包装出某种货币,有些声称是源于国外的技术,有些冒充是中国人民银行开发的,事实上,中国人民银行开发的是数字化货币,不是虚拟货币。而国外网站推出的虚拟货币都需要较为高端和复杂的专门电脑处理器来生成,[①]一般技术无法实现。

第二,给虚拟货币赋值。开发货币者声称货币价值是由货币的最终可开采量决定的,是稀缺资产,在交易中交易价格由区块链技术撮合而成,不是人为操纵的。而实际上,投资者买卖这些货币的平台不是独立的,而是被开发者操控的,不是真实交易。

第三,关于货币的获取。组织者通常会演示一些挖矿机的视频,以证明货币是互联网挖掘而得,然后会说挖矿机价格昂贵、耗电量高、国内数量少,只能通过从国外租赁。而实际上组织者根本没有所谓的挖矿机,他们向投资者展示的挖矿所得的虚拟货币数量多为编造。在我国部分能源比较富集的地区的确有一些人员从事专门的挖矿寻找虚拟货币工作,但主要对象是比特币,不是这些五花八门的虚拟货币,而且挖矿速度比较缓慢,所得无几,根本不像这些机构宣传的每天都有产出。

第四,关于货币交易。开发者声称虚拟货币交易是由系统自动匹配,利用区块链技术进行登记,每天价格都有浮动。同时也可以选择由平台托管,或者帮助回购等多种方式进行交易。一些不知底细的投资者进场追逐虚拟货币,并有一些地下钱庄为投资者融资。事实上,我国目前还没有正式的虚拟货币交易平台,只能通过境外网站进行交易,境内所有的代理网站多为虚假。而所谓的托管实际就是非法集资,也有一些犯罪分子利用此名目进行洗钱。因为这些托管账户在收到资金往往没有资金流出,或流出平台进入某个人账户或进行消费,所以并没有返回其他投资者账户。

---

① 蔡则祥. 网络虚拟货币的本质及其风险管理[J]. 管理世界,2008(2):174-175.

第三章　金融犯罪高发场域和
犯罪样态缕析(上)

犯罪是风险社会条件下一类相当复杂的社会和法律问题,已故犯罪学家理查德·埃里克森教授曾提出,当代社会存在国家安全、社会安全、产业安全、个人安全四重安全问题,每一类安全问题中都掺杂着犯罪,大如恐怖主义犯罪,小如日常生活中的失序。① 金融犯罪是金融体系中风险的极端化、集中化爆发和呈现方式。从场域上看,金融犯罪发生在金融界,而不仅仅是在金融机构当中。金融界和金融机构之间存在着差异。前者是一个经济范畴,意味着金融犯罪与产业、公司、网络等产生关联,后者是一个职业范畴。布莱克法律词典(Black's Law Dictionary)对金融机构(Financial Institution)的定义是:"经营管理金钱、信用或资金的商业、组织或公司",在这些公司里面发生犯罪都可以认为是金融犯罪。传统认为金融犯罪是一种职业化的犯罪以及白领犯罪,而现在金融犯罪已经走出了职业犯罪的圈子。如果按照金融界这个范畴来诠释金融犯罪,则比较容易理解金融犯罪与经济体系之间的关系,比如金融犯罪牵涉的群体广泛,造成金融机构、公司和经济体系的损失。

以犯罪学的眼光看,金融犯罪是金融机构内部人员、外部人员单独或共同针对金融资产、金融交易资格、金融工具等实施的破坏金融管理秩序的行为总称。根据金融犯罪的发生场所以及内部人员的岗位,可以细分为银行犯罪、证券犯罪、期货犯罪、保险犯罪、货币犯罪,等等。从犯罪手法上来看,传统的金融犯罪多采取侵占、欺诈、伪造等多种方法,例如侵占贷款、伪造金

---

① 周愫娴. 乍见治经济学与犯罪问题交错的光与影:评 Richard Ericson, Crime in an Insecure World [J]. 台湾社会学刊,2008(40): 141–149.

融凭证、诈骗保险金,新近出现的侵入金融机构网络进行证券内幕交易、洗钱等也是金融犯罪的实施手段。美国财政部国税局曾列举金融犯罪的手法,包括:诈欺(Fraud)、偷税(Tax Evasion)、受贿(Bribery)、侵占(Embezzlement)、窃取财物(Larceny)、伪变造货币(Forgery)、仿冒(Counterfeit)、利用职务或工作上便利勒索财物(Blackmail)、收受回扣(Kickback)、敲诈(Racketeering)、洗钱(Money Laundering),当中除了一些涉及税务的犯罪外,对于金融犯罪手法的描述甚为翔实。

在罪刑法定视野下,刑法是界定金融犯罪的标尺。我国金融刑法与金融犯罪相伴而生。计划经济体系下为了确保金融体系的自转,国家动员民众大量储蓄,并将大多数金融边际收益留给了国有企业,金融机构处于少而不全、大而不强的状态。金融行业和民众能够分配到多少金融红利是由政府之手操控的,由于金融行业主要靠政府信用而不是商业信用在维系,因此主要在刑法中规定伪造货币、金融票据类犯罪及少数类型的诈骗犯罪,针对金融机构违背信用的规定基本空白,此时还未凝聚成专门的金融刑法。

在计划经济向市场经济转轨过程中,我国金融业面临前所未有之大变局。首先是打破了中央银行和商业银行混同的局面,有了监管部门的概念,中央政府层面的金融垄断松动,地方政府、大型国有企业办金融的冲动加强,大量新型金融机构出现,呈现出多且乱、不受控的局面。由此出现银行证券混同经营、账外经营、非法吸收公众存款等现象,出现资金黑洞,也显示金融体系的内控阙如。其次是公有制的有序退出使金融体系的用资方——企业出现一定范围的崩塌,一些用资者发现金融资产可以被轻易侵占,银行坏账、信托不良资产等大量涌现,贷款诈骗事件高发,名义上安全的信用链被损坏。再次是民间财富快速增加并在倾向流入利润丰厚领域的引领下,涌入证券、期货等风险行业的投资大增,但回报不如预期。一些有资产者意识到玩金融比做实体经济更容易致富,但以合法方式进军金融领域遭到了金融抑制的阻挡,于是就转向地下方式,导致钱庄、典当、投资等行业盛行,不注册金融机构也能编造一些名目非法吸收存款、非法集资,但却没有足够的信用支撑,地下金融资金链容易断裂。面对金融的不稳定性,政府进行了法律管制和紧急干预。关于金融主体的法律出现增容,从中国人民银行法到商业银行法、从保险法到证券法、从信托法到证券投资基金法,以解决金融机构多且乱的问题,关于金融行为的法律法规开始"长牙齿",《关于惩治破坏金融秩序犯罪的决定》《中华人民共和国刑法》(1997年)、《非法金融机构和非法金融业务活动取缔办法》等陆续出台,增加的罪名包括针对金融机构的存款业务类犯罪(非法吸收公众存款罪,吸收客户资金不入账罪);信贷业务类犯罪(违法发放贷款罪,向关系人发放贷款罪,高利转贷罪);结算业务类犯罪(违法承兑、付款、保证罪);证券业务类犯罪(伪造、变造股票、公司、企业债券罪,内幕信息与内幕交易罪,虚假交易信息犯罪,欺诈投资者犯罪);针对用户的贷款诈骗、集资诈骗、信用卡诈骗、保险诈骗等罪名。金融刑法(强行法)扩充成为一个部门法律集群。这一时期的刑法最重要的任务是确认金融监管权威,重塑多主体、新业务复杂状态下的金融秩序,打击越界金融。然后是保护财产法益,也可以说,这一时期的金融刑法具有较强的应急性,金融管制法出现了防控不了的情势就升格为刑法调整,不过多考虑协调、平衡等方面的问题。[①]

进入21世纪以来,在金融监管顶层设计基本完成、金融市场份额基本划定、金融竞争有所放开、金融科技日益普及的情势下,金融业获得快速发展,但是最根本性的金融资源配置方式没有得到解决。一方面,行政手段配置金融资源依然占统治地位,获得政府资源抱注的金融机构从外壳上向金融控股公司的"巨无霸"方向发展,从内核上出现垄断趋势。而获得金融资源较少的金融机构和部门要么不顾压力地增加杠杆,发展衍生产品以应对竞争,要么就与民营资本进行利益交换。正如我国银行体系是绝对国有资本控制,而证券、保险体系则不乏民营企业参股。另一方面,随着经济增长目标的刚性化和挑战性,财政对金融的需求和汲取再度增强,地方政府的金融渴望越来越强,地方政府投(融)资平台遍地开花,搭金融机构便车、造影子银行现象大增。银行、交易所之外的场外金融、互联网金融野蛮生长,既创造出一些泛金融产品,对金融消费者的贴合度甚至超过了正规金融,比如支付宝产品、P2P网贷;也炮制出一批伪金融模式,比如虚拟货币传销、互联网非法集资等。这一时期的金融产业链往上下游延伸,金融价值链"俘获"了更多社会群体。为了应对金融犯罪的汹涌暗流,金融刑法并没有止步。[②] 在

① 魏昌东. 中国金融刑法法益之理论辨正与定位革新[J]. 法学评论,2017(6):68-76.
② 刘远,赵玮. 论我国金融刑法的罪名体系[J]. 政治与法律,2005(5):113-118.

立法机关通过的三个决定、十个修正案以及十三个立法解释中,直接涉及金融犯罪的有《关于骗购外汇、逃汇和非法买卖外汇犯罪的决定》《刑法修正案(一)》《刑法修正案(三)》《刑法修正案(五)》《刑法修正案(六)》《刑法修正案(七)》《刑法修正案(八)》《刑法修正案(九)》《关于办理内幕交易、泄露内幕信息刑事案件具体应用法律若干问题的解释》《关于办理危害计算机信息系统安全刑事案件应用法律若干问题的解释》《关于办理诈骗刑事案件具体应用法律若干问题的解释》《关于审理非法集资刑事案件具体应用法律若干问题的解释》《关于审理伪造货币等案件具体应用法律若干问题的解释(二)》等。立法机关通过新增罪名、增加已有罪名的行为类型及行为对象(例如将P2P 平台吸存列入非法吸收公众存款犯罪)、放松犯罪主体界限、降低犯罪构成要件下限(例如不再限定以牟利为目的、不再硬性要求"获得不正当利益或者转嫁风险"),以及加强裁量性因素(将结果要件改为按犯罪情节定量,比如对违规出具金融票证罪的修改)等方法增加了刑法的覆盖面。在处罚上,一方面贯彻了轻缓化的要求,减少了金融犯罪的死刑适用;另一方面,加强罚金刑的威力,对一些犯罪的法定刑数额改变为不限定额度。在刑法修订过程中,立法机关注意到办案部门面临的一些实际问题,并将他们的意见吸纳进去。比如犯罪构成要件中的目的犯认定问题一直是侦查的难点,有些金融机构的工作人员在证券交易案件中声称是按照上级指令实施违规行为,没有谋取个人利益。有些金融犯罪损失数额难以查清,或造成的直接损失虽不大,但行为恶性大、市场影响坏,刑法修订将情节严重以及非常严重作为犯罪成立条件,给金融监管部门和司法部门一定协商空间。

金融犯罪类型繁多,已形成了自适应性的孳生环境和多发场域,引起诸多研究者的关注。金融犯罪的研究谱系大体围绕着"个案+个体"(微观)——"区域+时段+群体"(中观)——"国别+时期+类案"(宏观)三大研究层次推进,但在深耕一点、带动一片上仍嫌不足,例如对金融犯罪发案地区及类型的聚集性方面,即金融犯罪的场域问题探讨较少。在此,我们须对新形势下的金融犯罪机会、犯罪场域及其犯罪手法做一些综合分析,将中观层面研究与宏观和微观层面研究结合起来。

第一节　银行体系中高发金融犯罪分析

银行是金融业中数量最多、资产规模最大的金融机构,也是金融消费者(储户)经常接触的机构。无论是金融刑事立法还是金融犯罪侦办,涉及银行的犯罪类型和数量都是最多的。2015 年以来我国主要商业银行不良资产比率呈现上升态势,个别全国性商业银行的不良贷款率甚至突破了警戒线。不良贷款中包含着大比例的客观不能偿还贷款,不排除相当数量的主观恶意欠债、不合规贷款、贷款诈骗等情形。同时,贷款的来源——银行存款的组织和管理过程中也存在着伪造凭证、体外循环等情形,导致区域性、机构性金融风险迅速集聚,同时也是金融犯罪的重大诱因。① 唯有深入解析当前银行体系犯罪态势,方能为银行金融犯罪风险防治找到路径。

一、银行体系中高发的金融犯罪类型

(一)难以绝迹的非法吸收公众存款罪

在计划经济时代,银行—客户关系是银行单方主导的关系,在金融市场多元化、开放化条件下,银行—客户关系也发生了一定的逆转,银行业之间展开了激烈的业务竞争。这种竞争不是主要体现在业务创新和风险管理上,而是体现在谁能争取到更大份额的存款资源。商业银行的核心管理部门将延揽存款任务层层分解,下压到各个分支机构,打起了延揽存款大战。在此过程中出现诸多违规吸收存款金融犯罪活动,引发了直接的兑付风险,背离了商业竞争的初衷。尤其是一些经济发达地区的储户容易被盯上。例如 2014 年底,来自浙江省各地方的一些存款人听人游说甘肃省临夏市东乡县工商银行有优惠存款利率,即在正常年利率 3.3% 的基础上再贴息4.3%,起存金额 1 000 万元。他们纷纷将资金汇入该银行。负责中介的揽客通过手机拍下银行存单照片发给储户并当即支付贴息,先后有 2.88 亿元资金存到该行。犯罪人魏某就是这些存款的组织者,他利用存款人远在浙江的机会,勾结银行内部工作人员伪造上述存款人的存单,到其他银行进行

---

① 李旭辉.新形势下的商业银行犯罪[J].河南财政税务高等专科学校学报,2009(4):67-68.

质押贷款。案发后,浙江客户的存款资金被公安机关冻结,无法取出到期存款。① 山东邹平农商行、博兴农商行、滨州市滨城区农村信用合作联社的11名工作人员受山东创能石化公司之托寻找存款,他们公然在 QQ、网络论坛上发布消息,还跑到浙江等地宣传,声称能给出 6% 的存款贴息。在2013 年 3 月—2015 年 5 月两年多的时间里,他们先后伪造存单 43 张,吸收存款金额 2.9 亿元。② 一些储户存款到期后,他们劝说对方续存,对不愿意续存的储户就从其他储户那里拿出资金填补。至案发时有 1.6 亿余元资金无法兑付。浙江省宁波市奉化区某银行到金华揽存,一位储户存进去250 万元,得到了一个红包,但存款到期后储户发现账户上只有四元钱。③ 在这些案件中,银行在监管规则和技术控制方面都暴露出漏洞。而且多数银行都不承认其中有职务行为,均以涉嫌犯罪为由进行推脱,拒绝兑付存款,导致储户上访、上告。

(二)逐渐抬头的内生性票据犯罪

当前,票据违法犯罪现象比较猖獗。银监会在 2017 年实施的专项检查中查出违规票据金额约 2 万亿元,④涉案银行地域广泛,各种类型银行均有涉案。其中工商银行有 13 亿元电子票据存在风险,农业银行北京分行被查出 39 亿元可疑票据业务,中信银行兰州分行查出 9.69 亿元违法票据业务。在地方性银行中,宁波银行有 32 亿元违法票据业务,广发银行有 10 亿元违法票据,天津银行上海分行违法票据业务金额 7.86 亿元,龙江银行有 6 亿元违法票据。最骇人听闻的是邮政储蓄银行甘肃省武威市分行下属支行制造了 79 亿元的票据债务,先后有 12 家银行参与违法办理票据业务。⑤ 从已曝光的案情来看,一些银行在办理票据融资远期回购、金融机构同业拆借担保业务及票据转贴现业务时,没有要求业务当事人到银行当面签约、盖章,

---

① 银行存钱也有坑? 揭秘存款贴息投资骗局[N]. 萧山日报,2015 - 11 - 17.
② 佚名. 支行行长参与欺诈涉案近三亿,柜台现场给假存单[EB/OL]. [2018 - 11 - 09]. https://baijiahao. baidu. com/s? id=1603577145995580403&wfr=spider&for=pc.
③ 佚名. 一男子在银行存入 250 万元,一年后却只剩 4 元,期间到底发生了什么? [EB/OL]. [2017 - 09 - 04]. http://www. sohu. com/a/169516424_712847.
④ 吴红毓然,武晓蒙. 银监会 2017 年查实票据违规近 2 万亿元,将继续整治[EB/OL]. [2018 - 01 - 15]. http://finance. caixin. com/2018-01-15/101197879. html.
⑤ 宋易康. 79 亿票据旧案曝光:邮储银行支行长套取挪用 30 亿,12 家金融机构被罚 2.95 亿[EB/OL]. [2018 - 01 - 27]. http://www. cbrc. gov. cn/chinese/home/docView/DE397FD591794475B8B7FE2C420B167B. html.

没有认真审核,导致票据诈骗案件发生。一些银行在开户企业存款不足的情况下违规为其开出承兑汇票,让这些企业去其他银行贴现套取资金。一些银行利用票据应收款为底层资产发行同业理财产品,占用其他银行资金。还有一些银行工作人员与不法企业互相勾结,利用虚假的营业执照和公章做成虚假票据,银行收票后再转贴现给其他金融机构,套出资金。由于票据业务金额和手续费都比较庞大,银行非常重视,往往交给本行业务骨干去负责。从常识上讲,出现操作风险的概率应该不高,但这些票据犯罪肇因却是由于内部制度失灵、内外勾结得逞。此外,票据犯罪对象多是纸质票据,纸质票据易伪造、变造,但如果银行严格审核票据真实性并要求提供交易合同,以及引入大额电子票据系统可大大减少违法犯罪的概率。

(三)作案手段翻新的欺诈客户型犯罪

在银行柜台监控摄像头下实施犯罪活动通常较难,但一些金融机构工作人员利用身份掩护和民众对金融业务的误解,实施欺诈型犯罪却屡次得手。除了导致客户损失外,还对金融机构信誉造成致命打击。2013年,农业银行广州沙河支行理财经理何某、新华保险公司驻农业银行业务员刘某在银行网点向储户推荐所谓"银行发行的"理财产品,承诺年收益率12%,期限三个月—半年,诱骗30名储户购买金额达4 300万元。实际上,这款产品是深圳私募投资公司金赛银公司的产品。何某在作案时直接坐在银行柜员席位上收钱或者帮助储户用网银软件转账,事后再给客户投资确认书和利息。金赛银公司先后支付给何某中介费20万元,给刘某中介费10万元。后来,金赛银公司难以按期兑付投资本息,何某就将揽到的集资款扣留在自己的账户中用于炒股、投资,结果出现了1 300万元的重大亏损,直到何某从银行离职,被蒙骗的储户才发现骗局。而农业银行坚称不知道此事,引起了各界质疑。[①] 从证据上看,银行对发生在营业场所和工作时间的金融交易都有监控录像,何某、刘某施行揽储的行为时间长达两年,银行不可能发现不了异常。从表见代理的法理出发进行分析,何某、刘某的行为与所属金融机构之间有责任和后果上的直接关联,更有社会责任上的全面包裹。

---

① 何儒敏. 理财经理骗30人4 300万,被重判![EB/OL].[2018 - 08 - 21]. http://www. sohu.com/a/249238550_617218.

（四）金额不断攀升的违法发放贷款犯罪

根据 2017 年第四季度的统计，我国商业银行现有不良贷款 1.71 万亿元，不良贷款率为 1.74%。[①] 在地区分布方面，银行不良贷款呈现出一定的差异。在经济发达地区阵营中，上海市不良贷款率仅为 0.57%，而浙江省的不良贷款率从 2017 年初的 2.17%下降到 1.64%，广东省（不含深圳）不良贷款率为 1.68%，与浙江较为接近。另一个经济大省山东省（不含青岛）不良贷款率则超过 2%，达到 2.56%，比 2017 年年初高了 0.42%。其他省份，黑龙江省银行不良贷款率为 2.24%，贵州省不良贷款率为 2.63%。[②] 在行际差异方面，信贷风险耐受能力较差的首先是农村商业银行，尤其是中西部地区农商行。2017 年年末，已有多家农商行的不良贷款比例超过了 5%，其中山东邹平农商行不良贷款率为 9.28%，贵阳农商行不良资产率为 19.54%，河南修武农商行达到了 20.74%。从修武农商行的数据分析，注册资本为 1.8 亿元，存款总额为 49.76 亿元，贷款余额为 31.54 亿元，其他资产 38.33 亿元。[③] 由于注册资本不多，需要拨备的坏账准备金剧增，资本充足率已降无可降。一旦出现恐慌性兑付就会爆发危机。我们再进一步观察该行 6 亿元的不良贷款是如何产生的。根据统计报表显示，2015 年修武农商行不良贷款率是 4.02%，2016 年上升到 4.5%，一年之后又跳升。由于农商行对单个贷款客户的金额有限制，因此，该农商行贷款出现的是多个借款人集体性、集中性违约。根据河南省焦作市政府金融办核对，修武县本地就有 56 家国有企事业单位、215 名公职人员在农商行的贷款出现逾期，金额共计 8 000 多万元。[④]

从这些不良贷款的走向看，除了向民事性质的金融债务纠纷方向发展以外，也有金融犯罪的苗头，其中又可以细分为银行在贷款审批和监管上的失误以及借款人的欺诈。在两者当中，银行内部人违法犯罪问题尤为严重。湖南沅江市农村商业银行南大支行双丰分理处客户经理刘某从 2015 年开

---

① 汪丽.银监会：2017 年末商业银行不良贷款余额 1.71 万亿元[EB/OL].[2018 - 02 - 09]. http://finance.jrj.com.cn/2018/02/09155224094212.shtml.

② 范佳慧.2017 不良贷款：上海、浙江、河南等双降，山东双升[N].国际金融报，2018 - 03 - 08.

③ 岳权利.某行不良率达 26.28%，农商行的寒冬已至?![EB/OL].[2018 - 07 - 24]. http:// news.hexun.com/2018-07-24/193552837.html.

④ 陈圣洁.农商行又"爆雷"! 河南修武农商行不良贷款率飙升至 20.74%，多位股东被列为失信人[N].国际金融报，2018 - 07 - 20.

始利用职务之便,以他人名义编造贷款申请资料,自己申请又自己审批,两年多时间共签发了 44 笔小额支农贷款,金额共计 671 万元。刘某用这些资金进行养殖业投资,最终出现巨额亏损。甘肃省农村信用社联合社原理事长雷某某在任职期间发生了 90 亿元的账外非法经营贷款,全部被记为不良贷款,占到当年甘肃全省不良贷款总额的一大半。[①] 这类犯罪中最为恶劣的莫过于浦发银行成都分行全域性贷款事件。商业银行对已经出现的不良贷款,过去常用借新还旧的手法进行包装,而浦发银行成都分行采取的手法是借甲还乙。具体而言,就是用空壳企业的名义向浦发银行申请贷款、授信、信用证、保理等业务,浦发银行欣然接受,向他们放款。然后这些贷款人用浦发银行的钱去收购浦发银行的不良贷款,实现不良贷款全部消化,"创造"了当时浦发银行成都分行"零不良贷款"的行业奇迹。浦发银行成都分行先后找来了 1 493 个空壳企业帮助借款人编造贷款资信材料,将大额贷款授信分拆审批以避免向总行上报,越权进行审批,并通过同业拆借、发售理财产品融来资金以掩盖高达 775 亿元的坏账,该行主管贷款的多名工作人员均构成违法发放贷款犯罪和伪造会计凭证犯罪。[②]

依照犯罪黑数原理推断,在数以万亿计的不良贷款中应该还有相当部分比例的违法发放贷款犯罪行为尚未揭露。这些犯罪行为之所以能够得手而且能长期掩盖,除了各类研究中经常阐述的委托—代理风险外,还表明银行在成立和运营过程中存在不受控的空间。

二、银行犯罪发案场域扫描

银行是我国金融体系中的重中之重,对银行违规犯罪活动的金融监管、技术防范、刑法规制在金融领域是最早也是最齐全的。当前,许多银行成功抵御住了金融犯罪的侵袭,但也有银行"中招"受害。从犯罪发生和演化的角度出发,我们有必要全面分析侵害银行体系犯罪一般会在哪些类型的银行内部孳生,采取何种经营管理方式的银行容易被金融犯罪"俘获"。笔者认为下列银行容易成为金融犯罪高危对象。

[①] 汤亚文. 挪用资金 617 万搞养殖,严重亏损无法偿还被判刑![EB/OL].[2018 - 06 - 18]. http://www.sohu.com/a/236335088_166411.
[②] 张燕,宋杰. 浦发成都分行有组织造假案件曝光,近 200 人被问责[N]. 中国经济周刊,2018 - 01 - 30.

(一)主动或被动地掩盖信贷风险的银行

第一,在企业受经济形势影响较大的情况下,银行不良贷款出现增幅波动是不可避免的。但一些银行的信贷部门主动违反信贷规则、放松贷款审批尺度、未经批准变相经营信贷业务、扩大贷款规模、表内表外业务混淆的现象并不鲜见。① 还有的银行经营网点在对待不良贷款方面总是藏着捂着,生怕暴露出来。其原因在于他们最在乎的并非不良贷款难以收回所造成的银行金融资产和国家资产的损失,而是在乎被上级机构问责,影响其待遇和升迁机会,这等同于作茧自缚,为一些背地里的犯罪打掩护。

第二,银行的上级机构以存贷款规模论英雄,而不是以合规经营为荣的风气根深蒂固。一些银行在员工合规性教育和内部稽核控制上严重滞后,在根源上奉行的并非审慎经营思维,而是激进扩张思维。对下属机构违规的信贷业务、虚弱的贷款后期管理、随意设置的贷款分类标准不加约束。对以理财名义揽存、以票据业务之名行贷款之实这些比较容易识别的业务视若不见。以浦发银行为例,除了业务造假的成都分行外,浦发银行数个分支机构也被查出违规行为,包括浦发银行乐山支行被发现签发无真实贸易背景的银行承兑汇票虚增存款;浦发银行淮安分行办理银行承兑汇票违规;浦发银行重庆分行在办理客户征信中存在违规。各地的不正常经营行为累积起来,导致 2017 年底浦发银行的不良贷款率上升到了 2.14%。但从账面上看,浦发银行 2017 年盈利达到了 542.40 亿元,而且比前一年度上升,② 这也印证了我国金融机构片面追求扩张速度和市场份额,不注重风险成本的预算软约束问题,在长期的不合规经营中孳生出犯罪就不足为奇了。

第三,某些银行所选用的信贷管理者是经营能手,但不是风险防控能手。目前银行系统中采用的贷款分级制度存在一定倾向,即在警觉程度高、严格执行制度的信贷管理人员手中,不良贷款数量会高企。而在一些粗心甚至"有心"的信贷管理人员操作下,一些不良贷款会被忽略甚至掩盖,在银行内部缓慢消化。通常情况下,贷后管理会逐步暴露出贷款的不良状况,进而启动消化风险的各项工作。反观目前银行业流行的贷款前一次授信、分

---

① 胡志挺. 首张罚单开给兴业银行:案由 12 项,罚款 5 870 万[EB/OL]. [2018 - 05 - 04]. http://finance. sina. com. cn/roll/2018-05-04/doc-ifzyqqir0044230. shtml.

② 佚名. 浦发银行 2017 年不良率超 2%,拨备计提存在压力[EB/OL]. [2018 - 05 - 13]. https://baijiahao. baidu. com/s? id=1600364538924302568&wfr=spider&for=pc.

次发放的操作方式,虽然可为企业减负,但是信贷管理人员对企业资产流动性、外部经营环境变化、突发诉讼等因素预计不足,在授信后也缺乏修正措施。尤其是当前银行与客户关系较为微妙,一些企业集团的分支机构或关联方的单笔贷款如果被列入不良贷款将会影响整个企业的授信计划执行。在企业资产状况尚可的情况下,银行信贷管理人员会考虑尽可能不将其划为不良贷款,掩盖银行不良贷款的底数,而那些被掩盖的不良贷款,正在被金融犯罪蚕食。

第四,不正当利用资产管理举措使不良贷款发生流变。在国家政策许可下,商业银行将一些不良资产打包,招标发售给资产管理公司,从制度设计上这有助于银行减少不良资产率,专注于核心业务经营,但这当中也隐藏着一些金融违规甚至渎职腐败现象。常见的情形是银行低价"贱卖"不良资产,使关联方收益,造成银行资产损失。监管部门发现,浦发银行太原分行对外公开处置的不良资产包中包含正常类、关注类贷款,这些贷款尚未堕入不良资产范畴,但银行通过贷款分级调整,将其列为可疑、损失类贷款进行处置。其中的原因在于银行为吸引资产管理公司竞标不良资产包,在坏资产中掺入少量好资产搭售出售。近期也出现非标准化资产债权处置舞弊的案件。① 2017年常熟农村商业银行将部分债权打包成资产在产权交易所挂牌出让,由背地里接受过银行贷款的企业购买这些资产,然后银行再出资购回这些债权,债务方最终还是向银行支付本息。实际上,这些所谓债权是银行动用信贷资金变相发放的委托贷款,原先的单纯债务变成了环环相套的债务链。这种做法违背了我国现行的不良资产处理政策。

(二)被一些不正常社会关系围猎的银行

金融机构工作人员的薪酬一般处于社会金字塔顶端,但还有为数不少的工作人员不珍惜工作机会而去犯罪。从逻辑上看,不能全部归咎于行业竞争和外部的环境诱惑。主要表现如下:① 银行的统一法人制度有形式化风险,各级分支机构是自成体系的利润中心,会抱团结成利益同盟,形成风险制造者集团。② 银行业多年致力建设的合规体制、内控体系建设还处于碎片化状态,执行效果可疑,或者说是"管得住老实人,管不住聪明人",会导

---

① 马欣. 常熟农商行违法规避非标准化债权资产监管要求[EB/OL]. [2018 – 01 – 15]. http://www.sohu.com/a/216788127_120702.

致羊群效应。③ 银行内部的问责体系较弱。管理人员、经营人员一经任命就稳坐无忧。内部只重业绩考核,只有激励,没有惩戒。创出扎实业绩者的升迁速度有时候比不上制造虚假业绩者,导致"烂苹果"效应。

银行本质上是营利性法人,在公司治理结构中存在着股东与管理层的同向性问题。我国一些城市商业银行、农商行、村镇银行放开了股东资格限制,一些以证券公司、保险公司为核心的金融控股集团也开始参股银行。我国前些年以及台湾等地区的金融犯罪事实表明,金融机构有时会发生股东的恶性参股、无限度索取,甚至将金融机构作为犯罪工具,隐藏着权钱交易、利益输送等黑幕。在商业银行的股权管理办法和股东管理措施方面,监管部门尚未正式出台法规,现在只能通过个案解决的方式,争取将监管幅度覆盖到股东,并防止金融机构和股东发生可疑的关联交易。

在银企关系方面,为了争夺信贷支持,一些中小型企业对信贷管理人员进行拉拢、腐蚀的行为时有发生。除此之外,部分商业银行负责人、信贷主管人员与企业之间还形成了利益共享关系,结成违规共同体。[1] 其操作手法多种多样,主要有:① 为了满足企业的用款需求,一些商业银行分支机构将授信额度进行分拆,将大额贷款化整为零,这样就不用将贷款上报上级审批。② 为了保证业绩,一些企业会主动为商业银行已形成的不良贷款"顶包",即购买不良资产或者兼并逾期借款的企业以承担债务,银行后续再给它们或关联企业发放新贷款,变相偿还关联企业的不良债务,如此周而复始,不露马脚。③ 当企业信贷超额度或者不符合信贷政策时,有些商业银行分支机构就利用票据业务衍生贷款,或者通过票据帮助企业拉长还款期限。

随着银行体系的扩张,我国还出现一批开展第三方金融业务的机构,例如资产管理公司、金融咨询公司、担保公司等。它们环绕在银行周围,从良性角度看会形成哺育效应,从不利影响看,则容易演变为金融决策部门和一些专家学者担忧的影子银行。缘于这些机构中的部分从业人员受金融利益驱使,帮助甚至教唆企业对银行资产形成围猎之势。一些第三方机构向房

---

① 尹志超,钱龙,吴雨. 银企关系、银行业竞争与中小企业借贷成本[J]. 金融研究,2015(1):134 - 149.

地产公司开发项目提供融资时不严格审查土地出让合同、规划许可证、施工许可证、不动产抵押权证等必要证明文件。还有一些第三方机构为了追求业务规模和利润,背地里实施一些交叉性等金融行为,搭售一些金融业务,人为扩大金融风险。

（三）受到监管"优待"的银行

由于银行业分支机构众多,地方银监部门的工作负担较重,难以一一现场清查,有些地方对表面效益良好的银行完全不查或者走过场式的检查,极有可能错漏违规或违法操作,甚至酿成更严重的犯罪。比如浦发银行地方分支机构出现的风险控制失灵案件,负有监管职责的当地银监部门就出现监管失灵。首先,在银行主要负责人任职资格审核上,尽管浦发银行成都分行高层的个人资历符合任职要求,但在有某些方面存在问题。时任行长王某是浦发银行从工商银行四川省分行"挖过来"的人才,从 2002 年开始在行长位置上任职时间长达十五年,有违银行业要求定期轮岗的规定,当地银监部门并未重视这一点。其次,当地银监部门在对浦发银行的检查流于形式,尽管年年有检查、有评比,但银监部门都被蒙蔽。更为可笑的是,四川省银监局曾连续四年授予浦发银行内控监管"优秀"奖牌,还推荐行长王某在四川省政府金融工作会议上发言,介绍股份制银行的发展经验。尽管有些同业人士反映浦发银行零不良资产的现象不符合常理,也提供了一些作为浦发银行大客户的采矿、钢铁企业经营状况不好的线索,但当地银监部门并没有真查深挖,依旧给予其很高的评价。这种心态既反映了部分监管层不能正确判断是操作性还是根源性风险、是局部性风险还是系统性风险等问题,也说明了监管不严、监管不灵会为金融犯罪创造机会。

（四）频繁受到监管处罚的银行

银监部门对商业银行违反信贷政策的治理已经实施多年。据不完全统计,2017 年上半年,银监部门对全国各商业银行和银行类金融机构(金融租赁公司、消费金融公司等)的罚款总额为 3.38 亿元。2017 年下半年,银监部门的行政处罚速度明显加快,罚款金额也随之上升,达到了 23.6 亿元,其中对浦发银行成都分行的处罚达到有史以来最高的 4.62 亿元。2018 年上半年实施行政罚款 1 662 次,罚没金额超 10 亿元。其中,2018 年 5 月新组建的各级银保监部门下达的行政处罚决定尤为严厉,例如对招商银行的罚款额达到了 6 573 万元,对兴业银行的罚款额为 5 870 万元,对浦发银行的罚款额为 5 856 万元,均创下了对单家金融机构的处罚最高纪录。[①] 被处罚的事由非常多元,涉及信贷业务的占绝大多数,[②]具体如下:① 隐瞒不良贷款,账外发放贷款违法事项。2012 年,张家港农商行新浦支行工作人员找到在该行开户的连云港源昌机械公司,要求其帮助做过桥贷款,其操作手法是某客户原先在银行的贷款已经逾期,银行同意为其办理借新还旧贷款业务,但需要先把所欠的贷款归还才能办理新业务,于是就找另一家企业帮助垫资,等新贷款发放后再还给垫资企业。张家港农商行先后通过此手法划走源昌公司 500 万元,替两家客户"归还"了贷款。此外,张家港农商行又安排连云港金禄保温材料公司贷款 300 万元,连云港裕丰担保公司承担担保额度 300 万元,并将这 600 万元资金全部划给其他客户使用。张家港农商行起初答应给这些代偿、担保企业出具证明,实际款项由用资人负责偿还,然后再签订表面的贷款合同、担保合同,但后来却并没有为企业出具承诺函,事后实际用资人因经营状况不善无法还款,操作此类业务的银行信贷人员因此离职,各方对债务偿还责任引起了争议。张家港农商行向上述几家连云港企业提起诉讼,企业也向银监部门举报。苏州银监局决定对张家港农商行处以 25 万元罚款,并处罚该行董事长 6 万元,该行主管信贷业务副行长 10 万元,该行首席风险官 8 万元。[③] ② 违反信贷政策额外收费。被上海市银监局处罚的中银消费金融公司在开展消费贷款中"以贷收费",即在向客户收取贷款利息的同时,还要求客户支付手续费、注册费等费用,变相抬高了客户承担的资金成本,同时也私自降低了客户获得消费贷款的门槛条件。这是以往银行类金融机构在贷款业务中经常附加的收费手段,现在作为金融创新载体的消费金融公司也如法炮制。这些事后处罚措施一方面反映了银行体系信贷业务违规经营现象比较普遍,甚至带有半公开化的倾向,一经监管部门巡查就暴露出来。另一方面也反映了部分银行不"怕"罚,甚至宁愿受罚也要在信贷市场上抢占地盘的心态。当银行认定违规经营是有利可图、信贷规模比信贷质量更有诱惑力时,不再将自身作为风险管理的责任主体,而是有选择性过滤监管意图,这就离滑入金融犯罪渊薮不远了。

---

① 张思源.上半年银监系统开出超 1 600 张罚单[N].国际金融报,2018-06-26.
② 李鹏飞.猛增 4.6 倍! 5 月银监公布罚金 2.4 亿[EB/OL].[2018-06-03].http://mini.eastday.com/a/180603111247083.html.
③ 陈卓.内控不到位,江苏省联社及下辖两农商行多名高管被银监局处罚[EB/OL].[2018-01-16].http://www.sohu.com/a/216933174_260616.

第二节 证券期货场域高发犯罪分析

我国自 20 世纪 90 年代开始引入证券交易业务后,证券作为金融业的新成员开始迅速发展,在制度和行为层面也交织着暂时性的脱序和不间断式的整顿。在世界范围内,证券违法犯罪现象都是一种难以遏制的犯罪,也是我国目前存在的高发性、高危害性金融犯罪,而且通常是在制度隐蔽处实施。

一、证券犯罪的主要类型

目前证券交易类犯罪可大致可分为两类:一是内部人犯罪,即证券机构或从业人员利用职务条件实施禁业犯罪,从他们自身最为擅长的证券交易业务中牟利,犯罪者为证券公司工作人员和公募或私募证券投资基金管理人员,近年来还有会计师等中介机构人员卷入犯罪。二是职业投机者集中资金、制造虚假消息或者利用内幕消息疯狂炒作部分股票,制造大量价格泡沫,从中渔利,并坑害大多数普通投资者。从证券风险影响程度和防范难度来看,以下几类犯罪尤需重视。

(一)证券投资机构首脑犯罪

证券公司、基金管理公司高级管理人员"坐镇"证券公司,实施操纵证券市场价格犯罪行为。例如亚洲证券公司(前身为湖北三峡证券公司)在 2004 年时由该公司董事长、总裁、副总裁等三人商定使用三峡证券的 7 个自营账户和控制的 3 个证券账户,分别在全国 19 个证券营业部开设证券交易账户 29 个,累计投入人民币 12 亿多元,共购买深南玻公司 A 股股票 59 755 897 股,致使该股股价由 2004 年 3 月 2 日的 6.41 元上涨至 2004 年 12 月 29 日的 25.47 元,涨幅高达 400%。最高的一个交易日,三峡证券公司自买自卖深南玻股票 80 多万股。检察机关认为三峡证券公司构成操纵证券交易价格罪,应追究直接责任人的刑事责任,并对公司处以罚金。[①] 对该案属于个人犯罪还是单位犯罪,庭审中发生争议。虽然最终只认定了犯罪人个人的刑事责任,但我们认为,证券公司或基金管理公司均设有投资总

① 周一凡. 三峡证券操纵股价案调查[J]. 三联生活周刊,2004:24.

监、财务总监、投资决策委员会等职位和机构,对于大额证券交易行为,公司均会在事前或者事中通过公司账户证券持仓量和资金增减量等信息得知,经办人员很难绕过所在公司私下完成成交。部分证券公司及其下属营业部曾经出现过挪用客户保证金炒股、伪制证券代保管凭证、挪用证券、高杠杆炒作股票等现象,即使不构成犯罪,也达到了欺诈的民事责任层面,认定单位犯罪或者追究单位责任将使证券公司承担起应付的经济责任,并有利于后续股民提出证券侵权赔偿诉讼,否则将不利于彻底解决证券风险,不利于证券投资机构吸取教训,加强风险防范建设。

(二)证券从业人员"老鼠仓"犯罪

证券行业监管行动的加强使得整个金融领域的强图利势头被遏制,但监管的主要对象是可记录、可拍摄的公开金融活动,比如签约行为、授信审查行为等,但对一些暗地里的金融信息无序流动现象还难以做到全面监控。目前仍有部分金融从业人员不知收敛,利用自身便利条件获得的一些金融信息情报用于牟利。证券投资中的"老鼠仓"现象就是这类信息犯罪的典型表现。根据《刑法修正案》(七)的界定,老鼠仓涉及证券交易所、期货交易所、证券公司、期货经纪公司、基金管理公司、商业银行、保险公司等传统金融机构,也包括近年来较流行的资产管理机构。其中证券公司自营业务部分、基金管理机构、私募理财机构是案件高发区域,然后是保险资产管理机构、基金托管银行等。除了在证券二级市场常规交易中有"老鼠仓",在重大资产重组、配股增发等活动中也隐藏着"老鼠仓"。根据证监部门的统计,从2014年—2017年9月,中国证监会和地方证监局共调查了98起"老鼠仓"违法线索,向公安机关移送涉嫌犯罪案件83起,涉案交易金额约800亿元,司法机关对涉案的25名金融从业人员作出有罪判决,证监会对15名证券从业人员采取证券市场禁入措施。[①] 握有证券投资决定权的投资经理们对于证券市场的走势有着多渠道的信息来源,同时通过自身投资方向可以控制一些交易品种的涨跌,如果他们利用"公器"来牟取私利,危害甚巨。已曝光案件中影响较大的案件有:管理几十亿规模的公募基金——平安资产管理有限责任公司股票投资部张某某案、中邮创业基金厉某案等。

---

① 江聃.99起老鼠仓遭查处,证监会还公布了老鼠仓违规五大新特征[EB/OL].[2017-07-07].http://finance.sina.com.cn/stock/marketresearch/2017-07-07/doc-ifyhwehx5352043.shtml.

　　2013 年,上海电视台财经频道邀请国开证券投资经理朱某作为股评嘉宾。朱某认为这是一个好机会,就在上节目之前事先买入股票,然后在节目中大肆吹嘘推荐,建议观众购买。节目播出后,市场有了反应时朱某立即抛售这些股票,获得非法利益 75 万余元。[①] 朱某的行为不但违背了证券从业人员不得私自炒股的禁令,同时也利用自己的公众影响力影响股票价格,虽然他没有资金优势,但他借舆论之势来影响股票价格和成交量,让众人拾柴来抬他的火焰,犯罪构思缜密,行为比较恶劣,构成了另类的操纵证券市场犯罪,被判处有期徒刑 11 个月,并"没一罚一"。

　　还有一起复合性的老鼠仓案件值得提及。曾任中国国际金融公司资产管理部投资经理的杨某从 2009 年开始根据公司安排管理 4 个银行的 5 个企业年金理财账户,拥有投资决定权。其间杨某借用他人名义开立个人证券账户,当他以投资经理身份购买股票时,自己也购买同类股票,待股票价格被抬高后提前抛出,收割利益。在两年多时间里累积获利 200 余万元。2013 年,杨某因犯利用未公开信息交易罪被判处有期徒刑两年,成为证券公司开展资产管理业务以来第一起因"老鼠仓"被判刑的例子。杨某在自己做"老鼠仓"渔利的同时,嫌手中炒股资金不够,又与上海紫石投资公司法定代表人张某串通,答应做该公司的兼职研究员,以"互相推荐股票"为名将他所掌管的投资组合中的 78 只股票信息通过明示或暗示的方式透露给张某。张某会意后,采取先于杨某的投资时间买入这些股票驻仓,然后逢高抛出的犯罪手法,赚取暴利 1 900 余万元。张某分给杨某的有 251 万元,采取的名目有顾问费、年终分红、借款、投资收益等。2018 年 6 月,法院再度认定杨某所犯利用未公开信息交易罪中有余罪被查实,判处有期徒刑 3 年,缓刑 5 年,并处罚金 300 万元。张某以同罪被判处有期徒刑 3 年,缓刑 5 年,没收非法获利 1 978 万元,并处罚金 3 900 万元。[②] 案中,杨某有些时候并没有跟张某明说何时可买入或卖出股票,也没有点名哪只股票是他所掌管的年金账户投资标的,而是采取分析走势、讨论热点板块等方式进行"业务交流"。杨某掌管的年金账户股票投资也没有做到笔笔赢利,但张某靠上他这棵"大树",炒股屡有斩获却是事实。在认定涉案具体金额的时候存有一些疑义,

①　张宇. 最高检发布指导案例 依法惩防金融犯罪[N]. 北京晚报,2018 - 07 - 12.
②　林倩. 老鼠仓案中案：中金公司原投资经理刑满释放 4 年后再获缓刑[EB/OL]. [2018 - 06 - 21]. https://www. thepaper. cn/newsDetail_forward_2208568.

从概括故意上说,杨某与张某构成了利用内幕信息获取非法证券投资利益的共同体。杨某在 2011 年从中国国际金融公司离职后,转到张某所在的投资公司上班,也从侧面证明了两人之间的密切关系。

能够拱进"老鼠仓"的人往往是那些具有较高的金融专业素养,善于发现信息背后可能携带的金融品种价格走势、市场供求形势和投资心理的蛛丝马迹的能人,而且这批人善于将自己和投资活动隐蔽起来,在大众投资者还未发现其投资方向时已经悄然"埋伏""撒网",坐等渔利。[①] 证监部门在办案中发现证券公司和基金公司的投资经理、行业研究员是较容易实施"老鼠仓"的人员,他们能直接接触到敏感交易信息。同时直接参与证券交易活动的交易员、理财产品销售人员也作为"帮凶"参与"老鼠仓"。更有甚者,一些金融机构的高级管理人员,例如投资部门总监、部门高级管理人员,在享受高额薪酬待遇的同时还想伸手捞一把,通过向同行打探信息,甚至向下属索要金融信息、投资计划等方式,把信息传递给其他非法交易主体,成为所谓的"白手套"。除了直接炒作证券营利的情况,也不乏不直接炒卖证券,但通过买卖、交换重要的证券交易信息来营利的不法金融人员,形成金融机构内外的相互勾结、共谋作案。

上述这些金融从业人员先于普通投资者获得内幕信息,或者获得比一般投资者更多的信息,成为老鼠仓最核心的特征。利用有价值的金融信息进行有悖于职业操守的投资投机活动,使金融收益分配出现极端化流动是"老鼠仓"的现实危害,而对金融信息的不信任或不理性的滥用,引发金融市场上的信任危机则是"老鼠仓"的终极危害。由于近年来金融理财活动受到人民群众青睐,不少群众将家庭积蓄资金交给公募或是私募金融机构来进行管理和投资,金融投资机构也往往向出资群众承诺,由专门的金融管理人才进行优化投资,可以实现投资者资金保值、增值的梦想。但偏偏有一些不依法、依规行事的金融从业人员,在投资者无法清晰地知晓每一笔投资理由和时机的情况下,以危害出资者利益为代价来牟取个人利益。而且,一两宗"老鼠仓"案件得手后,不免有其他的金融从业人员效仿,造成一窝窝的"老鼠仓",形成行业腐败,破坏金融投资理财的正常发展。这种行为已经超过了经典经济学中信息不对称固有风险的限度,构成了更恶劣的行业结构风

---

① 顾肖荣. 为解决证券市场"老鼠仓"问题的若干立法建议[J]. 政治与法律,2008(5): 64 - 68.

险,直至引发庞氏骗局。因此,对老鼠仓进行强势打击毫不为过。

（三）证券经纪人竞业性犯罪

近年来证券公司大力开展资产管理和融资融券业务,对有一定资金实力的客户服务比较殷勤,比如家庭金融资产不低于 100 万元的客户可以享受资产管理业务;最低证券资产不低于 50 万元的客户可以开展融资融券业务,并配备有专业的理财顾问。但一些高净值资产的客户对证券公司单纯的投资理财顾问业务兴趣不大,对证券公司资产管理业务中诸多限制性条款感到不满意,比如不能参与决策、退出资产管理计划不方便等。由此,地下化、人情化的代客资产管理业务在证券交易部员工和客户之间逐渐流行起来。客户和证券经纪人员之间往往是口头化协议,凭借信任和社会交换关系,约定证券经纪人要尽力保证客户不损失,以获得丰厚佣金和维持自身声誉。同时,由于私募基金公司等民间财富管理机构发展迅猛,对证券公司经营网点的业绩带来了压力,一些证券营业部开始要求客户经理稳定客户,减少委托额的流失。在一些地方演化成不正常的证券服务行为,即证券公司客户经理既具有正规证券经纪业务资格,同时又充当私家投资顾问,去参与客户炒股,公私不分。此外,还有少数证券经纪人假冒证券公司名义与客户达成所谓投资顾问协议,骗取客户信任,然后又挪用客户资金去炒作股票,甚至炒作股票指数,造成客户资金损失殆尽的事件。例如华安证券公司某营业部客户经理谢某在证券交易部工作时间内,除了接受客户委托和咨询外,还利用妻子开户的证券账户进行股票买卖,有时他是利用个人电脑登录证券账户进行交易,有时他直接用证券交易部联网的电脑系统买卖股票,违法获利 5.6 万元,严重违反了监管机构和证券公司关于证券经营部职员不能炒股的规定。① 除了自家的股票外,谢某还越俎代庖,私下接受证券交易部开户客户何某、张某等委托,获得他们的证券交易账号和密码,帮助他们选择和炒作股票,时间长达三年,成交金额累积达到 1.7 亿元。为表感谢,这些客户向谢某支付额外佣金 2.9 万元。根据我国《证券法》第 43 条规定,证券经纪人在任职期间不能自己炒股或化名炒股,也不能用他人的账户炒股。《证券法》第 145 条规定,经纪人未经证券公司同意,不得私下接受客

---

① 林影.90 后券商小伙帮人炒股,交易 1.7 亿,提成 3 万,被证监会通报处罚![N].中国基金报,2018-05-25.

户委托,但这些禁令对于证券经营部经纪人员的管理却存在难点。首先,他们比常人熟悉证券业务和交易技巧,在市场行情、股票走势等方面有比较多元的信息渠道,具有较强的获利潜力。他们的亲友、利害关系人不会放过这块嘴边上的"肥肉",会千方百计地从他们身上打听消息,获得指点。他们要做到三缄其口是非常困难的,法律也不能完全禁止他们的亲属不能从事证券交易。其次,在证券经营部开户的客户经常能得到客户经理、投资顾问的建议,也会和他们讨论股价走势、投资技巧等问题。这些活动和正常经纪业务、咨询业务的界限不是很清晰,一些缺乏职业操守的证券从业人员有能力诱导甚至欺骗投资者去买卖某些问题股票,还会较为神秘地向投资者透露一些所谓公司总部、高层传来的内部消息,但是当投资者接受其意见而出现投资亏损时,这些经纪人员又会撇清关系。

(四)证券中介服务机构人员犯罪案件

从事金融、财经职业的人员往往会结成一个朋友圈,在圈子里会交流信息、寻找业务机会。但这个圈子里所涉及的有关敏感性的财务和业务信息较多,如果圈内人没有较强的守法意识,就非常容易泄露和传播金融机构、企业的商业秘密、经营机密。这里的"新"主要体现在犯罪人的身份以及犯罪所侵害的对象方面,比如犯罪人来自证券中介服务行业,这类机构主要提供证券上市交易辅助活动,一般不直接从事证券交易。具体包括:其一,中国证券登记结算公司深圳分公司工作人员涂某利用其管理多家证券公司、私募投资基金证券账户信息的职务便利,偷偷查阅了400多个账户中的交易资料,将基金经理的投资标的作为参考,并伙同他人开设了9个证券交易账户,买卖了237只股票,累积交易额达到21亿,盈利347万元,构成了严重的监守自盗。① 其二,2013年,江苏金通智汇投资管理公司薛某和安徽皖瑞税务师事务所负责人陈某从其朋友——江苏东源电器股份公司第一大股东孙某处得知他准备减持手中股份并开展资产重组的消息后,陈某心领神会,先后买入247.843万股东源电器股票,还找其他人借钱3 100万元以及将手中股票质押融资2 200万元,继续买入东源电器股票,直到该股票重组停牌。2014年9月,东源电器股票恢复交易后大涨,陈某将股票全部卖出,

---

① 孙铭蔚.中登公司惊曝21亿老鼠仓:兄弟员工跟踪明星私募炒股被判刑[EB/OL].[2018-07-11]. https://www.thepaper.cn/newsDetail_forward_2256152.

获得 1.03 亿元暴利。同样的事情也发生在巢东水泥股票重组期间。2014 年 9 月,陈某从薛某处得知重组内幕消息,花了 2 673 万余元买入 239 万余股巢东股份。陈某不但自己买股票,还将两家公司重组的消息透露给税务师事务所的两名同事,让他们获利近 700 万元。陈某被证券监管部门调查认定为内幕交易行为。司法机关认定其触犯利用内幕信息进行证券交易罪以及泄露内幕信息罪,判处 7 年有期徒刑,并处罚金 1.5 亿元,没收 1.03 亿余元违法所得。薛某也被追究责任。[①] 其三,金融科技类企业恒生电子公司业务范围涵盖了金融软件的研发销售、为科技金融提供配套服务。该公司推出的各类软件在证券交易、银行业、信托业、保险行业中占有很大优势。为了与类似的金融科技公司同花顺公司、信雅达公司开展竞争,2015 年前后,恒生电子公司的子公司恒生网络公司开发出 HOMS 系统,吸引了 35 万名客户使用。通过该软件能够为炒股者提供 3 倍的配资,配资金额达到 4 000 万元,大大推高了股市泡沫,因这种交易软件没有得到监管部门和证券交易所的批准就私自上市,故中国证监会决定对恒生电子公司处以 4 亿元的行政处罚。[②] 然而,这种逆监管的金融科技创新造成的负面影响远不是处罚就能消弭的。

(五)职业证券投资人涉嫌证券违法犯罪

证券市场的高收益与高风险并存属性以及我国市场发育的一些不健全状况,吸引了大量炒作股票资金,他们往往以某些证券营业部交易席位为根据地,以投资大户身份为掩护,专门挑选不正常的交易品种或交易方式,操控某些证券品种价格巨幅波动,或者炮制虚假内幕信息来疯狂盈利。长期活跃在股市的泽熙资本及其实际控制人徐某就是典型。司法机关认定,从 2010—2015 年,徐某单独或与他人合谋利用上百个证券交易账户,操纵 13 家上市公司股票交易价格和交易量,牟利上百亿元,最终徐某被判处有期徒刑五年六个月,没收非法所得,判处罚金 110 亿元。该案件的侦查花费了大量的时间和人力。[③] 在巨量的股票成交笔数和成交金额中调查违规交

① 周瑞平,王龙江. 非法获取内幕获利 1 亿,税务师事务所负责人被判刑[EB/OL]. [2018 - 06 - 23]. https://www. chinacourt. org/article/detail/2018/06/id/3366790. shtml.
② 赵晓辉,陈文仙. 恒生电子被罚近 4 亿元[EB/OL]. [2015 - 09 - 03]. http://www. sohu. com/a/30427969_115324.
③ 吕膨江. 操纵市场五年获利 80 亿,徐翔判 5 年半罚 110 亿[EB/OL]. [2017 - 02 - 13]. http://www. sohu. com/a/126119408_481468.

易是全球证券监管的难题。

根据中国法院网公布的案情,上海佳亨投资发展公司董事长苏某某从2010年开始利用"浦江之星12号"信托账户、马某和朱某的个人账户,先后买卖威华股份774万股,总计获利6 537万元。而威华股份公司恰好在这一时期筹划并购IT产业企业,并与铜矿、稀土矿产资源企业进行合作。苏某某结识了参与威华股份上市重组的殷某并与他有多次的短信和电话联络,在苏某某买入威华股份股票后该股票申请停牌,恢复交易后苏某某卖出获利。证监会对苏某某的异常交易行为进行立案调查,认为殷某所参与的介绍情况、谈判、考察等活动已经接触到了上市公司的重要资产运作,公司也提出了保密要求。殷某与苏某某有频繁的接触证据,苏某某买卖威华股份的时点与该公司资产收购进展时间高度吻合。因此,苏某某利用了尚未公开的内幕信息买卖股票获利。经过三年多时间的调查,证监会做出了"没一罚一"的行政处罚,处罚金额合计1.3亿元。但苏某某不服处罚,提出了行政复议和诉讼。法院认为证监会处罚决定事实不清,并存在取证不当等程序性错误,判决撤销行政处罚。[①]

在司法实践中,会遇到有些行为人打听到一定比例的内幕信息或者似准非准信息的情形,也有些投资者长期关注和研究某类股票,比较注意收集和探听相关信息。但对这类信息泄露的对象以及泄露的程度是否足以令知情人下决心去进行证券买卖,需要确定相应的档次幅度。同时,对利用内幕进行证券交易没有能够盈利,甚至还出现亏损的情形,在确定违法犯罪情节时,应当不以营利多少作为行为恶性的主要考量指标,还需要考察行为人的心态、买卖的时机、买卖决策与内幕信息的关联程度。

证监部门在调查涉及内幕交易案件时,主要通过两个维度:一是查人,要调查投资人有没有与内幕信息人员接触,进一步调查双方之间有没有亲属、朋友、上下级或其他利益交换关系。另一个是查交易。被调查者进行证券交易的品种、交易的时点与正常投资行为有没有区别,有没有充分的、有说服力的理由来证明这是一种独立的交易,而不是受到内幕信息的指引或启发。而真正能称得上是决定性证据的只能是通话录音、电子邮件记录、传

---

① 佚名.证监会败诉!事实不清,关键证人"失联",1.3亿罚单遭撤销[EB/OL].[2018-07-19].https://baijiahao.baidu.com/s? id=1606407714997449614&wfr=spider&for=pc.

真等,行为人和内容信息持有人之间的会面、交谈等言辞证据是无法固定和重现的。我国《证券法》规定证券监管机关在立案调查时可以查阅、复制与被调查事件有关的财产权登记、通信记录等资料,这需要得到电信部门、网监部门和网站方面的配合。有些地方认为这一规定与刑事诉讼法关于侦察阶段取证的规定有所不同,①因此只能向证监部门提供通信时间、通信对象方面的信息,对于通信的具体言辞内容则不能提供。如果证监部门利用其他渠道获得这方面证据,在行政诉讼中就可能被原告方提出质疑,进而被认定为未依法收集证据,从而影响行政处罚的效力。最终,行政处罚的性质认定决定了这类案件能否被移送到司法机关进入刑事程序,如果监管机关被证据表面合法性问题所困扰,则追究行事者刑事责任以及维持证券市场的公开公平交易秩序就将遥遥无期。

二、证券发行、转让环节犯罪风险分析

此类犯罪的基本特征是上市公司或拟上市公司、发行债券的企业及责任人员采取虚构、伪造等方式骗取证券发行、增发,使投资者不明真相而投资,最后因业绩不合格引发证券价格下滑或难以兑付等事件,欺诈投资者。综合监管部门和证券交易所发布的信息,目前我国证券市场上已经或面临退市的 60 家原上市公司中,有不少公司已经暴露出金融犯罪线索。其中金亚科技公司涉嫌欺诈发行证券罪,雅百特公司、华泽镍钴公司涉嫌违规披露信息罪、故意不披露重要信息罪等罪名,这些公司的主要负责人还涉嫌挪用公司资金罪。主要情形如下。

（一）欺诈发行债券案件

福建中恒通机械制造有限公司在流动资金不足、无法向银行贷款的情况下,利用国家鼓励企业发行债券进行直接融资的优惠政策密谋发行债券。在向证券监管部门报送的材料中,中恒通公司谎称公司过去五年一直赢利,年营业收入达 5.1 亿元,公司年度利润总额为 1.3 亿元,公司未分配利润（资本公积金）尚有 6 000 多万元,同时还隐瞒公司对外负债 2 000 多万元的事实。为中恒通机械公司进行审计的会计师事务所严重失职,为其出具了审计报告。中恒通公司最终获准发行 1 亿元的两年期私募债券。2016 年

---

① 柯湘. 浅议中国证监会调查机制[J]. 长白学刊,2010(2)：116-118.

债券到期后,中恒通公司根本无力偿还本金,债券利息也拖欠一部分,债权人发现受骗向公安机关报案,才揭露出公司在发行债券过程中的欺诈行为。① 截至2017年年底,我国企业债券余额有18.34万亿元,未来可能还有新的金融风险会暴露出来。值得注意的是,这一案件的司法管辖地为上海,而不是被告公司所在地的福建省,其理由是债券发行的法定地点是上海,购买债券的诈骗受害人也多在上海。由于全国性和区域性金融中心具有金融交易平台和中介机构众多、金融专业力量强等特点,故类似本案的案件由上海市司法机关管辖有其效率性,也可以保障同类案件裁判尺度的统一。

2014年出现的侨兴债发行及连环担保案件,不仅牵涉欺诈犯罪,还反映了多家金融机构之间的"龌龊"交易。广东省侨兴集团在广东金融高新区股权交易中心挂牌发行11.46亿元债券,由互联网金融平台蚂蚁金服"招财宝"代销。销售方公告称,作为上市公司债,该债券除了得到本公司股东的无限连带责任保证,还有金融信用保障,即由浙商财险公司承担债务履约保证保险,广发银行惠州分行出具履约保函。有十多家金融机构以及个人投资者认购该债券。到期后,侨兴集团无能力兑付,浙商财险公司要求广发银行先承担保证责任,自己只承担补充保证责任,但广发银行向公安机关报案称下属分行员工与侨兴集团人员勾结、私刻公章、伪造保函,银行并不知情。最后经各方协调,债券由浙商财险公司做出理赔。后经银监会介入调查后发现这单债券业务并不是单纯的企业融资,广发银行惠州分行为债券担保也不是平白无故的。侨兴集团各企业在广发银行贷款9亿多元后,为了让其还款,广发银行设计出以债还贷的方法帮助侨兴公司发行债券,侨兴集团也将债券募集资金中的7亿多元用来偿还各类广发银行的贷款。为此,银监会处以广发银行7.22亿元罚款,并将6名涉案人员移送司法机关。② 侨兴债权案件,不仅仅是广发银行一家出现内控风险,其他参与方也难辞其咎,债权发行方、承销商和保险人都没有进行企业资信、偿债能力审核,也没有相互发函询问,没有监控债券募集资金真实用途,都盘算着可以利用他方金融机构的信用来避险,致使这种层层嵌套、资金腾挪的现象安然过关。

---

① 陈伊萍. 沪首例欺诈发行债券案开庭:两家银行及一位个人共认购了1亿[EB/OL]. [2017 - 12 - 28]. https://www.thepaper.cn/newsDetail_forward_1926102.
② 胡志挺. 银监会开史上最大罚单:广发银行因侨兴债被罚没7.22亿元[EB/OL]. [2017 - 12 - 08]. https://www.thepaper.cn/newsDetail_forward_1897901.

（二）上市欺诈

2016年,证监会对金亚科技公司欺诈发行股票线索进行调查,发现该公司在上市申请时提供的财务数据中有严重的虚增营业收入和利润的行为,公司上市后的年度财务报告中继续造假,宣称对外签订金额为3.1亿元的建设工程合同以维持股票上市资格。造假事件被揭露后,金亚公司的股票价格从2016年的14元/股下跌到2018年的4元/股,有4.39万名证券投资人随之受损,而今该公司被强制退市,导致投资者的持股市值很可能归零,造成巨额损失。[①] 证监会调查发现,为金亚公司提供审计服务的是我国最大的会计师事务所——立信会计师事务所,该所从业会计师在金亚科技公司年度财务报告审核中有典型的不尽职行为,对应当履行的企业存款情况、销售情况、货款回收、重大合同真实性等事项未按规范发函询证。监管部门对立信会计师事务所处以270万元罚款,对执业会计师处以90万元的经济处罚,可惜这些罚金难以和金融市场蒙受的损失对等。财政部门和证监部门在历年的检查中,也查出有些会计师事务所有不尽责现象,例如虽在表面上履行了查账、函证等程序,但询证函由被审计对象代替会计师事务所收发,会计师事务所难以保证收到回函的真实性。有些询证函发出后未收到回复或者收到的回复较为含糊,会计师也没有进一步去查证。财务会计报告审计的粗糙、违规,对投资者利益和证券市场稳定性带来了直接或间接的伤害。

（三）为保留上市交易资格实施欺诈

江苏雅百特科技公司于2015年借壳上市,并发布了重组计划,雅百特公司通过虚构合同、虚增营业收入等方式伪造盈利假象,将在国内外50多家公司100多个银行账户中的资金进行倒挪,涉及假营业额5.8亿元,假利润2.6亿元。因为造假粉饰业绩,该公司股价在2016年达到57.78元/股,2017年攀高到71.85元/股(不考虑除权因素),现在股价只剩5元/股,涉及4万名投资者的投资安全。[②] 在雅百特公司上市过程中,顾问单位金元证券公司出具的证明文件显示该公司业务正常。在雅百特公司近几年的会计、审计报告中,众华会计师事务所出具了无保留意见的标准审计报告。即便

---

① 叶青.造假触目惊心 涉嫌欺诈发行 金亚科技跌成仙股或“落幕”[N].华夏时报,2018-08-23.
② 武超,王颖菲.雅百特案最新进展:大部分索赔者将走速裁程序[N].新华日报(财经版),2018-07-12.

是证监会立案调查,众华会计师事务所还是没有审计出问题。除了雅百特公司涉及欺诈及违规披露重要信息罪,证券中介机构也存在协作和掩盖造假的嫌疑。

此外,随着我国金融市场的规模扩大和开放程度加深,一些中国资本开始走出国门,参与国外资本市场运作。其间,一些中国赴外上市公司发生了会计信息披露不真实、虚报利润等情况,被证券监管机构重罚,并导致股价严重下挫。2004年,时任创维电视董事局主席的黄宏生被指控向我国香港地区的会计师行贿,伪造会计记录骗取在港上市资格。同时还被指控盗用公司资金5 000多万港元,最终因欺诈上市公司罪和盗窃罪被判六年监禁。[①] 2010年以来,在美国纳斯达克证券交易所上市的绿诺国际、东方纸业、中国天然气等多家中国公司被指控篡改财务数据和欺诈投资者,其中绿诺国际公司被查出伪造业务合同、产品虚假宣传、挪用上市募集资金等违法行为,被纳斯达克交易所取消上市资格。2016年,在香港联交所上市的汉能国际被指控隐瞒关联交易、虚报利润,也被停牌。

三、期货投资犯罪动态分析

我国开展的大宗商品期货和股票指数期货交易受到风险投资者青睐。他们看中期货交易只需要缴纳较低比例的保证金就可以加上杠杆进行交易的特性。然而,一些投资者自有资金不足,就向投资管理公司要求配资。一些配资公司在期货公司开设账户,然后分拆成一些子账户,私下为投机交易者提供配资,比例高达1 000%。例如武汉坤州大德投资管理公司吸收的客户交易保证金有3.83亿元,公司再为客户配资金25.65亿元,共筹集29.48亿元进行交易,向客户收取利息和手续费,先后操作两年时间,已构成非法从事期货交易犯罪。[②] 事实上,对这种恶性配资,中国证监会在2011年就发布了《关于防范期货配资业务风险的通知》,提示各个期货交易所要查核部分投资咨询公司、管理咨询公司、投资管理公司的开户情况,监管部门规定没有金融业务许可牌照的公司不能出借账户和资金给小额投资者。对发现的可疑账户要报送给工商管理部门和银行监管部门处理,并要

① 水皮.黄宏生案的启示在哪里,挪用资金后的不同结局[N].中华工商时报,2014-12-02.
② 张译文.武汉特大期货配资案告破!嫌疑人被判刑三年,并处罚金1 305万元[EB/OL].[2018-07-18].http://www.sohu.com/a/241975218_324659.

求期货交易所、期货业协会加强自律管理。但在网络上,一些配资公司仍在公然宣传,吸纳投资者。

一些"外围性"的期货交易网络利用投资者对现货交易和期货属性的模糊认识而浑水摸鱼,成为插足正常期货交易的"黑庄家"。[①] 四川玖鑫大宗贸易公司私自设立了期货交易平台,吸引投资者开展虚构的电解铜、白银、原油期货交易,共吸收了 4 000 名民众,涉案金额 1.77 亿元。在经营过程中,玖鑫公司声称有大宗商品交易资格,在四川省工商行政管理局颁发的营业执照以及四川省经济和信息化委员会发布的《关于电子平台交易大宗贸易筹建的批复》上确实记载着玖鑫公司经营范围为白银、现货铜等大宗交易。玖鑫公司在筹建时准备在当地机场附近建设现货交割的大型仓储区,这符合地方政府发展大型物流、大宗交易的战略,但玖鑫公司拿到批文后,混淆大宗商品交易和期货交易的概念,建立的"玖鑫商品现货市场"电子交易平台名为现货交易,实际上是模仿期货交易手法,先是通过在各地招募会员单位、居间商,培训投资导师,然后再通过他们发展有资金的客户,推出"玖鑫铜""玖鑫白银""玖鑫原油"交易品种,在交易中有保证金、电子合约、对冲平仓和"T+0"交易机制、手续费,与期货交易无异。而玖鑫公司根本没有仓储,也没有现货。公安机关接到报案后,对平台经营属性无法确认,于是请证监部门协查,获得该平台行为属于非法组织期货交易活动的结论后才以非法经营罪立案侦查。而平台上的交易者并没有觉得自己受骗,而把它当作"外围"期货操作,他们也不是真正需要实际交割的现货产品,只是希望从中盈利。有些客户还和交易平台玩"对赌",平台如果产生亏损,就会暗地从客户账户中多扣手续费以弥补回来,最终还是客户损失。

上述这类"披着马甲"的期货公司往往还与一些打着投资咨询、资金顾问旗号的傀儡公司形成上下游关系,共同诱骗贪图利益的投资者。2018 年 5 月,北京市公安部门对北京中嘉信科投资咨询公司等一系列金融业务公司和数百名从业人员进行立案侦查。这些公司在对外宣传时坚称其成立时间较早、规模较大、有正规交易系统、与国内大型期货公司有密切合作等,但公安部门侦查发现这些公司和经纪人实质上从事的都是证券、贵金属期货

---

① 邱海鸿,苗润丰. 玖鑫公司建现货交易平台骗走四千客户 1.77 亿,5 人被判刑[EB/OL].
[2018－01－25]. https://www.sohu.com/a/218929117_260616.

交易等方面的揽客。他们的违法犯罪方式是招徕业务人员,要求他们去发展客户,通过微信等工具与投资者建立信任关系,传送免费的投资信息。然后再进一步游说投资者,说现阶段股票市场行情差,可以尝试做一些贵金属期货。接着,一些问题期货交易商,例如上海华通铂银交易市场、大连冠丰汇通商品经济公司等就会与客户接上线。这几家所谓期货机构并没有从事实际贵金属交易,而是采取虚拟合同、对冲交易,或者部分实际、部分虚拟等交易方式来非法从事期货交易。[①]

第三节　企业家触犯金融犯罪分析

改革开放以来,一大批企业尤其是民营企业从无到有获得了迅速发展,在企业创业、经营、扩张过程中,金融体系给予了直接的支持。由于改革过程的渐进性、金融资源的稀缺性和不平衡配置性,加上部分企业法制意识、契约意识滞后,导致一些表面红火的企业陷入金融犯罪,一些企业家被形容为带有"原罪"。为此,我们从金融风险的角度聚焦部分典型的企业家犯罪现象,为制定和执行金融犯罪风险社会治理策略提供依据。

一、企业家触犯金融犯罪的实例

为观察、研究企业家金融犯罪现象,我们从人民法院公开的典型案件、新闻媒体报道、金融监管部门发布的金融风险宣传资料等渠道收集整理了案件信息,并根据罪名、犯罪历程进行了初步分类。

（一）滥用金融信用型犯罪

2018年6月,湖南省公安机关报请当地人大常委会批准,依法拘留了湖南省人大代表夏某某。[②] 他涉嫌的金融犯罪罪名是贷款诈骗罪。夏某某为了集资兴办水产养殖,先前在沅江市某农村信用社贷款1 100万元,后来觉得资金不够用,遂萌生了继续贷款的念头。但农村信用社的上级部门省信用联社驳回了其贷款申请,理由是前一笔贷款到期未偿还。2013年年

———————

① 黎凡.北京通州警方万达抓人,荷枪实弹! 一违法犯罪团伙被打掉[N].北京青年报,2018 - 05 - 31.

② 刘霁.洞庭湖"超级矮围"业主、湖南省人大代表夏顺安涉骗贷被刑拘[EB/OL].[2018 - 06 - 13].https://www.thepaper.cn/newsDetail_forward_2193658.

初,夏某某和农村信用社负责人密谋绕开上级监管,找来 42 个自然人的身份资料,借用、冒用他们的名义办理小额农业贷款,金额共计 840 万元。在农村信用社的配合下,这些贷款根本未进入申请者的账户,而是被夏某某用来修建了一个非法的洞庭湖围堰。这些贷款拖欠时间长达五年,夏某某仅仅归还了其中的 20 万元,农村信用社碍于情面也未向其催收其他的贷款。直到夏某某违法围占湖泊湿地的事件被中央媒体曝光后,当地政府部门才对其经营情况进行调查,发现了信用社工作人员的犯罪线索,并确认了夏某某冒名骗取贷款的犯罪事实。如果没有这次新闻曝光事件,当地的农村信用社仍然会慑于夏某某的影响力,将夏某某的贷款挂在坏账损失上。这种利用影响力获得贷款的行径在一些明星企业家身上是比较常见的。

（二）利用金融资产套利型犯罪

1992 年,宋某某创立托普电子科学发展公司,研发出当时国内没有的电子显示屏和自动打印发票的软件,业绩增长很快。后来宋某某脱离技术创新开始从事房地产行业。在成都市建设了 100 亩的托普软件园,被列为国家级软件产业基地。他先后在全国申请和规划了 27 个软件园,占地面积达 1.2 万亩,并运作"托普软件"股票上市和增发。随后,宋某某的资本运作更加频繁,先后操纵了炎黄在线网在国内上市,托普科技公司在我国香港地区上市,最高峰时,集团资产达到了上百亿元规模,但无论是公司本身还是软件园都没有过硬的技术和实际经营业绩,宋某某借助这些公司名义向银行大量贷款以包装业绩。他还指令手下利用内幕消息炒作自家公司股票,曾经将股价从 6 元/股抬升到 25 元/股,非法获利近 2 亿元。最终托普公司经营停止,留下了几十亿元债务。2013 年 10 月,成都市中级人民法院以挪用资金罪判处宋某某有期徒刑九年。[①] 同时他还被中国证监会实施"永久性市场禁入"。

宋某某掌控的托普企业所取得的所谓业绩很大程度上是依赖金融资产的倍增效应,但成也金融、败也金融。他将经营重心全部转移到金融套利上,停止了在实业领域的持续投入和创新。再有实力的企业,也不能在金融风险和市场风险中全身而退。尽管这种模式难以持久,但我们看到还有不少企业在仿效托普公司的模式,重蹈操控金融资产、陷入金融泡沫难以自拔

①　巫娇.托普创始人宋如华一审获刑九年[N].华西都市报,2013 - 10 - 15.

的局面。由此也可以看到,越是在金融市场上得宠的企业,越有必要对其可能触发的金融犯罪风险保持高度警惕。①

（三）非法集资型犯罪

部分企业家具有人大代表、政协委员等光环,为其企业向金融机构融资带来了便利,也使得民众对他们抱有信任感。河南省原人大常委、安阳市超越集团董事长杨某某即为一例。杨某某及其创办的超越集团从 1992 年开始,即从事民间集资,他先后通过 77 家控股或者关联公司,在经营过程中向银行、其他企业和居民借款,涉及的借款人有 51 354 名。有些居民借钱给超越集团的时间长达二十年,波及河南省北部安阳、濮阳市等地区。②

杨某某设计的集资形式多种多样。最开始是成立读书社,向周边居民宣传缴纳 100 元钱押金可以办理一个一年内免费借书的读书证,并承诺办证一年后可以退还押金,并可以继续免费借书。后来杨某某开办文化公司,号称要扩大规模,向读书社社员提出借用他们的押金,承诺给予 7% 以上的年利息。2002 年,杨某某开始经营房地产、能源行业,给每个房地产租售网点负责人下达融资任务,还专门制作了投资项目介绍、宣传条幅、借款协议。为换取民众信任,超越集团所借资金采取投资购房意向金、赔偿金等名目,杨某某还每年举办投资者年会,夸大项目建设情况,虚报企业盈利状况,号召借款人替超越公司宣传,介绍新客户。后来,杨某某和他的公司向民众借款形式越来越公开,即把公司的营业网点改造得类似银行,常常有居民排队在此存钱,超越公司开出的存款年息达到 10% 以上,最高时竟然有 24%,远高于中国人民银行规定的 3% 左右的存款利率。营业网点所收到的集资款最终交给超越公司,由杨某某负责支配。一些居民开始不相信,后来存入几万元的小额资金后能够收到利息,这些尝到"甜头"的居民在获得利息后干脆不取出来,而是又追加存入资金以便凑成整数再生息,这导致居民投向超越集团的资金滚雪球式增长。2005 年,超越集团通过各种渠道集资近 4 亿元。在金融监管部门、公安机关整治打击非法集资行动中,超越集团仍未受到影响,2011 年超越集团吸收了 29 亿元民间资金,2015 年继续上升到

---

① 迟玉德,张婵. 从资产 100 亿沦落入狱,当年,他创造了国内最惊人的金融泡沫[EB/OL].[2017 - 10 - 23]. https://baijiahao. baidu. com/s? id = 1582134792065948153&wfr = spider&for=pc.

② 赵凯迪. 涉案 433 亿元! 河南超越集团杨清河非法集资被判无期[N]. 新京报,2018 - 06 - 05.

40亿元,历年来的集资金额达到433亿元。

　　杨某某常年在民间吸收公众存款屡屡得手,与地方金融环境有一定关系。杨某某所在的河南省安阳地区过去曾是民间融资高发区域,一些房地产、矿产企业时常向群众兜售集资项目,金融犯罪时有发生。例如2003年安阳市曾爆发华通公司集资诈骗案,公司负责人宋某某被河南省高级人民法院终审认定构成集资诈骗罪,判处死刑缓期两年执行。[①]但这些并没有震慑住其他地方势力高息揽储的野心,一些地产、保健、能源、汽车租赁行业的企业经营者明里、暗里开展集资或传销化的活动。2011年,安阳地区就有一家打着汽车租赁公司旗号的集资组织出现"挤兑"现象,引发民众恐慌,纷纷到各个融资公司要求兑付,超越集团也因此显露原型。在难以吸收到新的民间集资情况下,超越集团一方面采取拖延战术,通知集资人分期兑付,一次只能兑付1%—10%左右的本金。另一方面,要求超越公司内部职工筹集自救基金,承诺给予最高36%的奖励利息。同时,杨某某还利用自身影响力,采取伪造财务报表等方式,骗得金融机构贷款2.4亿元用于支付集资利息,最终未能归还贷款达1.8亿元。当地政府先后成立帮扶小组和处置非法集资工作指挥部指导超越集团盘活资产项目,寻找可兑付资金,并计划让超越集团实施破产重整,寻找接手方,但被法院裁定不符合破产条件。由于社会治安综合治理的分工,在处置非法集资兑付纠纷类群体性事件时,所在地政府负有组成工作组,协调公安、司法、金融监管机构、金融机构,共同商讨和化解纠纷的职责。针对超越集团的非法集资纠纷,当地政府的工作者存续时间达五六年之久,调动了大量的公共人力资源。

　　该案件审判过程中,犯罪嫌疑人对集资行为的辩解是超越集团扩张迅速,但所经营项目还未进入营利阶段,本身财务状况不够强,达不到发行债券资格,除了靠银行贷款输血,就只能寻求民间借贷。犯罪嫌疑人辩称,虽然向民间集资违法、违规,但都是以企业名义实施,所筹集款项大都用于企业经营,不符合《刑法》关于集资诈骗罪的规定。法院认为,超越集团前期是一家实业公司,但后期完全沦为集资公司,没有多少真实的经营项目,所筹

---

① 张静.非法集资达2.8亿,河南省安阳华通案主犯被判死缓[EB/OL].[2005 - 12 - 12]. http://www.china.com.cn/zhuanti2005/txt/2005-12/12/content_6058383.htm.

集资金也远高于该项目资金需求,而且是越亏损越集资,罔顾公司的偿还能力。同时集资所得收益并未全部用于公司,足见犯罪人对所筹集资金有非法占有目的,公司只是集资所借用的一个幌子。最终认定杨某某构成集资诈骗罪、贷款诈骗罪,一审判处其无期徒刑。

我国《刑法》对于集资诈骗罪的规定,主体既可以是个人,也可以是单位,并且必须以"非法占有为目的"。此案在司法过程中亦引发了控辩双方关于上述要件的争论。在一些集资诈骗案件中,犯罪人虽然也成立公司,但非法集资大部分资金被其调用到公司外部,或供其挥霍,具有明显的个人占有意图和实际后果,已构成诈骗犯罪。但亦有部分案件,民营企业经营者为苦苦支撑企业,向民间大量高息借贷资金,并且为借到资金编造各种理由来获得出资人信任,其有"骗"的成分,但"占有"的色彩稍弱。这是刑事司法中值得思考和甄别的问题。还有就是出现难以兑付情形后的处理方式,一些案件中用款人以"躲""逃"的方式来规避还款,其行为恶性殊不可恕;而另一些借款人会选择"守"以及"拖"等方式,或先期较为积极想办法兑付,后期则转变为消极态度,这些也是在行为认定和处罚幅度上可参考的情节。

（四）借助互联网实施新型金融犯罪

彭某某在 2005 年成立江西赛维 LDK 太阳能高科技公司,2007 在美国上市,股票市值最高时达到 400 亿元。但随着光伏产品产能过剩和国际贸易摩擦,2014 年,赛维公司被宣告破产重整。2015 年,彭某某转而成立了江苏绿能宝融资租赁有限公司,推出了"SPI 绿能宝"品牌,宣称发明了一种"互联网＋金融＋光伏"的商业模式,主要为厂家生产出太阳能发电板后,以每块 1 000 元的价格卖给投资者,并负责将太阳能电池板转租给光伏发电企业,所产生的售电收入和政府补贴由发电企业和投资者共享,预计年收益率为 8%—10%。熟悉金融的彭某某对这种商业模式进行了大量的广告宣传,并进行上市运作,并于 2016 年第二次在美国纳斯达克证券交易系统上市。2017 年,绿能宝公司开始无法兑付承诺的发电收益,同时,太阳能电池板的生产也陷于停滞,但彭某某仍对外坚持声称公司运作正常,继续吸收投资用来应付投资者退货和循环支付前期投资收益,到案发时已无力支付的投资者出资有 6.31 亿元,蒙受损失的投资者 1 万多名。2018 年,公安机关以非法吸收公众存款罪对绿能宝公司和彭某某等涉案人员进行立案侦查,目前,苏州市检察机关已提起公诉。①

本案在案件定性上出现了一些争议,绿能宝公司辩解自身的经营模式是实物融资租赁模式,由于近年来光伏发电企业并网售电难、政府补贴力度下降,导致投资者回报困难。而公安和检察机关的看法是,绿能宝公司实际经营的是 P2P 业务,撮合投资者为光伏发电企业提供融资支持,虽然这种支持主要是提供发电设备而不是直接给付资金,但发电设备是由绿能宝公司自持的,实际上是绿能宝公司在左右手互倒。公安机关的调查表明,光伏发电企业在接受政府补贴等政策优惠情况下,平均行业利润率难以超过 8%,而绿能宝公司承诺的高于 8% 收益率实际上很难实现,给投资者带来了明显风险。而且绿能宝公司将吸收来的投资中较大部分用于市场包装、资本运作,没有实际投资于光伏发电企业,这和一些 P2P 平台设资金池自融的方式基本相似。

值得讨论的是,绿能宝投资模式中有实际的电能产品产生,资金没有空转,也符合当前国家的产业政策,还一度被视为共享经济、共享发电的一种尝试。对这种企业家的经营模式创新和与金融相挂钩的行为,是应当作为一种金融创新的尝试来看待还是对行为的风险性、背信程度进行传统意义上的审查,并根据行为的行政准入资格问题来定性,可能会在未来类似案件中再度出现。在监管立场上,一方面对金融自由抱有谨慎态度的基调,另一方面是狂热的金融创新社会氛围,前者约束后者,而后者又在冲击前者。在法律上尚存争议的背景下,加强对金融项目设计运营者、投资者的治理影响,既需要站在避免风险的角度来影响投资者的行为决策,同时也需要从远离犯罪的角度来规诫经营者,使创业、营业保持在正常法律轨道上运行。

二、企业家触犯金融犯罪的负面影响

企业家金融犯罪导致的连锁性后果,首先,殃及公司自身的股东和投资者,他们对公司的权益和所享受的商誉份额受到严重侵蚀。② 尤其是在刑事司法阶段,公司的诸多经营活动会受到限制,合作伙伴、金融机构会回避,公司的内部稳健性和外部业务在相当长时间都难以恢复,甚至公司会因可能

① 沈小波.绿能宝因非法吸存三名高管被提起公诉,昔日江西首富彭小峰被批捕[EB/OL].[2018 - 08 - 14].http://www.sohu.com/a/247163257_676454.
② 马国庆,郑粉花.资本"原罪"与民营企业家的社会责任[J].企业研究,2012(20):70 - 71.

被认定为单位犯罪或受到行政处罚而被冻结股权,经营停滞。

其次,是给交易对手造成风险。卷入金融犯罪企业的债务偿还能力一般都较差,故使债权方蒙受损失。与此同时,因为产业链的传导,债权方的合同利益落空也会使关联性债权债务向下游和向其他供应链传导,从而重蹈三角债的局面。

如果涉案企业的合作伙伴属于公开发行证券的上市公司,还必须披露交易风险信息和计提坏账损失,这将影响标的公司及其关联公司的证券价格,使上市公司的市值减少,也殃及各类投资者。尤其是从事集合投资的资产管理机构,例如一些基金公司手中掌握着份额较大的其他公司股份,市场不利消息会导致所投资的股票价格出现滑坡,直接影响基金净值缩水,基金购买人的收益受损。这种不可预见的减值风险同样威胁着银行类金融机构,当前有不少银行在发放贷款和授信时接纳公司的股份作为质押,银行会根据股份的估价或市场成交价格确定质押率。当股票价格出现较大幅度下跌、质押股权价值下滑到所担保的贷款债权的本金警戒线时,银行将根据不安抗辩权启动处置质押物程序。目前有些用于质押的上市公司股票因为自身原因和市场态度出现连续跌停的现象,使得银行无法变现。

再次,企业家触犯的金融犯罪对企业劳动者影响巨大。受到经营状况恶化的影响,企业员工的劳动报酬发放难以准时、足额,公司还会被迫做出裁员决定,影响员工的生计。此外,有些公司推行员工持股激励计划,员工手中持有的股份将陷于无法转让变现的境地。员工在企业的履历和经验对于其个人职业发展有较强的参考价值,陷入金融犯罪黑洞的企业员工在今后转换工作求职应聘时,会受到新用人单位的质疑,造成员工就业困难。

第四章　金融犯罪高发场域和
犯罪样态缕析(下)

本章主要分析散落在正规金融体系周围,由民间金融主体即社会人员实施的金融犯罪样态,包括民间集资犯罪、金融传销犯罪、高利放贷犯罪、互联网金融犯罪等。从法益及犯罪危害性上看,这类犯罪与正规金融机构内部爆发犯罪难分伯仲,但由于孳生路径、法律政策定位、惩治力度等方面的不同,这类犯罪中有一些特异性因素值得总结。

第一节　非法集资类犯罪分析

由于正式金融的挤出效应,民间集资活动在我国各地区一直有市场。如果从合法性高低排序,合法性较高的依次应当是小额贷款公司、典当行、私人之间非高利借贷,而合法性低乃至非法的则包括私人间高利借贷、民间标会、地下钱庄、各类非法吸储、集资机构等。[①] 从刑法调整力度的倾向性上看,民间非法借贷、非法吸储、虚构集资用途等行为可能涉嫌非法经营罪、非法吸收公众存款罪、集资诈骗罪等。从近年金融犯罪的统计上来看,2015 年,全国法院新收非法集资类犯罪案件比 2014 年增加 108.23%。2016 年之后,公安机关立案侦查非法集资类案件 1 万多起,受案数量虽然没有大幅增加,但涉案金额增加,初步查明的涉案金额达 1 400 亿元,其中非法集资金额超过 1 亿元案件有 345 起,受害集资人数超 1 000 人的案件有 235 起。其中"e租宝"非法集资案件涉案金额 762 亿余元,有 115 万人参与其中,已遍及境内 31 个省市区,集资人损失额 380 亿元。2017 年全

① 匡桦,李富有,张炜. 中小企业融资:基于隐性约束的选择行为[J]. 经济科学,2010(6):66－76.

国新发现的非法集资案件数量有所下降,约为 5 000 起,但涉案金额继续上升,达到 1 795 亿元。2018 年 1 月—3 月,新发非法集资案件 1 037 起,涉案金额 269 亿元。① 我国目前沉淀在银行系统的居民存款总额约为 69 万亿元,人均存款额约为 4.9 万元。如果依照这一标准推算,2017 年全年暴露的非法集资额相当于 3 663 万人的存款额,财富波及面不可小看。

在非法集资的地域方面,有些地方有较浓厚的民间借贷实力和习惯,例如河南地区、浙江温州地区等。这些地方有的是自然资源较丰富,但社会存量资金较紧张;有的则是民间留存资金较多,但高营利性产业比较缺乏。无论是资金"供"方面的矛盾还是"求"方面的矛盾,都导致民间集资暗流汹涌。尤其是在经济景气程度逆转时,集资泡沫破裂概率大增,容易引发区域范围内的"黑天鹅"事件。根据 2018 年初处置非法集资部际联席会议的研判,当前在东部沿海地区和中西部人口大省等地区非法集资案件数量多,集资地点主要选择为城市,例如浙江省舟山市被国家批复为自由贸易试验区后,各种商贸活动活跃,第三产业机构注册数量增加,大量投资涌入,非法集资案件也"水涨船高",近两年就破获了 22 起案件,出资人上千人,金额达到 4.5 亿元。② 近期在部分地区的农村集体经济合作组织领域也出现了集资案件上升的势头。从非法集资的类型上看,以往非法集资案件中犯罪人主要打着房地产开发、高科技产品及保健品销售、线下批发、连锁经营等幌子来吸收资金,让存款人认为这是有利可图的行业。但近年来,非法集资除了进一步利用高科技产业的幌子,例如互联网、投资虚拟货币、区块链等项目,同时开始向文化、体育、卫生等社会事业,以及教育、环保等公益性产业蔓延,出现了集资造林、集资办学、集资发展足球事业、集资养老助残等新型骗局。行骗对象也锁定为中老年人、残疾人,以及获得房屋拆迁征收补偿、司法赔偿款项、扶贫资助款项的群体,其危害性较以往更大。面对这些形势,需要从不同的非法集资及诈骗类犯罪案件中寻找到一些风险防控上的线索。

---

① 蒋梦莹. 最高法:集资诈骗犯罪案件重刑率超 70%,监禁刑率超 90%[EB/OL]. [2018 - 04 - 23]. https://www.thepaper.cn/newsDetail_forward_2091586.
② 翁履平. 舟山非法集资案增加显著 两年涉案金额 4.5 亿元![N]. 舟山晚报,2017 - 12 - 31.

一、打着办学旗号非法集资案件

早期民办教育法规没有规定办学为非营利性质。近期,国家出台了支持教育产业化措施、民办教育促进法的修正版,鼓励民间投资举办教育事业,一些教育类股票,如全通教育、龙文教育在证券交易所上市受到投资者追捧,导致当前一些地方教育投资比较热门,同时也衍生出一些利用教育外壳非法吸收公众存款的案件,成为金融犯罪的新侵入点。2002 年,王某、封某等人注册了一家民办学校,取名为西安华西专修大学。此后,两人以集资建校、合作办学等名义向群众募集资金。他们的承诺是向投资人借款时间为 1—5 年,年利率 10%~16%,参与者与西安华西专修大学签订《合作办学协议书》,成为大学的股东,合同期满后还可以续签。他们通过各种方式吸引投资人到学校考察,甚至要求学校的教职工和毕业学生充当外联员。截至 2014 年年初,西安华西专修大学共与 14 931 名投资人签订《合作办学协议书》,实际募集资金 23.9 亿余元,其中陆续退还借款本金利息约 12.8 亿余元。其余支付给拉来存款的外联人员及其他中介人员的金额高达 6.8 亿元,另有 5 亿多元被用于购买土地、学校设备,还开展了一些对外投资。至案发时共造成 11 亿多元借款未清偿。[①] 此案呈现的特点是,西安华西专修大学的确有办学的行为,所筹集资金中有一部分用于加强办学条件,但明显缺乏办学所需要的一些基本条件,属于吸血式办学。而根据教育部、财政部有关规定,民办教育机构中出资人必须负责解决办学资金问题,教育机构在办学过程中可以向金融机构申请贷款以补充办学资金不足。西安华西专修大学未经金融监管部门批准,向不特定的社会公众借款,并实施了付息行为,属于非法吸收公众存款。案件中有一份关键的证据——合作办学协议的属性问题,司法机关和代理律师提出了不同的看法。我们可以从民事和刑事的不同规定来考虑。在民事上,这种合作办学形式与联营合同有一定的牵连关系。根据原《民法通则》以及《最高人民法院关于〈民法通则〉实施若干问题的意见》中涉及联营合同的界定,联营的本质属性是共同参与经营、共同承担风险,而西安华西专修大学所推出的合作办学协议所约定的内容中根本未涉及办学效益对所借款项的收益可能造成的影响问题,也就是

---

① 李华. 西安一民办高校非法集资案开审:集资 24 亿,6.8 亿发提成[N]. 华商报,2018 - 06 - 15.

一种旱涝保收式协议,而且这些名义上的合作方根本不参与学校的日常办学。前述法律对类似问题有原则性规定,即联营协议约定提供资金的当事人不承担经营风险,只收取固定数额资金的,应当认定为借款行为。在刑事上,西安华西专修大学实际控制人以合作办学为借口大量吸收公众资金,而且在吸收资金过程中煞费苦心,不但网罗专门的宣传联络人员,还支付了本应用来办学的巨额手续费、好处费给这些融资中介人,西安华西专修大学的实际控制人和负责集资的人员的主要收益来源于集资款而不是办学收入,最终本末倒置,将民办教育机构演变成了职业化的钱庄。而且,案件中被牵涉进去、直接负责和直接参与吸收公众存款的人员有 18 人,都有明确的分工,集资的时间长达七年,所吸收到的存款不亚于一家中小型的金融机构网点,对金融秩序的冲击甚大。

同时,西安地区还出现一起集资金额高达 100 亿元、团伙人数接近500 人的特大型非法集资办学案。从 2004 年开始,西安联合职业培训学院法定代表人牛某制作了集资建校宣传资料,让工作人员四处发放,与出资群众签订合同,借款时间为 1—5 年,承诺给予 10%～15% 的回报。从此西安联合职业培训学院走上边办学、边吸存的歪路,非法集资时间长达十一年,累计参与民众超过 10 余万人,非法吸储资金 130 亿元。为了集资,牛某组建了 17 个集资业务部,并设置了业务员、经理、高级经理、部长、办事处主任等职务头衔,先后动员了 493 名人员为其集资,其中骨干人员 40 多名。[1] 牛某给业务人员的好处是集资额的 7%～10% 的提成,有些业务员分到的提成款就达到了 1 500 万元。2015 年案发后,西安市成立了非法集资案清退工作组,由西安市公安局追查犯罪嫌疑人,并扣押资产;西安市中级人民法院和三个区人民法院集中受理刑事公诉;政府相关部门和街道负责集资信息登记、核查,并设置了专门的微信公众号。由于西安联合职业培训学院历年来与存款人签订的借款合同有 29 万份,一些借款人累计收到的分红、利息需要计算和扣除,清退工作耗时两年,涉及的群众近 7 万人,退还资金1.6 亿元,目前还没有最终完成。

---

① 王健. 西安联合学院非法吸储 130 亿元,至少 41 名涉案业务员获刑[EB/OL]. [2018 - 01 - 20]. https://www. thepaper. cn/newsDetail_forward_1958986.

二、利用养老、助残等社会事业名义非法集资

在老龄化社会背景下,各种养老产业蜂拥而出,他们瞄准了老年人有一定存款,并且防骗意识较差的特点,利用"孝""善"做掩护来招摇撞骗,不但像吸血鬼一样吸干了老年民众的血汗钱,而且还使政府相关部门在取缔时相当为难。犯罪嫌疑人曹某头上顶着中国老龄事业发展基金会敬老志愿服务委员会江苏省工作站副站长等头衔。他组建的华晚集团对外的美称是"爱晚系"企业,设置了养老、地产、电商、互联网理财四大板块业务,组建公司 500 多家,招募员工 6 000 多人,发展的老年会员 1 000 多万人。[①] 为了榨取不同财力、不同需求的老年人资金,华晚集团精心虚构了一个养老产业圈,并分为四大板块:第一类业务是爱福家系列,在很多城市都开设冠以"健康咨询""养老服务""健康管理"各类的门店,他们的任务是和老年人建立信任、发展老年人入会、探听老年人的资产情况,以推销养老地产。公司的员工在公共场合给老年人发放小礼品,邀请老年人参加公司的健康讲座、文化活动;向老年人灌输金融养老的概念,介绍公司的养老地产和艺术品投资;兜售公司的商品;推荐一些利息高的小额理财产品,让老年人尝到甜头后上钩。在南京,他们推出了一个"易养汇"健康公益服务平台项目,推出敬老会员卡,只需 5 元办卡就可以在公司中随意消费。第二类业务叫"满城芳"养老社区。曹某规划在南京、杭州、青岛、海口建设四个社区,但一直未完工启动。老年人的入住条件是购买公司推出的理财产品 40 万元以上就可以免费居住,同时还能得到 13% 以上的年利息以及理财积分,可以到公司网站上购买健康产品,并参加免费旅游。第三类业务是文化投资,曹某利用老年人对古物、文物的喜好以及想投资增值的愿望,注册上海慈融电子商务公司,开设了亦文网,在网上销售一些"艺术资产",并声称是艺术品、金融、互联网三者的融合。经营方式是交易—托管—再循环交易,即老年人看中某一件艺术品或者名作的限量复制品,可以先由亦文网帮助联系文化机构进行鉴定、估价,然后购买,但不取走实物,而是交由亦文网托管和展示,等到有出价更高的买家来认购,亦文网再组织拍卖,将所得差价交给投资者,购买者不取走艺术品的对价是由第三方公司为此提供担保,而担保方正

---

① 徐庭芳. 他们比儿子还"孝",却用养老理财骗走老人几个亿[N]. 南方周末,2018 - 07 - 06.

是"满城芳"养老社区开发商,这实际上就是理财中的返息不返本的套路。第四类业务是一些信息技术公司、网络技术公司、农业科技公司、网上商城负责销售各种养老产品、兑换积分。曹某公司里的员工被要求每个月都要向老年人推销一定数量的产品才能完成业绩,有些员工迫于无奈只能自己掏钱买下产品。曹某等人的骗术并非天衣无缝。2014 年以来,青岛爱福家公司被当地金融办检查发现没有办理金融许可证;浙江省桐乡市爱福家分公司因涉嫌非法吸纳社会存款被公安部门查封;武汉市爱福家分公司被武汉市老龄办和媒体曝光是一家假养老机构,收了居家养老服务费但是不提供养老服务。但这个公司却一直未被注册地南京市有关部门取缔。2018 年 5 月,曹某在逃匿之前试图要求一些投资人将集资款项转换成公司股权,但投资者不愿意。最终,江西、山东、江苏、浙江等省公安机关分头对华晚集团涉嫌非法集资案件进行侦查。

2016 年,犯罪嫌疑人包某等 11 人效仿其他理财公司,设计了"龙盈""尚善""优品""七优品"等所谓的理财产品。其中一款产品投资 5 000 元,每七天可分红一次,每月分红额可得到盈利 2 124 多元,盈利率高达 42.48%。包某及其同伙特地学习了手语,流窜到全国各地,向聋哑人推销产品。包某还刻意招募了一些聋哑人作为员工,不但为公司换来了比较好的名声,还教唆他们与其他聋哑人接近,向他们兜售理财产品。由于聋哑人群体对经济和金融风险不甚了解,而且看到上门推销的也是同类病患者,非常容易轻信犯罪嫌疑人的宣传,购买所谓理财产品。很快这一销售网络扩张到全国其他地方,在山西省就出现了一名聋哑人带领十名左右聋哑人集中到银行办卡、汇款的事件,这些残疾群众每次汇款金额不高,一般为 5 000 元—20 000 元,款项均汇到龙盈公司账户,每天汇款笔数达到二三百笔。[①] 直到 2018 年 3 月初,有聋哑人发现龙盈公司无法联系上,才向公安机关报案。公安机关一边侦查案件,一边还要想办法阻断犯罪骗局。有些地方公安机关通过手语通报等方式向居民发出预警,湖南省公安机关联系湖南省聋人协会发布《劝告广大聋人朋友谨慎参与理财投资的信》,在中国聋人协会官方网站上公布,劝阻其他残疾人不要上当。

---

① 冉志敏.警方通报龙盈理财涉嫌非法集资被查:11 人被采取刑事措施[EB/OL].[2018 - 06 - 19].http://www.sohu.com/a/236659035_676454.

三、假冒金融业务进行集资的犯罪

金融业务很容易被联想为低投入、高回报的行业。近年来,各种金融主体创新、业务种类创新所带来的财富效应对一些民众具有诱惑力。一些犯罪分子打着金融创新试点的旗号,成立毫无资质的投资公司,虚构、包装投资项目,给自己身份"镀金",引诱投资者。泛亚贵金属交易所集资诈骗犯罪是近年来影响面较大的案件,殃及 20 多个省份,有 22 万投资者损失,未偿付金额达到 430 亿元。①

属于证券投资中介机构的上海股权托管交易中心成为一些金融证券犯罪分子的幌子。2015 年,犯罪嫌疑人段某控制了上海优索环保科技发展公司,宣称自己是环保产业的先锋企业,已经在上海股权交易所挂牌,即将变为上市公司,需要增资扩股。投资者购买原始股可以增值,有数千名民众不明真相进行了购买,融资额有 2 亿多元。② 2017 年,深圳金赛银基金管理公司在借平安保险公司保险代理人渠道销售的理财产品介绍中也声称该公司在上海股权托管交易中心挂牌上市,未能兑付金额有 30 多亿元。③ 这几宗案件的犯罪人都利用民众金融知识少的弱点,故意将上海证券交易所与上海股权托管交易中心相混淆,并将一些公司上市后股价成倍增长的现象与之联系起来,行骗就很容易得逞。而上海股权托管交易中心的真实身份是2012 年成立的区域性股权市场运营机构,是非上市公司场外交易平台。其目的是为了发展多层次的资本市场,但投资回报、风险水平和证券交易所不是同一级别,不适合一般民众参与。

四、利用互联网商业模式掩护非法集资

自 21 世纪初互联网经济在我国出现以来,一些别有用心的人便将经营项目加以包装,搭上互联网这趟快车,以方便敛财。自 2003 年起,陈某某、刘某某等人成立了万里大造林公司,通过网络进行业务宣传,在四年时间里

---

① 石万佳. 22 万泛亚投资人梦碎,细数那 430 亿是怎么没的[EB/OL]. [2015 - 09 - 22]. https://www. wdzj. com/zhuanlan/jingji/18-1025-1. html.
② 张朝华. 刺破原始股骗局:优索环保曾利用它非法融资 2 亿多元[EB/OL]. [2016 - 03 - 14]. http://www. xinhuanet. com//fortune/2016-03/14/c_128798123. htm.
③ 朱斌. 金赛银 60 亿惊天骗局,负责人王维奇跑路[EB/OL]. [2015 - 10 - 14]. http://roll. sohu. com/20151014/n423217451. shtml.

在 12 个省份建立了 100 多家分公司,招募了 9 000 余名销售人员,共发展了 3 万多名所谓的"客户"认购林地,涉及金额 13 亿元。等到骗局被识别时,犯罪人手中剩余的资产只有 1 亿多元,[①]为此,内蒙古自治区专门成立了万里大造林公司非法经营案件善后处理工作领导小组,但直到 2014 年尚未完成退款工作。

在互联网上能够聚敛的资金额度动辄几十亿、上百亿,犯罪人设计的商业模式也越来越复杂。2018 年,广州公安机关破获了"云联惠"特大网络犯罪,累计涉案金额达到 298 亿元,是典型的以互联网作为商业外壳,以各地区的集资窝点为内里的诈骗案件。[②] 2014 年,犯罪人黄某成立了广东云联惠网络科技公司,开通了"云联商城"。其模式主要为会员在商家消费后,如果介绍新会员达到一定的数量并消费成功后就享受积分奖励,甚至消费全返优惠的机制,商家也可以借助这个平台寻找优惠货源。云联商城随即在不少地方的中小型超市挂牌,被誉为一种新的互联网商业模式。但这种模式没有火热多久,故无法给云联惠公司带来后续收入。黄某转而在会员身上打主意,开始招募金钻会员(会费 99.9 元),铂钻会员(会费 999 元)。金钻、铂钻会员有权发展下线并得到提成,最终入会实际消费的人越来越少,而梦想拉到下线得到提成的人却越来越多。从 2016 年开始,陆续有消费者向国家市场监督管理总局、广东省工商局举报云联惠虚假宣传。宁夏、湖南等地公安机关也发现金钻、铂钻会员在当地开展非法集资,已涉嫌犯罪。2018 年,公安机关决定在全国范围内取缔"云联惠"。

五、利用高新技术产物进行非法集资

深圳天易公司从事影视产品制作,由于缺乏投资资金就组建了一个"影视文化数字资产"网站,发行名为"LCC(光锥)"的数字货币,声称这种货币是全球首家影视数字区块链交易币,购买者可以用此来投资天易公司拍摄的影视作品,获得票房分账。同时,这种货币和比特币、莱特币、以太币具有同样的功能,可以进行点对点交易,并作为数字货币钱包消费。天易公司宣

---

① 汤计. 万里大造林非法经营案善后处理工作领导小组成立[EB/OL].[2008 - 12 - 10]. http://www.gov.cn/zfjs/2008-12/10/content_1174121.htm.
② 克己. 广州摧毁"云联惠"特大网络传销犯罪团伙,黄明等落网[EB/OL].[2018 - 05 - 09]. http://finance.jrj.com.cn/2018/05/09205724517856.shtml.

称光锥币是一种稀缺的产物,在互联网上的总数量为 1.64 亿枚,投资者要尽早抢购。如果网络上有人大量抛售这种货币的时候,公司会主动回收,以保持币值。在公司操纵下,这种名不见经传的数字货币在几个月内炒到了58.53 元/枚,吸引了 5 万多人投资购买,涉及金额约为 49 亿元。[①] 不久,天易公司就宣称因技术原因停止数字货币的网上交易平台,投资者只能通过社交网站来出售货币,最终引发投资者报警求助。警方发现,该公司并不具备开发数字货币的技术能力,所引入的合作方也是虚构的,该公司只是借助区块链投资大热潮的名义,打出类似产品旗号进行集资。和传统的集资手段相比,这种数字货币产品带有高科技包装,比较符合一些年轻群体追求网络新事物的特性,再加上利用网络推送广告进行转让交易,获得了不少投资者的信任。

六、社区内部的非法集资案件

一些职业证券投资者为炒股牟利而向亲友、熟人借钱现象并不鲜见,但一些行为人却从民间借贷活动堕入非法集资,成为犯罪风险制造者。上海市浦东新区居民张某从 2000 年开始炒股,为了扩大本金,他以 20% 的利息向居民借钱,一直持续到 2017 年。开始张某能凭借炒股盈利支付利息,但随着股票市场较长时期不景气,他只能隐瞒不赚钱甚至亏损的情况,用新借来的钱支付前期高息,最后逃匿躲债,造成 2 200 万元资金未兑付,有 70 多名受害人。[②] 检察机关在研究是否依据集资诈骗罪起诉张某时遇到了一些争议。一方面,此案中的受害民众多与张某相熟,有些人不止一次借钱给张某,这些出借人也都很清楚张某将钱用来炒股。另一方面,张某在借款期间没有大额挪用、挥霍资金的行径,最后是因为实在付不起利息才躲藏起来,张某与常见的集资诈骗犯罪人行为有一定的区别。但办案人员亦认为,从金融常识上说炒股是高风险的、有赚有赔的,而张某却打着炒股高手、稳赚不赔的名头去向民众借钱,其中必有欺诈。张某在炒股亏损无法还本付息时,没有向借款人坦诚相告,也没有向证券营业机构申请融资配资,而是继续集资,"拆东墙补西墙",置借款资金安全于不顾,这也是一场骗局。我们

---

① 何凯玲. 区块链的骗局:光锥 lcc 币崩盘,数万人血本无归[EB/OL]. [2018-07-02]. http://finance. sina. com. cn/blockchain/coin/2018-07-02/doc-ihespqry4640634. shtml.
② 黄慧青. 向 70 多人借款炒股欠下 2 200 万[N]. 新闻晨报,2018-04-09.

认为,与张某情形类似的民间炒股借款集资事件数量众多,有些是在家庭亲属层面,有些则扩展到邻居、同事、朋友层面,从法理上所,这些对象都可以界定为"不特定多数人",但在行为性质、受害波及面上显然是有差别的。

无论是哪一种情形的非法集资违法犯罪活动都是涉众型犯罪,严重伤及储户、投资人等金融用户群体。从这些案件中我们可以总结出"你贪的是利息,人家要的是你的本金"的教训,但民众合法和理性的金融消费习惯的养成需要一定时间。现在不少民众的金融活动是碎片化的,效率不容易计量。金融安全还没有成为民众的主流金融价值,对于没有风险敬畏心或风险意识不足的一些民众来说,再多的反面教材都不能警醒,必须要借助外部力量的介入来开展集资犯罪风险治理。

第二节 借助金融产品及金融渠道的 传销犯罪分析

传销是一类精心设置的骗局。在外壳方面,一些传销、非法集资的机构往往会打着高科技、创新金融的旗号或聚焦民众关心的健康养老、住房等领域,声称有所谓的政府支持工程和外国同步推广。在机构设置上,还会假称总部在大城市甚至在国外,各地还有一些概念店、旗舰店、体验场、直销店、连锁店。利用一些虚壳来迷惑民众,并通过广告、论坛、领导合影题词、名人代言、项目展示等方式来展示财力、吹嘘自身。在内核方面,这些机构往往会先推出免费体验、限量注册、礼品赠送、优惠会员资格、免费升级等名目让民众得到一些小甜头,然后再采取包装、洗脑等方式介绍所谓新型的商业模式、稳赚不赔等赢利方式、长线持有等投资理念。编造所谓的金牌会员、资深会员的暴富故事,并唆使、要挟先加入的民众去介绍、拉拢其他民众进入投资循环圈,让民众即便察觉到风险仍旧乐观地认为"自己不会是最后接盘的那个人",成为连锁骗局中的帮凶。近年来,传销行为在政府社会多方联合整治下已转为隐蔽化发展,并且出现了从线下传销转向线上传销、从实物传销转向虚拟物传销、从国内传销转向境内外传销的趋势,网络空间的通畅性、微信群等社交媒体的相对隐秘性给网上传销提供了一些庇护所,也使传销与诈骗犯罪呈现出合流态势。

一、假冒虚拟货币传销犯罪

在数字虚拟经济红火的当下,不时出现利用虚拟数字货币进行传销的活动,并在互联网犯罪中占比不断扩大。

第一种犯罪情形是捏造根本不存在的数字货币进行诈骗。在福建省"沃客"传销诈骗案件中,平台实际控制人王某只有小学文化,2015年,他花了1万元请人开发了一套"DEMWK"会员系统,然后谎称引进新加坡的技术挖掘出一种虚拟货币"CPM"。王某先说服自己的亲友购买,然后再让他们去吸收会员接手这些虚拟货币。他们利用以前从事直销行业的惯技,将这种虚拟货币吹嘘得天花乱坠,还录制成视频课程在网络上传播。在线下,王某租用高级写字楼作为办公室,在高级酒店举行项目推荐会,诱骗外地投资者来参观考察,为他们报销食宿费用以骗取信任。在王某等人的精心"营销"下,全国各地以及东南亚地区先后有35万人参与了"CPM"虚拟货币传销,涉及金额近50亿元。[①] 王某手下的传销骨干有30名,发展的下线多达309层,控制传销人员上万名。位于顶端的传销头目获利最多,有1700万元。直到2017年该传销团伙才被公安机关捣毁,王某被判处13年有期徒刑。

在深圳作案的"五行币"传销与之类似。2012年,宋某某成立了深圳云数贸贸易公司,推出具有中国传统文化色彩的五行币。朱某声称世界上五行币共有5亿枚,投资者需在公司官方网站上注册会员,缴纳500元至5000元不等的会员费才能投资五行币。根据会员级别的不同,投资者有资格购买数量不等的五行币,然后再向其他未注册会员的民众销售,可获得公司的奖励。高级会员可以将自己手中的五行币分售给中级和低级会员,由他们再去销售,并有权对销售收入进行分成。这场销售五行币的骗局一直持续到2017年,先后有19万人参与,涉及28个省份,聚敛的金额达6亿元。[②]

这种传销骗局之所以得逞,主要有三方面原因:一是五行币币值低,每枚虚拟币最初售价仅1元。同时,入会的最低门槛也较低,只要求最低一级

---

① 徐国以.警方破获新型网络传销案,以电子商务为名炒作虚拟货币[N].半岛都市报,2016 - 12 - 15.
② 覃春友.揭秘非法传销云数贸五行币[EB/OL]. [2017 - 05 - 12]. https://www.sohu.com/a/140023483_793911.

会员缴纳500元,导致一些投资者抱着碰运气、被骗了也无所谓的心态参与这场传销。二是民众对虚拟币的性质不太了解,一些购物类、游戏类网站也推出了财富值、经验值、会员积分等制度,五行币容易借此名义浑水摸鱼。更重要的原因是投资者明知这种虚拟货币极有可能是庞氏骗局还乐于冒险,参与投资者都盲目自信,认为自己不是最后的下线,总会有新的投资人入局"接盘"。而且,这种网络传销也不像线下那种人身控制性、聚居式的传销,容易被群众举报或被公安机关捣毁。网上的传销甚至不需要使用真实姓名,只需要注册一个网名就可以了,即使投资人将"下线"骗入局,下线也不知道上线的具体藏身之处,所以想骗人者趋之若鹜。

与上述两起犯罪持续时间长达数年的传销案件相比,也有部分传销犯罪在刚露头的时候就被成功铲除,减少了群众的损失。例如"万福币"传销犯罪。所谓万福币传销的设计者是一名美籍华人刘某,他先后炮制了"网络黄金""天何积分""万福币"等多种虚拟数字货币,并专门针对我国民众进行传销诈骗,当时在全国范围内蔓延迅速,先后吸纳了13万余名传销人员和会员,涉案金额超过20亿元。当万福币传销波及江苏省时,江苏公安机关在接到线索后采取紧逼式侦查,结合以往办理传销案件的经验,对万福币传销组织的架构方式进行了拆解,将所监控和到案的涉案人员的角色拼接到相应的传销链上,通过分别讯问、对比供述,明确了犯罪团伙内部的分工、对外行骗所采取的口径。通过对大量资金账目流向的核对,掌握了涉案人员对诈骗所得的分成方式和数额,使得案件顺利进入公诉和审判程序。而且在审判过程中,依靠扎实的证据,一些涉案人员辩解自己不完全知情、不清楚收取的是下线的回扣还是公司领导给的报酬等开脱罪责的理由都站不住脚。经过公安机关的努力,万福币犯罪在江苏省只荼毒了三个月就被取缔,犯罪团伙在江苏省的7名骨干人员都被抓获审判,牵涉其中的传销人员约1 000人,集聚的传销金额为1.42亿元,比其他省份的危害小。[①] 远比江苏省早年爆发的"邓某非法集资案"的破坏性小。万福币传销诈骗案件的主犯刘某及其随从被我国台湾地区执法部门拘捕,并根据海峡两岸签订的《共同打击犯罪及司法协助协议》,移交给大陆公安机关。

---

① 施润.江苏宣判"万福币"网络传销案:骗款超1.42亿,7人获刑[EB/OL].[2018-06-13]. http://dy.163.com/v2/article/detail/DK9R2LMD05119LOG.html.

还有就是西安市"消费时代DBTC"网络交易平台传销案件。2017年年底,郑某、勾某等9名骨干人员推出了"禹澳币""大唐币"等产品,声称基于区块链技术开发,民众购买数量最少为100枚,最多为1万枚,每天可获得1‰～3‰的利息回报,还可以计算复利。[①] 他们一方面利用网站和微信公众号向民众发广告,找来一些外国人员冒充公司高层管理人员和技术专家吸引人们注册。另一方面招募社会人员进行销售,采取类似传销的模式,先后网罗了148人进行传销,销售人员根据所谓业绩分成十个级别,销售多的可以获得团队业绩奖和收益分享奖。这种虚假数字货币推出时间只有几个月,骗取金额约为8600万元,之后被公安机关迅速破获,避免了更多民众跟风上当。

第二种情形是在现有科技和监管体系下尚难定价的一些虚拟数字技术产物,并利用其作为传销的幌子。典型的有"维卡币"传销活动。维卡币(Onecoin)是由保加利亚籍人士开发的虚拟货币,其网站服务器设在丹麦,开发者声称它是未来取代比特币的第二代数字加密货币,但它和比特币的获取方式有很大不同。其控制者是要求开发者交费,然后才向其提供在网络上挖掘维卡币的线索。在该公司网站上一共设置了九个投资人的级别,分别对应新手、初级交易者、中级交易者、专业交易者,还有高管、大亨、超级大亨、至尊、万春交易级别套餐,价格从0元到225 746元不等,[②]每个交易级别由维卡币公司提供不同的虚拟币挖掘教程,还提供虚拟货币来源线索。例如最高级别的万春交易者可以获得30万枚虚拟币线索,从下一级别升级到高一级别的会员还可以得到奖励积分。维卡币公司通过此种手段收取来自不同国家投资者的会费。据统计,全球范围内共发现维卡币开户总数1 077万余个,其中有600多万个属于免费用户,购买激活码的用户数量480万余个,投入资金约为158.59亿欧元。在我国,2014年后开始有人接触这种虚拟货币,但很快也被传销组织盯上,这些组织通过多种渠道来发布信息,建立了一个维卡币中国官网,开通了名为'维卡币Onecoin区块链技术'的微博以及投资者微信。他们的宣传方式主要有三类:一是请所谓技

---

① 陈颖.传销组织者蹭上"区块链"热度,西安破获涉嫌组织、领导传销活动犯罪案[N].人民公安报,2018-06-21.

② 何凯玲.这个币在中国骗了70亿 全球各国都禁止却止不住人们往里跳[EB/OL].[2018-04-23]. http://finance.sina.com.cn/blockchain/coin/2018-04-23/doc-ifzqvvrz9385640.shtml.

术专家、教授来讲解数字货币的未来前景,给投资者灌"鸡汤"。二是吹嘘维卡币母公司将在 2018 年上市,到时投资者就可以自由提现。三是混淆视听,冒用一些财经媒体主持人、记者以及网络红人的名义,在微信群中发声,给投资者心理安慰。他们的传销方式和传统传销类似,如果介绍一个客户开通维卡币账户,上线就可以提取 10%~40% 的投资额作为提成,而投资者所投入的钱并未全部进入国外的维卡币公司,中国投资者中也没有多少真正实施了在网络上挖掘寻找虚拟货币。为了套牢投资者,传销组织还欺骗说维卡币现阶段不适合大量交易,每天只能卖出 20 枚—50 枚维卡币,投资者可以囤积在手中等待货币升值,也可以介绍给亲友、熟人来购买以快速变现,这实际上是唆使投资者积极开辟下线。据公安机关侦查,截至 2018 年 5 月,该传销组织已在我国境内发展 7 条下线、27 个资金池账户、会员层级 140 余层、注册会员账号 200 余万个、涉案金额达 150 余亿元人民币。湖南省公安机关率先揪出这种虚拟货币传销组织并开展侦查,但目前追诉的难点是这种虚拟货币的技术定性。一些国家司法机构怀疑这是虚假的数字货币并展开调查,还有一些国家却承认这种产品的合法性,认为它与比特币相似,进行交易并不被法律禁止。一些传销涉案人员和犯罪条件藏匿在境外以逃避打击,需要额外动用各种刑事司法协助手段才能实现"长臂"管辖。

对照《中华人民共和国刑法》和最高人民法院《关于办理组织领导传销活动刑事案件适用法律若干问题的意见》,上述虚拟货币传销诈骗案件具备以下共同特征:首先是发展会员。虚拟货币传销大多数在网络上开展,传销者诱使民众注册成为会员,采取免费或缴纳少量注册费等方式,然后向注册者推销根本不存在的虚拟货币。其次是扩展传销队伍。对于一些不熟悉网络的民众,传销组织要求先注册的会员在线下拉拢、诱骗其投资虚拟币,并设置一些层级,层级高的会员有权购买更多数量的虚拟币,或者以较优惠的价格购买,然后再转售或加价销售给后入会的会员。经过一段时间运作,层级少则 3—5 层,多的达到几十层。再次是提成。由于虚拟币根本不具备消费功能,传销者组建的网络平台也无意为会员赎回或提现。[①] 为了稳住先入会的会员和购买数量大的会员,传销平台规定可以根据销售虚拟

---

① 尹振涛. ICO 监管的国际经验[J]. 中国金融,2017(20):87-89.

货币的金额或介绍入会会员的数量发放酬金或给予销售提成,让传销上线有积极性,并形成逐级提成,上线牢牢控制下线的局面。最后也是最核心的特征是虚拟币根本不存在或者只是一个信息技术符号,不是经过专门技术从互联网挖掘而来,也不具备支付流通功能,传销平台所收受的购买货币资金一部分被作为宣传费和酬金发放,剩余的被传销组织者非法占为己有。

各种虚拟币传销犯罪聚敛的资金动辄上亿元,一方面反映了组织者骗术的高超,另一方面也反映了现实生活中大量的民间闲余资金没有安全投入到经济社会发展中。这是需要我们反思,为什么金融部门没有能力开发好的产品去吸纳民间沉淀的财富?为什么财富拥有者在明知投资渠道不正规、风险高于正式金融机构的情况下还不遗余力地投向这些庞氏骗局?这充分说明了金融业务的风险教育在一定区域内开展得非常不彻底,工商、公安等部门开展的传销整治行动不能断其根源,一些应该占领的小额金融市场存在空白,正规金融渠道所设置的投资性回报方式较为单一,回报比率与民众的投资期望落差较大等。

二、预付卡式传销诈骗

在我国,设立银行和非银类金融机构非常困难,但是"傍银行"的事件却屡见不鲜。有些机构声称可以办理购物、透支乃至融资功能的预付消费卡,与银行信用卡无异。犯罪嫌疑人朱某注册北银创投公司,推出"公爵级""侯爵级""伯爵级"北银创投消费卡,宣传办卡后可在公司网站上购物,并享受10万元—50万元的信用消费额度,办一张卡需要缴纳500元—2 500元制卡费。朱某为行骗,招揽了440余人充当运营、客服、制卡、商品销售等,还在几个省发展代理商。代理商每推销出一张消费卡就可以收取2 000元—10 000元的服务费。代理商在网络上购买非法采集的消费者信息,然后四处打电话推销,找急需用钱的人。为了掩盖骗术,他们使用电话号码随机生成器来掩盖真实通信方式,还将工作记录销毁。这种消费卡在全国先后销售了11万张,非法吸收存款金额2亿元。最后公司销声匿迹,办卡人存的钱被卷走。①

---

① 沈彬. 戳破消费卡骗局的"合法"外衣[EB/OL]. [2018 - 07 - 09]. https://www.thepaper.cn/newsDetail_forward_2250182.

在这类案件中,我们需要反思消费者上当受骗的原因。首先是行骗者的包装方式。民众只知道办理会员卡和充值卡后消费有优惠,购买家电、汽车等高价产品可以分期付款等,但对消费金融的整体概念并不十分清晰,对银行以外的消费金融公司了解甚少。上述行为中有一部分属于消费金融,例如汽车金融、信用卡等,还有一部分并不属于消费金融,只是预付款协议。商家的普通消费卡,金融监管部门既不需要审批也不加以监管。其次是部分消费者的贪念。犯罪人宣称消费卡功能强大、接受网点多、可付可贷。但事实上,有些迹象是足以引起消费者警觉的。例如"北银创投"卡中有些消费者存了 10 万—50 万元的金额,这已经不是与单纯的消费卡相匹配的金额,这些消费者实际上是将钱借来存在卡中,然后想享受这张卡贷款或套现功能,消费者打算取得贷款后再将存款金额取出,但是没有能占到这个便宜,反而落入骗局。再次,是行骗方案的隐蔽性。例如"北银创投"卡创制的购物规则是,办卡会员在购物时只需支付 50% 的商品价款,剩余 50% 的金额可使用会员卡额度透支,不计算利息。但下一次购物前,要还清上一件商品透支金额,依次循环。需要贷款的客户必须先消费才能贷款,客户必须在商城上消费到最低额度,才可获得购物金额的 25%～30% 的贷款。但其不正常之处在于网上商城的商品价格昂贵,而办卡人购物后会被告知消费积分不够,不能贷款。

预付消费卡诈骗和虚拟货币、理财产品网络传销诈骗的性质和危害相当,虽然目前暴露出的案件还比较少,但应当保持警惕。由于这种形式的金融色彩不明显,目前对预付卡的管理主要是由市场监管部门负责,有些纠纷是由消费者协会来进行调解,处置力量不够。预付卡打假防骗还需要金融监管部门加入,对此类经营方式进行指导识别,公安部门也需要及时跟进。

三、假借金融业务名义实施诈骗

近期上海公安机关查获一个炒黄金的诈骗团伙。他们建立了一个微信群,被害人被介绍进群后,微信群里先是讨论股票投资信息,然后微信群主提议成员讨论黄金交易信息。① 有一些诈骗分子就冒充投资分析师,有人冒

① 王诗奕.上海破获炒黄金诈骗案:群里 50 多人 除 1 人全是骗子[N].扬子晚报,2018-07-08.

充客户,推荐炒黄金的软件,并像模像样地在软件上下单,等被害人上钩,将资金转入软件中时,这个群就突然消失。公安机关通过微信运营公司的协助,查找到犯罪嫌疑人根本不在上海,而是躲藏在广东省湛江市,所谓微信群是专门为被害人设计的圈套,群里面的 50 名成员除了被害人之外,全部是嫌疑人用多部手机注册的账户,形成 50 人骗 1 人的局面,确实非常难以识别和防范。

四、编造金融背景进行诈骗

有些诈骗行为套用金融货币体系的名义,与所谓的历史遗留问题联系起来,例如"民族资产解冻""国民党光复大陆资产"等名目。现在又被一些人用在了互联网上,并且和便捷金融支付搭上线,死灰复燃。2017 年 8 月,诈骗团伙首犯冯某、李某"发明"了一种说法,说中央决定解冻一批新中国成立前留下的民族资产用于精准扶贫项目。他们专门伪造国家部委公文,冒充国家干部四处游说。四川省广元市人王某对他们的说法深信不疑,听从他们指挥,成立了"民族资产扶贫管理委员会",计划在全国各地设立 2 500 多个分会、办事处、工作组。他们通过微信吸引群众入会,会员在缴纳入会费、办证费后就有机会获得民族资产支持的扶贫、医疗项目优惠。群众缴纳的会费被逐级上交,然后由王某交给诈骗团伙,骗取的会费约有 1 亿元。冯某、李某为了掩盖这些骗术还通过洗钱手段将其变成正常营业收入。由于受骗的群众非常分散,每个群众被骗的金额也不大,施骗者之间多通过微信联系,其巢穴所在地也不清楚,各地公安机关没有找到有效的打击办法。后来公安部介入督办此案,指挥四川、广西、河南等地公安机关追查"民族资产扶贫管理委员会"中规模较大的地方组织,指挥广东、北京公安机关追查"民族资产扶贫管理委员会"银行账户和办公地点所在地,实施双管打击,共抓获犯罪嫌疑人 64 名。[1]

也有的犯罪人将"爱心"捐赠这种过去惯用的诈骗手段翻新,和现在流行的网络慈善募捐和众筹金融活动等混淆起来蒙骗民众。2013 年 5 月,犯罪嫌疑人张某某成立深圳善心汇文化传播公司,开通了"善心汇众扶互生大系统"平台,开始发展会员,张某某声称这个平台的宗旨是"善心""布施",帮

---

[1]　侯鸿博,吴光于.诈骗团伙假借扶贫名义设"解冻民族资产"骗局[N].福州日报,2018-06-25.

助贫困家庭、负债者、残疾人、陷入困境者和其他弱势群体,号召入会会员做善事。具体的做法是购买善心币,然后将善心币送给不相识的会员,每枚善心币要价100元。要想获得捐款的会员需要花300元购买一颗"善种子",才能收到捐款。购买善心币的会员不是白做慈善,可以获得善心汇平台给予的静态收益,老会员介绍新会员入会注册可以获得平台给予的管理奖。张某某为了诱骗更多人加入平台,采取了传销手法,将善种子、善心币交给几个所谓的"高级会员"来销售。高级会员还可以进一步分销这些不存在的网络凭证,形成层层控制的传销网络。为了吸引民众购买,张某某宣传的收益率很高,即购买3000元的善心汇产品,在20天内可以收到30%的回报,即连本带利3900元,很快这一平台就发展到500万人的规模,遍及全国31个省市。张某某本人获利十几亿元,他手下的骨干传销者获利也有上千万元。张某某长期制作微信视频向会员发放,以宣扬他的善念,吹嘘他济贫救弱的"事迹"和善心汇强大的盈利能力,以稳住投资会员。2017年,善心汇的骗局逐渐被识破,有会员报案称拿不到所谓的静态收益。长沙市公安机关开始调查善心汇传销违法行为,对几名技术骨干刑事拘留。① 张某某借机将无法兑付的骗局嫁祸到公安机关头上,声称是公安部门查封了电脑设备,导致数据丢失不能付息。直到公安机关果断拘捕了张某某,捣毁了善心汇传销网络,公开了公司部分账目,一些天真的投资者才真正承认被骗。

第三节　民间高利放贷犯罪分析

众所周知,高利贷是旧社会延续下来的社会丑恶现象,多数还与黑恶势力合流,不容易禁绝。现在的高利贷与计算机网络、手机等移动通信手段结合起来,演变成现金贷、回租贷、校园贷等各种花样,业务数量快速增长,而且向经济实力和消费需求不对称的年轻群体侵蚀。它的易得性将直接侵蚀经济、社会活动赖以正常运行的信用基础,摧毁借款人的信用观和信用记录。而且对借款人的剥夺性很强,使得卷入其中者有很高的财产、人身安全

---

① 张潇祎."善心汇"传销案一审宣判:涉案金额超千亿 主犯获刑17年[EB/OL].[2018-12-15]. http://china.cnr.cn/yaowen/20181215/t20181215_524450535.shtml.

风险,危害是非常突出的。实施者通常是团伙犯罪,在劝贷、助贷、放贷、收贷等行为过程中常常会实施诈骗、强迫交易、敲诈勒索、寻衅滋事、非法拘禁等罪行,有些恶性案件还会触犯故意伤害、强迫卖淫、强奸等罪行。现在,有些部门和地方用"套路贷"这一范畴描述民间金融领域贷款犯罪活动。为此,需对此类犯罪的动态和防控难度进行分析。

一、套路贷的侵害对象

与过去的高利贷、地下钱庄相比,套路贷配备了多种多样的经营外壳,例如投资公司、信息服务公司、典当行、购物网站等,所觊觎的不仅仅是小型工商企业、自然人,还包括一些经济能力弱的在校学生。2014 年,上海市一家医疗仪器公司负责人沈某与上海海盈投(融)资公司签订融资服务合同,名义上借款额为 2 000 万元,扣除手续费、利息后的到款额为 787 万元。之后,海盈投(融)资公司就以签订新合同、将利息转入本金"利滚利"、找人垫资等手段,将沈某的债务抬升至 1.7 亿元,并公然到法院起诉沈某。案件曝光后,海盈公司被公安机关以诈骗罪立案侦查。

除了开展经济活动的工商企业,陷入套路贷的还有一些机关、企事业单位的工作人员,他们所借债务的初始金额不算太大,但放款方与之签订的合同本身就非常不公平合理,约定借款的金额与实际到手的金额有很大的差距,随着利息的倍增和放贷机构的勒索,债务越滚越大,最后无力偿还。由于债务人同样惧怕借债事件被传扬至其工作单位,影响其名誉,所以多数都隐忍不求助、不报案,导致被高利贷公司步步紧逼、陷入绝境。贵州省某乡镇工作人员杨某在"米房"借贷平台上提交了一张电子借条,借款 5 万元用来开店做生意。米房平台采取 P2P 网贷模式,将杨某的借款要求分拆给不同的投资者认购。随即一些投资者就以 3 000 元、5 000 元不等的数额分批次将钱打给杨某。根据借条记载,借款的利息达到 24%,而且在被网贷平台扣掉手续费等费用后,杨某实际只拿到 3 万多元。随后,杨某被要求 7 天支付一次利息,一旦逾期利息就会翻倍。当杨某无法偿还时,一方面,米房平台就介绍她到名为"有凭证""借贷宝""米仓"的现金贷平台去借钱来还款,并反复计息,形成了循环借贷;另一方面,一些债权人通过电话、短信骚扰、上门讨债等方式威胁其还钱。杨某被迫先后向这些平台和债权人支付了 80 多万元,最终还是没能还清本息。① 在其家人向公安机关报案后,一些债权人还来滋扰。经调查,这些人都属于高利放贷机构,他们利用债务人相信所谓网络平台的弱点,在平台上扮作一般投资人,借钱给债务人,但实际上是想勒索债务人。而米房平台明知这些高利贷者居心叵测,但是辩解平台仅仅是中介方,不干预双方之间的债务金额计算,不出面催债,而实际上债务人的个人信息、财产信息都是由这种平台提供给高利贷者的,最终杨某不堪勒索自杀身亡。

此外,我国教育部门联合部分国有银行推出了贫困生中长期助学贷款,在学生毕业后分期偿还借款以解决部分学生的生活和教育开支问题。助学贷款的发放有着较为严格的资料验证和审批程序,大多数学生在毕业后也能履约偿还,贷款风险一直不突出。但近年来,一种简便、小额的"校园贷"形式突然席卷各个大中专院校,在校学生只需要通过学生证、身份证等就可以无条件借到一定额度的贷款,有些用于个人消费或教育培训,有些被用来投资于股票以及创业项目。② 校园贷的设计体现了一定的商业敏感性,受到教育产业化和学生经济自主能力加强的影响,一些在校学生的确有诸如考驾驶执照、考各种语言类考试、参加各类收费培训的自我发展需求,有些学生在校期间经常参与勤工俭学和创业活动,有一定的经济代偿能力。因此,校园贷在刚刚出现的时候,教育部门、公安等部门还未察觉其恶性,认为如果能保持良性运行,会成为一种学生对未来进行投资的渠道。但不久以后,校方以及主管部门察觉到校园贷中的不正常现象,相当一部分比例的学生开始追逐校园贷,用于支付电脑、手机、旅游、购物等个人消费金额,校园贷演变成类似信用卡分期消费的产物,待到期偿还时需要支付较高的利息或者手续费,也暴露出高利贷的真实面目。还有些校园贷机构在发放借款时就已经预先将利息扣除,学生拿到手的只是部分贷款金额。实际上,这是改头换面渗入校园的高利套路贷行为。首先,贷款经办机构不具有贷款经营资格。有些甚至没有注册公司或企业,不具备合法经营资质,他们常用的经营手段是在校园内发放小广告,组建微信群、QQ 群,发短信、雇用学生做代理人等,以优惠、迅捷的旗号吸引学生。其次,这类贷款有较大的欺骗性。

① 白桦. 女干部疑遭网贷逼债自杀,死后家人一天接 600 多个追债电话[EB/OL]. [2018 - 07 - 04]. https://www.thepaper.cn/newsDetail_forward_2239001.
② 毛晶玥. 美女老师卧底揭秘不良校园贷[N]. 北京晨报,2017 - 12 - 11.

有些贷款机构声称申请手续非常简便,只要安装一个手机应用程序,输入学生个人信息就可以贷款,但实际上有一些合同条款被借款学生默认勾选,其中有些是明显不利于债务方和加大其义务的条款。有些贷款合同中隐含有手续费、中介费条件。有些贷款合同还规定了不能提前还款或提前还款照付利息等不公平条款。有些校园贷进行了伪装,要求学生在填写资料时,隐瞒真实身份,篡改年龄,编造职业,并帮助学生伪造财务收入情况。放贷人为了收回资金,时而要挟借款人的亲属替其还款,为了掩人耳目还炮制出一些虚假诉讼。再次,这类贷款利率畸高。有些贷款广告中声称有免息期,或者贷款就送礼品,但实际利率折算起来非常高。有些地方的校园贷年利率达到了 20% 以上,对于有多笔借贷的且逾期还款的学生来说,利率有时高达 50%,甚至 200%,明显超过了民间借贷的界限。最后,这类贷款具有暴力性。一些地方发现放贷人在贷款时要求学生将身份证、学籍证明等抵押给他们,还有些地方甚至出现了"裸条贷",即要求贷款的学生拍下裸照或其他隐私性信息交由放贷人保管,一旦借款学生不能按期还款,就拿出照片相威胁。当贷款出现逾期归还时,放贷者经常采取打威胁电话、发咒骂短信、尾随跟踪、恐吓学生及其家人,甚至扣押、拘禁等方式,一些地方还爆出有的学生因无力偿还各种校园贷而被逼自杀的惨剧。

二、套路贷的隐蔽化趋势

经过对一些典型套路贷行为的整治打击后,一些公然放贷的行为已呈现出收敛趋势,但远未根除,反而以其他形式卷土重来。最近媒体、互联网研究机构、公安机关发现市场上出现了一种"回租贷",以手机等电子产品和一些奢侈品、耐用消费品为幌子,尤以手机居多。其操作手法是网上平台对客户拥有的手机进行估价和收购,然后再由平台将手机使用权"租给"客户,双方约定好租用期限和租金,其租金以及评估费、手续费一般采取到期归还手机时一次性扣除。① 在此流程中,手机收购价格即为平台提供的现金贷。而所谓的租金、手续费实为现金贷的本金加上利息。有些平台则采取平台评估价格—回收手机—租借手机—用户赎回手机的流程。有些平台则是以商品销售为名目,鼓动用户用以租代购的方式获得平台上的商品,平台也可

---

① 张洋. 部分校园出现回租贷等 警惕校园贷穿上"新马甲"[N]. 人民日报,2018 - 09 - 04.

以为客户融借一部分资金,并可以享有退货权,在商品使用了一段时间后,还可以把商品退回平台,但要缴纳一定的会员费、手续费。目前,这类回租平台已经有100多个,注册用户达到100万人以上,以年轻用户特别是在校大学生居多。这种变相现金贷是"虚租实借"行为,和传统的典当质押式借款有一些相似,但并不属于同一类业务。出借资金方根本就无意获得所谓质押品的占有权,也没有打算在债务到期后通过处分质押品的方式来实现债权,其背后隐藏的就是高利贷,在民事法律关系范畴下属于典型的以合法形式掩盖非法目的。出借方所提供的资金除了供借款人满足消费欲望外,还不乏被用在赌博、色情交易、贩购毒品等方面。

在校园里,套路贷新的形式层出不穷。如广西柒零肆金融投资公司的经营范围是金融信息技术外包服务、金融业务流程外包服务、金融知识流程外包服务,不具有小额贷款资格。公司推出了"704校花"项目活动,以招收兼职工为名,先允许在校学生预支兼职收入来换购手机等商品,然后学生再用兼职时数冲抵已付工资,吸引了400多名学生参加。公司先是给每位学生3 000元兼职工资,刚开始,公司为他们安排兼职工作,但不久公司就声称没有足够的兼职机会,要求学生以13元/小时的标准退还已领的"兼职工资"。没有完成退款的学生接到催收电话,告知他们欠下柳州银行的贷款,已被记录在征信档案中。事实上,柒零肆公司支付给学生的兼职工资确实有一部分来源于银行贷款,具体背景是柳州银行有一项面向在校大学生的免抵押小额贷款("校园新e贷")业务,柒零肆公司让学生签订的兼职合同、换购合同中包含有银行借款合同,并收取了学生的身份证复印件、照片等资料,学生认为可以通过兼职打工偿还,就没有在意是不是借了一笔银行贷款。柒零肆公司除了替银行揽到业务,更隐蔽的是设计了比银行更高的还款利息和所谓逾期费的圈套来敲诈借款学生。公司知道直接打着现金贷旗号,在校大学生会警惕,而以兼职抵偿的方式,学生认为比较合情合理,会不假思索同意参加。①针对公司敲诈高额利息的行为,在校大学生采取了向政府部门反映情况、报警等措施,广西银监部门收到举报后向柳州银行反馈情况,柳州银行停止了与柒零肆公司的合作,但柒零肆公司还公然转向法院起

---

① 向甜明.704校花兼职骗局 以致400大学生借校园贷不还被告上法庭[EB/OL].[2018-07-17].http://news.e23.cn/redian/2018-07-17/2018071700089.html.

诉这些学生,要求其还款。

三、套路贷的孳生原因

套路贷已成为榨干民众财产、伤及生命健康、侵犯个人身体隐私的催命贷,严重背离了金融业务融通资金、创造信用的本质,成为与赌博、滥用精神麻醉品相似的不良社会现象。套路贷之所以可以坐大,有多种社会和法律原因。

第一,放贷人方面。套路贷背后往往有黑恶势力作为推手,一些懂一点金融知识的人员被黑恶势力团伙网罗。例如无锡市一个涉黑团伙找了一个在小额贷款公司工作过的业务员出面注册多家成立门槛很低的信息咨询公司(实际上就是放贷公司),采取发放小卡片广告、打电话给受害者等方式招徕业务,声称不需要抵押、不用资信审查就能贷款。先后招徕 230 人前来贷款,其中有 30 多人没有按时归还,欠下本金利息 700 多万元。有一位受害人提出借款 2.6 万元,实际到账只有 1.85 万元,而在公司借据上的金额则高达 5.2 万元,其中的"套路"暴露无遗。公司还像模像样地设置了业务组、贷后催收组等,所谓的贷后催收主要就是寻衅滋事、威胁恐吓、殴打及非法拘禁等,还发生了强奸欠债人的情况。[①] 受害人报案后,无锡市公安机关发现在一个写字楼里面有数百家此类公司。

第二,执法部门回应方面。首先,有些地方公安机关的警觉不够。根据警情响应的规定,受害人报警后应由受害人所在地的派出所出警,但一些民警看到借条、借据后就简单地判断为民间债务纠纷,只要求追债人克制催债手段而没有进行深入调查。有些公安机关不了解其他地区针对同一类加害人的报警情况,没有评估多宗案件之间是否有关联性、案件是否涉及黑恶势力。加上套路贷公司经常以多家公司名义注册,业务员隐藏真实身份,短期内不好查明,就漏过了一些犯罪线索。其次,由于目前关于规制放贷人条例的规定尚未出台,因此,对放款人高利放贷的行为不能入罪,只能以敲诈勒索方式收取利息,或者以暴力方式催收贷款等角度进行侦查、追诉。有些地方的司法机关在论证这类行为能否构成组织、领导、参加黑社会性质组织罪

---

① 卢志坚,贺俊丽,张枫. 从"套路贷"到黑社会:建同盟组织,催讨追债,涉案 7 百万[N]. 检察日报,2018 - 06 - 18.

时遇到阻力,对如何查明犯罪人是否结成同盟,有没有稳定的首要分子、核心成员、追随者,有没有团伙内部的固定管理模式等,不同公司之间有没有勾连等,还没有清楚的指引和统一的侦查、追诉标准。

第三,借款人的利害关系人方面。无论是小额信用贷款还是套路贷都没有设置恒值担保物,而是将债务与人捆绑起来,并进而将借款人的社会关系圈绑定。校园贷就是典型。它面向的是无资金循环能力和资产转化能力的在校大中专学生,放贷人唯一能依靠的就是这些学生的债务连带偿还能力,即通过向借款学生的家属索要债务,但借款学生中绝大多数不希望校方和家长知道其借款的事实。这就构成了放贷机构、学校、学生、学生家庭之间非常奇特的关系,学生家庭实际上是隐性担保人,而校方则往往成为放贷者手中用来威胁借款学生的把柄。而当学生在迫于无奈情况下,向校方求助或向家人坦白时,几方之间的角色又发生了重大变化。一般而言,校方会教育规劝学生不要再涉足校园贷,对学生人身财产受威胁的学校保卫部门和公安机关会介入,但对于校园贷中发生的实际借款数额,校方是不负责帮助偿还的。借款学生家长的态度则更为微妙。在学生告知家长后,有些家长抱着"家丑不外扬"的传统思想、害怕子女的身体健康和行动自由受到伤害,或担心子女受到校方的处分,不少家长会选择隐忍不发,接受不利的还款条件。有些家庭则会利用一些社会关系与放贷方进行私下交涉,以求息事宁人。只有极少数家庭选择向校方和公安机关报案。上述几方的一些言行或立场都可能成为妨碍治理校园贷风险的消极因素。

第四,金融机构的态度。金融机构的小额贷款业务与现金贷的对象具有一定的重合性。当前现金贷业务中还有一种较独特的助贷业务,即由第三方机构帮助贷款人开展对借款人的资信审查、风险评估,或者提供所谓的增信服务,例如提供良好的信用记录证明、承诺当借款人不能偿还时进行兜底。有时银行会把这些业务外包。由于我国信用体系建设和专门信用经营机构的不完备,这类业务很容易沦为灌水征信。因此,银行选择合作伙伴业非常重要,在"柒零肆公司校园贷案"中,就是因为柳州银行过于信任柒零肆公司,被其钻了空子,但柳州银行自身也有监管失灵的问题。借款人(大学生)远在外省,已超出监管部门关于地方性商业银行主要在本地开展业务的规定,而且对外地的借款人贷后管理比较困难,业务安全性和收益性都不突出。同时,柳州银行在发放个人信用贷款时将贷款打包到某个人账目名下再分拆,违反了贷款通则要求,不但给银行资产带来了风险,而且也损害了银行的商誉。

第五,政府的态度。套路贷寄生的场所有金融咨询公司、投资公司,也有典当行、寄售行等。前两类明显没有金融贷款业务资格,而典当行、寄售行延续了民间质押融资的传统,其金融性质比较模糊。上述"回租贷"就带有把传统典当形式搬到网络上并加以篡改的痕迹,而监管方面留有空白。[①] 过去根据政府机构职能分工方案,典当行类的机构管理一直不稳定。在20世纪80年代中后期典当行正式获批开业,当时是由国家体改委管理,没有被划入金融机构。20世纪90年代,中国人民银行曾主张典当行应属于非银行金融机构,应由人民银行批准设立,但中央最终决定典当行由经贸部门审批,工商行政部门发照,这样典当行就不被视为金融机构。2005年,商务部和公安部联合出台了《典当行管理办法》,上述两部门成为典当行的主管方。典当行近年来不仅涉足物品、房产的典当,还开展股权、股票、票据方面的业务,其金融属性越来越明显,而且不少典当行和地下钱庄、网贷机构、资产管理公司是"你中有我,我中有你"的关系。直到2018年4月,商务部宣布根据新一轮党和政府机构改革的部署,原属于商务部监管的融资租赁公司、商业保理公司、典当行的业务经营和监管规则职责划转给中国银行保险监督管理委员会,才最终确定了典当行姓"金"的问题。

第六,套路贷之所以得手,最重要的原因是借款民众的"伸手",这反映了民众的风险意识、信用意识、法治意识等方面的多层次性。首先是风险观。金融活动不是免费的"午餐",放贷人不可能不图利息回报,但是受到高消费等思想的诱惑,借款人仍旧同意了放贷人的条件。在前述校园贷案件中,学生们应当知道一般不会有公司愿意先支付兼职工资再安排兼职活动,但还是抢着去领兼职费。其次是信用观。从根源层面考察,套路贷的诱人之处是放贷者不审核信用,借款人则是不需要信用,放贷人唯利是图,而借款人唯钱是瞻。放贷人收回资金所恃的是暴力等手段而不是法律和信用观念。借款人赖账不还,也不惜牺牲信用。因此,套路贷是排除信用的一种扭曲金融行为,而金融行为的成立根源就应当是相互间的信用,没有信用的行为不成其为金融行为。近年,有关部门一直在酝酿制定《放贷人条例》,其中

---

① 陈侃.揭穿"套路贷"的套路[J].检察风云,2017(18):54-55.

无法回避的就是信用在民间借贷中到底应该占有怎样的地位。再次是诚信观。现有一种倾向是一些民众在接受法治宣传后,认为现金贷行为收取高息是无效的,萌生了"自己有理,不必归还本金"的想法。实际上,这又陷入了另一种不守法、不讲诚信精神的认识误区。

通过实证层面的考察,我们发现要完全取缔套路贷形式,在经济十分活跃的现实环境下是很难完全达到目的的。尤其是当前我国还容许民间性借贷活动能够约定比银行同期贷款利率高数倍的利息,这也使得高利贷利息认定方面存在争议。况且,在没有借款人主动检举揭发的情况下,外界是难以了解套路贷利率回报的构成,即便动用刑事司法手段也难以禁绝,这也昭示着对套路贷等形式监管和遏制的艰巨性。并且,对此类行为的治理也不局限于金融监管部门的行动。

第四节　P2P 平台诱发犯罪分析

根据中国司法裁判文书网上的数据显示,截至 2017 年年底可查询到的涉 P2P 刑事案件判决文书有 463 份。主要类型包括:集资诈骗案件(约占 18%)、非法吸收公众存款案件(约占 68%)、非法经营案件(约占 4%)、暴力催债犯罪(约占 10%)。[①] 在已经审结的集资诈骗犯罪中,最高人民检察院披露的"中宝投资"网贷平台集资诈骗案就是一例。平台法定代表人周某冒充用资人发布 34 个融资信息,并开出 20% 的年化收益率,骗取了 1 586 名投资人 10.3 亿元资金,这些资金都被他个人支配,并未用于生产经营活动,而是以新还旧及个人投资挥霍。2013 年案发时有 3.56 亿余元无法归还。经过四年的侦查审判,2017 年,司法机关终审判决周某具有非法占有的目的,使用了诈骗手段,构成集资诈骗罪,判处其有期徒刑十五年,并处罚金 50 万元。在非法吸收公众存款类型案件中,涉案 P2P 平台虽未虚构投资标的,但粗放使用投资资金,甚至用于自融,并许诺高额返利的公司中,以联璧金融、雅堂金服、钱宝网、唐小僧四家 P2P 平台影响性最坏。[②] 同时,P2P 平

① 肖飒,马金伟. P2P 平台成涉刑重灾区[EB/OL].[2018 - 02 - 24].http://www.xinhuanet.com/fortune/2018 - 02/24/c_1122445541.html.
② 长安剑. 民间四大高额返利平台全军覆没[EB/OL].[2018 - 06 - 24].https://baijiahao.baidu.com/s?id=1604137325792671942&wfr=spider&for=pc.

台所暴露的金融犯罪具有较强的地域集聚化、手段差异化等趋势,值得对其中的特征加以总结。

一、P2P 平台犯罪风险的泛区域化

近期,P2P 平台违约事件爆发较多的地区包括上海、杭州、深圳、南京等地,倒闭的平台数量近百家。一些 P2P 平台的经营者逃逸,造成部分地区的公安机关警力紧张,报警电话出现线路繁忙,大量受害人只能邮寄报案材料。从经济地理上看,上海市是我国最大的金融中心,也是一些金融创新的发源地。杭州市由于阿里巴巴公司的扎根被誉为"互联网金融之都",2015 年以来,杭州市还专门建设互联网金融特色小镇吸引投资机构入驻。深圳市是我国创新创业投资的重点城市,同时也是香港证券交易所、深圳证券交易所的前哨阵地,吸引了大量热钱。南京市是长江三角洲地区尤其是江苏省民间资本和产业的聚汇点。① 这些区域的共同特征是民间资本雄厚、资金流动和集聚能力强,尽管这些地区的政府治理水平、金融服务发达程度、居民法律素质等在全国均处于领先地位,但仍然成为 P2P 非法集资漩涡的中心,很多民众的财富被 P2P 平台不法经营者"收割",非常值得深思。

(一)上海地区 P2P 平台刑事犯罪风险

上海市是我国 P2P 平台的诞生地,2007 年出现了第一家 P2P 专业平台"拍拍贷",目前规模最大、经营较正常的几家 P2P 平台,例如"陆金服"等也在上海。目前上海市有 200 多家 P2P 平台,年交易金额超过 1 万亿元。上海市近期出现的兑付不能、被公安机关立案刑事调查的平台数量不菲,但多数还未进入起诉审判阶段。从一些 P2P 平台经营历程中可以观察到一些趋势。

第一,得益于上海的商业、金融环境,一些 P2P 平台通过犯罪手段得到快速扩张。震惊全国的"上海善林金融系列案"就反映了 P2P 平台在业务开展上的强大渗透能力。首先是在经营方式上,善林金融从 2013 年起开始向全国扩张,先后开设了 1 000 多家线下门店来经营金融产品,而开设门店的资金以及员工工资皆由网络上募集而来。这种网上、网下打通,通过网下品牌宣传、网上聚敛资金的模式被善林金融的实际控制人周某某运用得非常

---

① 孙清,蔡则祥."长三角"区域金融风险分析[J].审计与经济研究,2008(1):76-80.

纯熟。其次是在经营内容上,善林金融的网下营业网点设置类似私募基金,它们推出的一些理财产品,例如"鑫月盈""鑫季丰""鑫年丰"等与国有银行的理财产品设计非常相似。善林金融宣传这些产品属于中高风险产品,预计年化收益率在 5.4%～15%,这与市场上销售的正规理财产品比较接近。但这些产品只是为显示公司实力、加深金融消费者印象的障眼法。销售这些理财产品的收益是无法抵消高额的门店租金和推广人员工资的,善林金融真正的重头戏是在网上。善林金融主要负责人周某某、田某某、陶某某等人在网上设置了"善林财富""善林宝""幸福钱庄""广群金融"等 P2P 平台,相互建立网络链接,在近一年的时间里成交金额达到了 125 亿元,涉及投资者有 6 万多名。① 善林金融对外宣传为了减少风险,向投资者推荐的融资项目都是 20 万元以内的小额标的,但实际上他们推荐的项目动辄在 200 万元以上,最大的一个融资项目金额是 3 000 万元,而且还包括一些不规范的债权转让项目,明显违反金融监管部门规定 P2P 平台主要经营小额融资项目的要求。再次,在资金监管上,善林金融惯常采取的是在线上推出项目供投资者签约,然后邀请投资者到善林金融的经营门店用 POS 机刷卡,将资金交给公司而不是交给银行专门存管。借助此手段,善林金融自己形成资金池,有些资金根本未投入到为投资者所中介的项目,而是由善林金融的几个主要控制人支配。有些用于应付投资者赎回产品和支付利息,有些用于维持平台自身运营,有些则被轻易花掉,例如善林金融曾赞助一些热门体育赛事,在各省电视台做广告,还曾经在纽约时代广场、伦敦希思罗机场投放广告以显示公司的实力。而实际上,善林金融推荐的很多融资项目并没有营利能力,投资者表面上拿到的融资回报是善林金融暗地里通过拆东墙补西墙、借新还旧等方式拿出来的。2018 年 4 月,善林金融的资金亏空越来越大,其主要负责人迫于压力向公安机关自首,交代已经有数十亿元的债权到期无法兑付,善林金融的骗局才被曝光。

第二,一些 P2P 平台借用购物返利等传统集资诈骗犯罪手段,并加以翻新。注册于上海市的联璧电子科技公司在 2014 年建立了"联璧金融"网站,宣传这是一家与实体科技企业合作的网站。起初网站借销售实体产品抽奖

---

① 朱亮韬."善林金融"非法集资案移送检方 未兑付本金 213 亿元[EB/OL]. [2018 - 09 - 21]. http://finance.caixin.com/2018-09-21/101329191.html.

返利的方式吸引投资者,即用户购买了斐讯公司生产的路由器、插线板、体脂秤等产品,在产品上印有一个投资码,只要登录联璧金融,激活该投资码,就有机会获得斐讯公司提供的购物款返还机会,这类似于网上促销、抽奖返还。这个诱饵吸引了不少用户购买上述产品,有些用户还享受到"0 元购"的优惠,对联璧金融产生好感。后续联璧金融继续吸引消费者,声称购物者还有一次机会购买网站推出的理财产品,为期三个月,限额 500 元,可以得到与购买实物同等的返现机会,一个商品激活码只能购买一次。投资收益率非常诱人,一个月达到 99 元。此举刺激了很多消费者大量购买斐讯公司产品以获得激活码,类似于买椟还珠,有些人为此甚至买了上万台路由器。借助路由器优惠购和激活码热潮,联璧金融成功地进入了很多户家庭的视野。后来,投资者也不再拘泥于有没有激活码,而是自动、自觉地将钱打入联璧金融,但这种返现的神话最终因为无力兑付而破灭。2018 年,公安部门展开行动,控制了该平台部分骨干成员,联璧金融宣告停业。① 在联璧金融非法集资过程中,斐讯公司的角色耐人寻味。在一段时期内,很难分清是联璧金融帮助斐讯公司在销售电子产品,还是斐讯公司在帮助联璧金融发展投资客户。各方对合作的方式及其真实手段是否知情,斐讯公司有没有收受联璧金融募集来的资金还需要公安机关进行最终调查。但斐讯公司的行为表明其并不单纯是在销售产品,而是将联璧金融的业务紧密搭售进去。案发后,斐讯公司承诺将对投资人激活产品激活码所设置的奖项进行兑付。一方面是为了履行企业的附带销售义务,另一方面也是为了减少投资者的损失,但斐讯公司在 P2P 运作过程中发挥的作用及其责任还需要做进一步的法理分析。

第三,涉嫌犯罪的 P2P 平台往往有极其短暂的辉煌期和迅速的危机释放期。名为"唐小僧"的 P2P 平台由资邦元达(上海)互联网金融服务公司于 2017 年 5 月建设,平台擅长进行广告宣传,在电视媒体、网络媒体、办公楼宇的电梯中均大量投放广告,每年的广告经费达到 5 000 万元,以吸引投资者关注。此外,唐小僧还宣传其股权变动,由央企为主进行战略重组,平台的返现率高达 30%,自成立以来融资成交量达到 800 亿元。2018 年 5 月,

① 石万佳,仉泽翔. 联璧金融 15 人被抓,有人攒 70 台路由器,四大高返平台全部爆雷[EB/OL]. [2018-06-26]. http://baijiahao.baidu.com/s? id=1604335627958592606&wfr=spider&for=pc.

该公司因为 9.32 亿元余额无法兑付而关闭。① 对比其回报率和融资金额，显然是这个平台式无法承受的。因此，它所宣传的 800 亿元成交量存在较大虚构。

第四，P2P 平台风险的传染性强。一些设置在上海的 P2P 网贷平台其股东和入股资金来自中西部地区，它们瞄准的是金融中心的热钱和民间财富，将融得的资金输回本省。例如上海市金银猫金融服务公司的金银猫平台，控股股东是江西省丰城市的一家公司，五年中先后筹到了 219 亿元资金，大部分融资标的是以企业承兑汇票为抵押借款，开票企业主要是一些中西部省份。② 因此，P2P 平台的资金链出现问题并不只是影响投资者，对一些资金依赖度高的企业和地方的经济、财政也造成了一定的打击。

第五，一些 P2P 平台犯罪手法老练、隐蔽性强。上海银砖金融信息服务公司运营的"多融财富平台"主要融资标的是有银行承兑汇票、国企商业汇票为质押的业务，累计交易额 55 亿元，对外宣称的投资回报率多在 7%—9%，甚至更高。而目前银行票据的贴现利率和手续费远低于这一水平，平台根本支撑不了客户收益的兑现，但这家平台自称拥有完善的技术安全保障和客户隐私保护能力，风险控制达到了银行水平，并向外宣传其获得了 2018 年度"中国金融科技最具投资价值平台"奖项，然而，最终平台的主要负责人逃逸。③ 上海普资金融信息服务公司经营的平台累计成交额为 107 亿元，他们谎称吸收的客户投资已经率先在网新银行进行了存管（实际上只有少量投资进行了存管），在平台倒闭几天前还发布公告说平台风险控制处于正常水平。④ 联璧金融平台在被戳破泡沫前夕也发布公告，宣称本平台资金安全，现在的经营困境是由别的 P2P 平台传染影响的，希望投资者不要恐慌性提现。但时隔不到几天，公司就被公安机关查封。这些现象说明部分 P2P 平台经营者选择了零和博弈方式，表面上采取的公关宣传和安抚投资者的措施只是缓兵之计，暗地里却转移资产、安排好退路，然后就主动

① 罗曼. 800 亿网贷平台爆雷 还原自称央企、高额返现的唐小僧[N]. 证券时报，2018-06-18.
② 安玖. P2P 平台金银猫宣布良性清盘，曾获瑞宝矿业等战略入股[EB/OL]. [2018-07-18]. http://finance.ifeng.com/a/20180718/16390919_0.shtml.
③ 墨麒. 红岭创投清理净值标 多融财富平台实控人被捕[EB/OL]. [2018-09-18]. https://news.p2peye.com/article-524273-1.html.
④ 宗和. 上海警方通报普资金融、资邦控股两起非法吸收公众存款案情况：正立案侦查[N]. 解放日报，2018-07-14.

违约拒绝兑付。

（二）杭州 P2P 平台刑事犯罪风险暴露情况

近期来,杭州地区的 P2P 网贷平台接连暴露出问题,包括云端金融、湖商贷、易投杭、金统贷、呱呱理财等,它们都是从客户提现难或者拒绝兑付开始爆出衰败线索,随后出现平台网站无法访问,平台负责人失踪。公安机关即使在第一时间介入也无法在短时间内理清平台下的复杂资管和融资关系,无法满足投资者进行兑付的要求,公安机关只能经过漫长的调查、取证,最后才能确定这些平台的集资规模和性质。从杭州的一些 P2P 平台涉嫌犯罪的案件中我们可以发现一些线索。

第一,部分 P2P 平台创办的低门槛和创办者金融业务资历缺乏。杭州 P2P 平台"云端金融"成立于 2015 年,大股东名为中煤西部能源有限公司,是国家扶贫开发协会兴办的实体企业。该平台累计交易额 45.56 亿元,案发时还有 7.02 亿元未能偿还。[①] 自 2018 年 6 月初,这一平台的客户服务系统突然中断,被公安部门立案侦查。据财经媒体统计,目前有 225 家 P2P 网贷平台宣传自己有国资注入,并向投资者宣称将资金放在国资企业管理的平台上会更安全,但有些 P2P 平台只是由少量比例的国有资产投资。即便是有国有企业背景的 P2P 平台,其股东也没有尽到监管的责任,有些股东只是将平台作为提款机,对平台的经营状况很少关注。况且 P2P 平台动辄数十亿的交易规模已经远远高于股东方的净资产规模。即使股东承诺接手平台债务,也无能力做到刚性兑付。但是现在这些打着国资背景旗号的 P2P 平台还是能得到一些投资者的信任,将国有成分金融业务与安全直接画上等号,对于政府托底式的金融刚性兑付依旧迷恋,不相信这种格局会被打破。

第二,杭州地区存在着多家 P2P 平台连锁倒闭的危机。李某掌控着"多多理财""投融家"等平台,经营地点都在杭州市。几家平台的经营手法相似,相互之间存在着资金输送关系,一家平台出现风险后,连锁影响到另外几家平台。李某还是 H 股上市公司投融长富的大股东,受到影响,该上市公司也被公告停牌。

---

① 佚名. 杭州警方通报:"云端金融"涉嫌非法吸收公众存款被立案侦查[EB/OL].［2018 - 07 - 07］. http://baijiahao.baidu.com/s? id=1605315679282120061&wfr=spider&for=pc.

第三,有的 P2P 平台风险被工作人员主动揭露。浙江多多互联网金融信息服务公司经营的 P2P 网贷平台"多多理财"融资规模约 60 多亿元,平台平常的投资收益率高于 10%,目前已出现 12 亿元逾期投资。实际控制人李某和财务总监何某在平台出现支付困难后就很少露面,公司经营已陷入停滞。出于自保,该公司员工联合起草了《关于多多理财逾期问题的公告》在网上发布,公开了平台不但不能为投资人提现,而且还支付不了员工工资、社保金的现状。[①] 希望平台投资人报警,让公安机关控制平台负责人以防逃匿。而有些 P2P 平台的问题是由于股东矛盾而暴露出来的,壹佰金融平台的新股东银河天成集团在入股后发现平台被前任股东操控期间存在违规经营并转移走平台部分资金的行为,故向公安机关报案,使这个平台资金链断裂的问题暴露。

(三)深圳地区 P2P 平台风险暴露情况

在近年股票等投资渠道收益较低的影响下,深圳地区 P2P 平台一度非常兴旺,一些民营企业将 P2P 平台作为主融资渠道。同时,深圳地区的 P2P 平台积累风险也非常高,2018 年,深圳公安机关连续披露了 20 家 P2P 平台涉嫌非法集资的案情,号召投资者主动提供线索,尽力挽回损失。

第一,与其他地方的 P2P 平台经营方式相比,深圳暴露出的案件欺骗成分较高。例如深圳一家名为"瑞银宝"的平台,编造了投资"马达加斯加烙铁矿项目""石油沥青期货合约产品""巴西 BOVESPA 新股合约产品",声称符合"一带一路"倡议,投资的国外能源矿产项目资源丰富,开采加工成本低,在国内有庞大市场需求,日投资回报率可达 6% 以上,期限较短,资金绝对安全,吸引一些对国际经贸合作似懂非懂的民众参与投资。可怕的是这些所谓的投资项目由专门的公司进行包装、设计、营销,营销团队懂得在适当时点投放一些诱人的消息,使投资者深信投入的资金处于安全状态。[②] 再如,南方都市报媒体记者近期揭露了一个名为"涌太宝"的 P2P 平台的骗局。该平台理财产品设计得非常严密,分为一日投、五日投、半年投等,日化收益率 0.35%—2.5%,投资门槛 500 元—50 万元,每一档投资额和回报都非常清楚。有些投资者购买了小额产品后如愿拿到了回报收益金,就觉得平台

① 谭章慧.多多理财员工就逾期发公告:实控人要跑路已报警[EB/OL].[2018-07-09].http://money.163.com/18/0709/13/DM9DGCT100258105.html#f=post1603_tab_news.
② 彭彬."瑞银宝"跑路!这几家也快跑了?分润收益高得吓人[N].南方都市报,2016-12-05.

是可信的,然后就一次又一次地追加投资,先后有 30 多万人次到这个平台来"试一把",直到某一天突然发现平台网站或者 App 无法访问,客服电话也无人接听。[①] 犯罪嫌疑人到案后供述他们的网络平台中有一项功能,即当发现平台所吸纳的资金到付息日时,平台会自动预警,告诉控制人已经无法如期付息,骗局将会破局。集资人收到这项预警后就有时间、有机会溜之大吉。

第二,一些 P2P 平台与资本市场关系复杂,所融得资金主要被投入境内外证券市场上。深圳意隆财富平台的投资门槛较高,每个项目要求投资者至少要投资 100 万元以上,但回报率高达 20%。意隆财富约有 8 000 名投资者,总融资额近 350 亿元。该公司一部分平台的资金被阜新集团拿走,这是一家上市公司大连电瓷的控股方,融资资金被阜新集团用来炒作自家的股票,[②]还有的资金被用来购买房地产。这种平台从事的根本不是普惠金融,也没有信息披露和风险控制体系,而是一个投机者的工具。

(四)其他区域的 P2P 平台风险状况

注册于江苏省南京市的"钱宝网"P2P 平台控制人张某某擅长经营网站,把入网会员称为"宝粉",该网站设置登录奖励,致使每天在钱宝网上互动的人数有 10 万人以上,很多投资者就冲着上网就能赚钱的宣传去注册登录。张某某随即将线下传销伎俩搬到网上,对会员进行洗脑宣传,让他们一次又一次去认购理财产品,介绍新会员。张某某还让一批传销骨干混在普通会员当中,在宣传行骗中帮助其推波助澜。在张某某向公安机关投资自首后,钱宝网会员论坛上还有人号召会员众筹一笔资金帮助其请律师辩护,可见其欺骗性之高。[③] 活跃于成都地区的"雅堂金融"P2P 平台创始人杨某某善于营销,他曾推出多款限时抢购的投资标的,收益率最高达 60%,通常在网络上一经推出,不到 1 秒钟就被抢光,没有抢到的投资者只能去认购雅堂金融的其他产品。杨某某还吹嘘自己信用可靠,即便是借高利贷也不会拖欠投资者资金。他还刻意在其他 P2P 网贷平台上借钱,然后按时归还,用

① 彭彬. 投资者陷"涌太宝"骗局,互联网金融诈骗频发[N]. 南方都市报,2016 - 11 - 29.
② 谢婧. "阜兴系"平台意隆财富人去楼空 员工被告知暂时不用来上班[N]. 每日经济新闻,2018 - 06 - 27.
③ 之家哥. 钱宝网实际控制人张小雷因涉嫌违法犯罪已自首[EB/OL]. [2018 - 02 - 28]. https://www.wdzj.com/hjzs/ptsj/20180228/575002-1.html.

演戏方式告诉投资者雅堂金融资金不紧张。[①] 但在 2018 年 1 月,雅堂金融突然宣布因经营无法维持,决定退出网贷行业,并拿出了一个长期的资金清退偿还计划,这种主动退出、承诺还款的做法,将投资欠款转化为民事债权债务可以避免对网贷平台的刑事调查和对平台主要经营者责任的追究,但投资者实际能被偿付的投资款数额无法预计。

二、P2P 平台金融犯罪的共性

P2P 平台所陷入的金融违法犯罪有几大类核心特征。首先,是"骗"。一些 P2P 平台的控制者觊觎投资者的资金,利用投资者贪图回报、不计风险的心理,将传统集资诈骗的手段搬到互联网上,包装出一些诱人的投资项目。他们在宣传、促销上非常卖力,无所不用其极。[②] 例如编造实际用资人的背景、虚构项目的规模、夸大项目的回报率、隐晦项目可能存在的风险、对出资人给予保本保息的承诺,或者签订保证全额兑付的担保书换取投资人的信任,但却在项目风险介绍时语焉不详,采取片面含糊的词句,令投资人不知道项目的真实面目。待资金到手后,他们又编造各种理由长期占用资金,甚至突然失联,卷走资金供自己挥霍。

其次,是"虚"。有些 P2P 平台控制者本身经营着实体项目,打着 P2P 的旗号给自己融资,在与其他 P2P 平台竞争客户资源时,则采取各种歪曲、造谣等方式来扬己抑他。有些 P2P 平台经营者想利用平台进行金融炒作,吸纳来的资金没有按照约定投入其融资项目,而是用来轮番炒作股票、期货、房地产,或者以高利贷的形式将款项借贷给其他的金融投机者,这就背离了互联网融资投资的本质,演变成为影子银行。有些 P2P 平台还不定期地聘请网络技术公司为其开发新产品,什么热门就销售什么,例如区块链等。这类平台和项目方案在网络上被明码标价,简单的系统软件标价十几万元,复杂的软件系统标价上百万元。一些想设置 P2P 平台的人只要花钱买这类软件就可以快速开业,有些名气不够大的 P2P 平台也通过购买这些营销方案或者有偿使用信息技术公司拥有的微信群、会员资料来增大所谓

---

① 陈冬生,段久惠.高返利平台雅堂金融"爆雷",母公司董事长杨定平投案自首[N].证券时报,2018 − 07 − 17.
② 林越坚,李俊.P2P 网贷平台犯罪及司法治理研究[J].河北法学,2016(10):190 − 200.

的访问量,引诱投资者入局。这些实施集资方案开发的技术公司、广告宣传公司已沦为非法吸收公众存款和集资诈骗的帮凶,甚至构成共犯关系。

再次,是越界经营。根据 2016 年多部委下发的《网络借贷信息中介机构业务活动管理暂行办法》的规定,P2P 平台是为出借人与借款人提供直接借贷信息的采集整理、甄别筛选、网上发布,以及资信评估、借贷撮合、融资咨询、在线争议解决等相关服务的组织,即 P2P 不能直接开展面向借款人的金融活动,而是间接金融参与者。但在该办法出台之前,我国各类 P2P 平台已经在金融市场上野蛮生长,它们的业务越界主要表现为以下几个方面。

（1）亲自上阵,成为贷款人。P2P 平台组建时有一部分自有资金,在经营中也招揽了一部分投资人资金。不少 P2P 平台没有严格区分平台自有资金和投资委托人资金,而是混同在一起向借款人发放。与 P2P 平台同期出现在我国的还有一些小额贷款公司,这类公司本应在线下经营,为个人或小微企业提供短期性、小额度的信用借款,但 P2P 平台和小额贷款公司经营活动上没有被严格隔离,反而出现了合流倾向,进而演化出一种新形式,即网络小额贷公司,并在市场上受到了欢迎。由于缺乏逐笔性的业务监管,借款人也不关心所借资金是 P2P 平台自有资金还是其他委托投资方,这就为 P2P 平台放贷提供了机会。同时,一些 P2P 平台虽没有公开办理贷款,但和一些现金贷经营机构、民间钱庄势力存在勾连,成为它们的金主和资金过渡池,在幕后从事贷款业务。

（2）偷梁换柱,渗入资产管理业务。近期,由于银行不良信贷资产和地方国有资产经营平台所产生不良债权抬升,国家推出了一些加速消化不良资产的政策,使得不良资产处置成为金融行业中的热点。一些 P2P 平台也借机参与到此项业务中,通过与一些不良债权持有方进行接洽,模仿西方国家金融行业的做法,将部分账面资产包装成证券、信托类产品,以征募债务处理启动资金、过桥资金、补充资金等名义向投资者兜售,或者为民间企业之间未清偿债权债务打包转让提供交易资金和中介性服务。这些业务形式是金融监管部门限定由资产管理公司专门经营的,由于不良资产在转让、折价方面可以享受一些政府鼓励性政策,而且涉及一些国有资产的估值、保值问题,目前金融监管部门并没有全面放开给民间金融组织去参与,也没有引入互联网金融模式。因此,P2P 平台插足这类业务是明显的越界,也更容易触发一些道德风险。

（3）不守本分，成为黑"中介"。我国金融信息中介组织发育一直不够健康，在证券行业曾经爆发过不少股评机构、证券咨询机构从事内幕交易并操纵证券市场的现象，严重影响了互联网金融。由于对 P2P 平台采取何种方式撮合金融供求关系，相关法律法规并没有做出详尽的规定，导致 P2P 平台的中介服务名不副实。例如平台替委托投资客户办理一些有上市潜力的公司股权收购；销售其他 P2P 平台设计的投资计划；以委托投资人名义直接参与一些资产拍卖、挂牌竞价；为委托投资人选定的一些股权投资、期货品种投资、指数类金融衍生产品投资出谋划策；为一些参与高风险金融活动的用资人寻找杠杆资金、融资融券炒作配资牵线搭桥，并提供信息；带领一些小型委托投资人参与股权众筹、产品众筹活动，使投资人由债权人身份转换为股权人身份等。这些活动使得 P2P 平台成为游走于银行、证券、保险、信托、期货、资产管理等各个金融领域、神通广大的幽灵，制造了行业乱象。

三、P2P 平台犯罪性质争议问题

P2P 平台出现兑付困难被存款群众报案时，公安机关一般会以非法吸收公众存款犯罪考虑是否立案以及进一步侦查。[①] 目前关于 P2P 行为还没有专门的立法及刑事司法解释，依然适用前期关于非法集资活动的法源。根据最高人民法院 2010 年作出的《关于审理非法集资刑事案件具体应用法律若干问题的解释》（法释〔2010〕18 号）规定，在非法吸收公众存款过程中能够证实主要将款项用于正常的生产经营活动，情节较轻的，不作为犯罪对待。事发后能够及时清退所吸收资金，可酌情免予刑事处罚。对于 P2P 吸收的资金是否主要用于正常生产经营活动，所持的判定尺度还有待研究。有些 P2P 平台是由生产经营性企业为主投资，作为企业的融资附设窗口，其吸收的资金也主要投入本企业或上下游关联者。而另一部分 P2P 平台是纯粹做"资金"生意的，有哪个用款人需要资金就帮助其设计推出融资方案，但对融资资金进入用款人账户后的真实用途并不过多关注，导致资金被转移到其他非正常用途中。这种情况是否能够认定为从事正常生产经营活动，没有统一意见。

---

① 刘权. P2P 网络借贷犯罪及其刑法治理研究［J］. 中国人民公安大学学报（社会科学版），2015（3）：95－96.

杭州市一家P2P平台"牛板金"就发生了类似事件,平台的前任董事孙某等四人在离职后创办企业,提出了一个融资计划向"牛板金"提出融资申请。平台基于人际关系方面的熟悉,批准了这一项目,并向投资者发售,融资资金达31.5亿元,实际被用于房地产开发。后来孙某的公司无法偿还款项,导致"牛板金"平台无法兑付投资人资金。[①] 一些人士认为,孙某与平台有密切关系,平台向其放款等同于自融,这种行为是被银监会禁止的。平台存在欺诈投资者的罪行,符合非法吸收公众存款罪的特点。也有一些人士认为,平台给孙某融资时他已经离任,融资项目计划和预期回报并没有违反监管规则,平台也采取了一些财产保全措施来维护债权。融资项目没有被正常执行,平台有一定过错,但根本违约原因不是由平台造成的,不足以认定平台实施了非法吸收公众存款的行为。这种争议的调和还需要考虑刑事政策的指向,综合判断刑事司法的社会效果。

在P2P平台整顿和犯罪行为打击中,各个地方的市场监管端、银行端、会计师和律师等中介机构端还开展了清理整顿措施、区别化的备案审核措施、资金存管措施、平台经营者管控措施等,这些都与刑事处置有关联性,需要通盘考虑。

---

① 庄兼程.网贷平台牛板金"停摆"[N].中国新闻周刊,2018-07-29.

第五章　现有的金融犯罪风险
　　　　治理手段评议

针对多发的、复杂的金融犯罪,我国从法制建设、专门监管、行业管理、金融环境整顿、宣传教育等途径展开应对,剔除金融安全体系中最恶性的部分,为系统性金融风险减压收到一定的效果。本着居安思危和针对具体金融场域采取合适治理措施的考虑,还需要对现有的一些犯罪防控思路和措施进行剖析、反思,以利于后续治理。

第一节　对金融犯罪防治总体基调的评议

一、维护金融管理秩序立场的问题

以传统眼光看待金融违法犯罪,秩序及其"秩序观"是无法回避的。秩序主要是为了方便管理,是传统以管代治的产物,包括业务的秩序、人事的秩序、内部的秩序、外部的秩序,等等。每种秩序的维护方式、惩戒手段都不同。而秩序规则时刻体现在金融监管、金融立法、司法过程中。

第一,如果一味以秩序为指针制定金融政策、指导金融监管,将会使金融安全稳定越来越依赖于监管的投入和法度的严厉,使金融体系内部秩序更加森严。我国以往的做法是注重金融机构的专营性,广泛设置金融准入障碍,不允许经济组织、个人从事与金融相类似的活动,在金融机构与客户的利益博弈中明显偏向金融机构,结果是造成一部分金融资源外溢到正规金融体系之外,与监管者捉迷藏,而被严格控制的金融体系内部也不排除会发生监管套利,例如制止各种吸收存款现象、对票据内容和流通严格管理。还有规定了打击票据欺诈、贷款欺诈、高利转贷而忽视了一些金融机构也在高出国家规定利率发放贷款,通过票据虚增信用。过去政策制定者为保护金融机构的正常运行,宁可对金融消费者多设置审批、审核,例如银行卡挂失制度从根本上是要防范存款被冒领,但同时也需要金融消费者跑多趟,甚至闹出需要证明"我爸是我爸"这类闹剧,[①]结果是固化了金融与体制的联系,割裂了金融与民众的血脉。历次的金融违法违规行为清理、金融机构整顿提出的目标都是维护金融秩序、净化金融环境,在受控状态下实现民众的金融安全。但应当看到,金融不仅是经济生活,而且也是社会生活的一部分,如果总是围绕着管制目的是否达成而运用法律武器,而忽视了金融在社会生活中是否发挥了良性作用,追求这类金融秩序的稳定实际上是影响金融公平、抑制金融市场的。

第二,历年的刑法把金融犯罪的条文纳入破坏社会主义经济秩序罪范畴,认为各种金融犯罪的客体是某种管理秩序,结合法益学说,金融刑法采取的是"秩序法益观"。有些观点认为秩序根本就不是一种适宜的法益,因为秩序并不代表利益,只是利益取得、交换、增减的前置条件,反秩序行为,例如一些灰色经济并不总是消极的,也不导致利益损害,行政处罚层面就可以应对,没有必要提升至刑法层面。即便是承认超个人法益,也不应当将秩序与法益画等号。与法益相对应的应当是所有金融关系主体的具体利益。也有观点认为随着金融主体多元化、股份化的加深,现在的金融机构更加接近于商业机构而不完全是国有的公共机构。如果按行政机关内部秩序维护的尺度来规定金融机构,或者将"一行三会"的内部行政秩序和金融机构交易秩序置于同等地位,恐怕行不通。[②] 例如,以往立法机关规定了一些针对金融机构内部管理秩序的犯罪,包括违法发放贷款罪、账外经营犯罪、金融财务会计凭证犯罪,实质上都应当属于商事犯罪,主要应当通过金融机构法人治理水平的提升来克服,而不应依赖于刑事司法。

第三,用秩序观来应对越来越开放、越来越多元化的金融显得力不从心。当前,金融与服务、金融与科技、金融与互联网的融合日益紧密,越来越多的交叉性行为可以由非专业金融机构来完成,金融垄断逐渐被打破。一

---

① 王晓易. 父亲去世,西安男子银行取钱被索证明"我爸是我爸"[EB/OL]. [2017 - 06 - 15]. http://news.163.com/17/0615/08/CMV6FTCN00014AEE.html.

② 钱小平. 中国金融刑法立法的应然转向:从"秩序法益观"到"利益法益观"[J]. 政治与法律, 2017(5):37 - 47.

些侵犯金融秩序的行为是绕过或者瞒骗金融机构而在客户身上得手的,金融机构和客户属于共同受害者。金融机构对类似诈骗活动有时还负有责任。一些民间金融游走在灰色地带,屡屡触碰非法集资的高压线。一些互联网金融行为因为得不到正式承认,反而不利于起步阶段的健康发展。同时,也有一些金融机构及工作人员背离初衷,不服务于实体经济,借金融市场化、金融自由化之名行监管套利之实,间接损害金融客户的利益。无论是监管部门还是司法机关,只能抓住一些"点"上的严重金融诈骗,而对"面"上的金融欺诈蔓延、市场混乱没有办法全面规制。只能在出现金融资产损失后才出手,而无法有效预防金融信用的损失。金融治理真正需要的是不再局限于维持管理秩序,而是扩展到交易秩序、分配秩序、竞争秩序等多个层面。

总而言之,当前的金融生态由于货币政策的宽松、金融改革的深层次推进,使得整个金融体系不缺资金、不缺机会,但最缺乏的是治理而不是单纯的秩序。金融主体的治理、金融市场的治理、金融利益分配方式的治理等方面中如果有一方跟不上,都会影响整体的治理效果。具体到法律以及刑法层面,有几个症结比较突出:一是存量信用的透支。证券保险市场上出现不少欺诈上市、虚假信息和内幕交易。二是增量信用的缺乏。金融体量膨胀,金融产品复杂,而信用设计、评价水平并没有跟上,激活不了市场。三是金融的核心利益不再是一元化而是多元化。其中既包含着政府作为经济规划制定者、经济稳定增长保障者的秩序性关切,也包含着深度卷入的市场主体、群众的创富需求。当然,还有各方都需要共同承担的金融安全。为了确保这些期望的实现,金融刑法在金融市场的准入、金融工具的去欺诈化、金融交易的公开合法化、金融收益的公正化方面进行了增修,例如针对新兴金融产品的刑法反应。但这一时期的金融刑法还是在金融圈子里"自说自话"。面对广阔的金融潮,金融监管部门管制的只是金融主体中的一部分,而外围的类金融机构例如典当行等不归金融监管部门管理。金融监管部门所监控的金融行为也只是诸多金融行为中的一部分,主要是金融机构按规定需要披露的行为,而一些未明确规定要求披露的行为(例如金融机构表外业务、理财等),金融监管部门不完全掌握。

二、金融刑法、金融监管与社会治理配伍性问题

在中华人民共和国成立以来相当长的时间里,社会治理事务主要是各级党委政府指挥或亲自操作的,难免带有一些集体意志性和管控性。一次次的集中清理整顿、严打等就是这种反映。走在刑法前面的一些社会治理措施强调的管制性因素较多,例如检查、罚款、限制业务资格。社会治理并不代表着不用集权、集中手段,但如果刑事司法和行政权力的张力将社会治理力量深度包裹起来,过分追求秩序,而且不断的循环甚至管控力度升级,参与治理的主体除了对政府的行为加以配合之外,也可能以弃权、退回等方式来消极应对,造成"上有政策,下有对策"的局面,带来治理的非正义性。[①] 如果没有及时进行社会治理的变革,在治理技能、方法、标准、教育等方面进行调整,减少强制性、控制性因素,增加共识性因素,就难以建构出"政府指导+社会合作"的秩序。

目前,金融监管与刑事司法的衔接还不够。根据 2017 年统计显示,全国各类银行追查内部违法违规经营事件,查出违规机构 2 687 个,违规人员 16.7 万人,而最终被移送司法机关处理的只有 252 人,[②]这种金融机构人员低涉案率和当前金融犯罪高发案率是不匹配的。

金融风险社会治理的长效目标是遏制金融犯罪。整个治理活动要贯穿处置违法行为、侦查犯罪案件、收集证据线索、追究犯罪分子刑事责任、弥补受害人损失、预防再犯等一长串链条。因此,对治理的协同化要求非常高。在通常情况下,金融行业所在系统、金融监管体系、公安体系、司法体系、司法行政体系构成了各自独立的治理体系,依据不同的法律、政策、内部管理规范、科层等来开展活动,相互之间也存在着一定的信息通报、所辖业务移送、配合执行等联系。但目前我国各个治理体系对于金融风险的处置基本上采取的是封闭式、保密式的方式,其初衷是避免引起市场波动和金融参与主体的恐慌情绪,同时也确保金融信息线索不外泄,不打断后续处置。因此,当民众得知违法金融机构及其人员被处置、金融犯罪案件被查办的消息时,一般都是在做出处置决定之后的一段时间。即使是后续对金融犯罪案件进行审判和善后处置,政府监管部门和司法机关对外界披露的信息也比较简单。针对金融风险的社会治理在一定程度上要突破这种模式。因为治理是众人之事,治理的体系追求开放化、互动化,能够吸取不同的利益主体

① 张康之.谋求非强制性的社会治理[J].长白学刊,2014(5):5-13.
② 李林鸾.银监会强监管持续加压,前 10 月处罚机构 1 486 家,罚款 5.92 亿元[N].农村金融时报,2017-12-01.

来表达意见、参与协商,甚至进行利益博弈,动员各类主体提供有助于化解金融风险的公共服务和私人服务,共同做出决策和行动,形成各方监督,这意味着使金融风险的处置程序变得较为开放。与此同时,针对金融风险的协同治理要尽快实现平台化,以便于统一调度、减少层级,解决职能管理和属地管理等方面带来的矛盾。

三、优先保护金融用户立场问题

金融领域包含和折射了一定的社会问题和矛盾冲突。在传统社会问题领域,作为金融资源提供者的广大民众(储户、保户、证券投资者等)在金融发展中并没有获得与其出资贡献一致的身份及相关权利,反而因为法律意识不强、信息不健全、无法一致行动、制度缺失衍生的欺诈等原因容易成为金融风险以及金融违法犯罪的受害者。如何让他们共享金融发展繁荣的成果,实现他们的获得感,是金融监管部门的职责所在,也是金融风险社会治理的重要共识。[①] 同样,作为金融资源需求者的一些中小型民营经济、小微创业型企业由于在正式金融体系中被区别化对待,在融资成本、可参与金融活动的权限等方面受到不少限制,导致一部分主体转向民间非正式金融,从事高息借贷、对价化的互相担保、联合担保,甚至卷入非法性集资、违法证券交易事件,成为金融犯罪的重要温床。如何充分实现它们的金融需求,让它们不误入金融犯罪歧途,过去对这些问题的反思不够。

当前,正规金融中最热门的业务是证券期货和银行理财业务。民间金融中最热门的业务莫过于私募证券投资基金和P2P网贷平台,行业的过热相应的也导致金融风险集聚,金融犯罪发作。有观点认为,只有给这些行业降温,让投资者接受风险教育,才能减少犯罪的根源。让这些行业的从业机构按照市场竞争机制进行优胜劣汰,将资金挤出就是一种降温方式,但在优胜劣汰过程中必定会伤及规模能力不对称的中小投资者群体,不管这些投资者是被动式卷入还是主动趋利都是违背公平原则的。这应当是金融风险治理应该充分考虑的问题。

① 管斌.金融消费者保护散论[J].华中科技大学学报(社会科学版),2010(1):53-58.

第二节　金融监管部门的角色评议

一、金融监管者多重职责问题

在我国,过去采取的是金融主管与监管的合一。金融主管部门负有管理中央和地方国资金融机构的使命(现在这一职责已划转到国有资产监督管理部门和中央汇金公司等国有独资公司上),并同时负责监管。现在,金融监管部门以监管为主导,还负有立法、统计、配合财政、发改部门推进产业政策和财政政策等职责,例如金融监管部门被安排与住房建设部门来联合推动房地产调控。金融监管部门可谓是集监管责任和发展责任于一身,在保增长和控风险上可能处于两难境地,在这种态势下难以平衡地治理。比如我国的直接融资市场过去规模很小,近年来为了拓宽企业融资渠道降低融资成本,证券监管部门支持一些上市公司通过发行公司债的方式筹集资金,一些地方性政府投(融)资平台也获准发行债券或者通过证券公司资产管理集合计划吸引资金,但对于这些相对较容易取得的资金,融资方在风险控制方面存在不少问题,时而出现债券违约预警或事实违约现象,严重损害了公司债的安全性和对市场的吸引力,带来了金融市场的波动。有些发债公司无法偿还债券,除了市场不景气方面的原因,还存在着盲目扩张,甚至卷入犯罪、损害公司偿债能力等原因。现在,证券监管部门开始收紧公司发债申请以倒逼企业重视资产负债平衡,并遏制由此引发的金融风险和犯罪现象。

目前,一大批房地产企业在贷款审查趋向严格的情况下,希望通过发行债券来补充经营资金,并用债券募资偿还部分银行借款,但这种做法并不能从根本上降低企业的负债率,而且债券发行还可能增加一些担保债务,会进一步限制企业资金的流动性。2018 年 5 月,证券监管部门对在我国香港地区上市的四家房地产企业的发债申请做出中止审批的决定,涉及碧桂园房地产集团的 200 亿元发债申请;富力地产集团的 60 亿元发债申请;花样年控股公司的 50 亿元的专项债券发债申请;龙湖地产公司的 80 亿元发债申请。[①] 在此之前,房地产上市公司泰禾集团的非公开增发股票申请也被证监

---

① 刘毅. 碧桂园 200 亿公司债再度中止 地产债遭机构大量抛售[EB/OL]. [2018 - 06 - 06]. https://www. wdzj. com/hjzs/ptsj/20180606/655267-1. html.

会发审委中止审查,泰禾集团公司在 2015 年刚刚完成 40 亿元的股份增发,但还未能缓解资金紧张。2016 年 5 月申请向 10 名战略投资者非公开发行 5.35 亿股股份,筹资 98 亿元,用途为投入北京市、深圳市的房地产项目以及偿还金融机构贷款,其中有 1/3 的融资额用来偿还贷款。从证监会的态度中可以推断出从二级市场上融资成本低于从金融机构的借款应该是被证券监管部门所鼓励的,但是监管部门认为融资应该是用来补足公司的核心资本,以增强公司的抗风险能力。如果公司用资本金来置换作为公司债务的金融机构贷款则损耗了公司的资本充足性,故潜藏着一定的风险。由于增发是针对特定的股东,而且是与公司有密切关联关系的股东,他们对公司的经营管理负有更加重要的责任,须对增发后公司股票价格的波动承担风险责任,如将这种风险转嫁给未参与增发的普通股股东,则是不公平的。[1] 2016 年 9 月,泰禾集团修改了增发方案,减少了融资金额,并决定不用增发募集款项来偿还金融机构借款,证券监管部门最终没有批准这一计划。

二、金融监管有效性问题

我国过去的金融监管首重的是机构监管,管准入、管金融机构高级管理人员;其次是行为监管,管业务审批、调控金融规模、处罚违法违规。这些运用的往往是行政指令,强政府模式的确能够给过热的金融市场降温。经过近几年的整治,过去比较兴旺的银行理财、委托贷款、同业经营等规模都出现了下降,互联网金融平台的整治也使得资金流入量、融资成交量减少,为消化存量业务的金融风险赢得了一些时间。但是业务量减少是否也代表着金融风险的同步消融,抑或因为阻断了"马太效应"而使一些金融风险集中和提前爆发,恐怕情况不太乐观。而且随着金融市场开放、金融机构混合所有制改革的推进,昭示着金融市场的活跃与否、金融主体经营效益好坏等问题从根本上是由市场来决定,而不是靠政策刺激。金融主体只有能主动适应市场,在竞争中避开被淘汰、被兼并等风险,才是合格的金融市场参与者。作为监管体系和监管部门,其工作核心应该归于一点,即重在防范风险。

---

① 李晓青.泰禾 70 亿定增中止审查,今年来已有多家房企发债融资遇阻[EB/OL].[2018-06-13]. https://www.thepaper.cn/newsDetail_forward_2193271.

三、金融监管独立性问题

金融监管部门对金融机构或地方政府驱动的金融行为能否实施独立的监管,金融监管部门能否做到应管、尽管是一项重要的原则性问题。在英国最新金融监管体系设计中,政府作为规划者负责制定金融服务的目标和金融稳定的规划,同时设立独立专业的金融稳定管理局,由议会拨款,法律规定其功能,把涉及金融稳定和服务监管、投诉等事项交给这一专门性机构,监管目标独立于政府的施政。专门化的监管机构还对金融从业人员资格、金融业务规范等方面开展认证和监督。

我国的情况相对复杂。第一,现在一些政府部门对金融机构保留一定的权力尤其是在投资权和人事任命权方面,这种权力与监管权力是共进抑或是博弈都有可能。一些金融机构也对政府部门有较强的利益依赖,尤其是一些金融机构的地方分支。各种权力部门如果在金融安全方面强调各自利益,进行有害性协调则不利于金融稳定的实现。第二,金融监管部门的工作作风和监督制约方面还存在衔接。根据有关学者针对全国银行管理人员所做的 400 多份问卷调查显示,监管对象对当前监管部门人员的职业操守和监管的透明度最为关注,信心指数也不高。[①] 加之近期我国证监会、保监会、银监会都出现了高级管理干部职务犯罪的事件,造成了民众对监管有效性的外部质疑。第三,有些学者批评我国现在还存在着一些选择性执法的现象。首先是执法投入不足,成本较高,一些预期的管制目标不可能全部实现。其次是受到外部形势和领导者个人意志的影响,搞运动式执法、周期性执法、避重就轻式执法。例如一些地方的金融监管部门被要求配合地方政府抓 GDP 增长,吸引外来投资的目标,就可能陷入选择性执法的泥潭。还有一些地方政府及金融监管部门惧怕风险暴露,引发问责而消极执法。在几宗 P2P 网贷平台违约类事件中金融消费者和公共媒体能获取的信息早于监管部门、多于监管部门。在一些案件中,媒体和网络能够在较早时间预警某些平台近期会"爆雷"(关门倒闭),而监管部门并没有提前采取预防性行动。第四,有的观点认为我国金融监管部门对金融机构征收了一定数量的

① 赵峰,付韶军,杜雯翠.中国的金融监管治理有效吗——基于中国银行业的问卷调查[J].财贸经济,2014(8):49—61.

监管费,做到地位超然不容易。第五,在现在的监管架构中,银保监会、证监会属于国务院事业单位,不需要对各级人大及常委会负责和报告工作,不由人大任免,公众难以查询到监管部门的职责和人员变化情况。根据《政府信息公开条例》的要求,监管部门有义务主动公开或依申请公开各种监管规章、规范性文件、行政审批程序和结果、行政立案调查结果、行政处罚程序结果、金融统计数据。目前对于行政立案的调查过程还没有公开。第六,有些人士也指出,金融监管部门内部设有监察机构,制定了《约法三章与员工守则》,拥有查处监管人员违法违纪行为,但这只限于内部处罚,级别较低,处罚结果也不够公开、透明。

四、复杂金融形势下全面监管问题

长期以来,银行类金融机构,证券公司、保险公司、信托投资公司、企业财务公司等公营金融机构和各种民间金融组织热衷于开展资产管理、理财等方面业务。对银行而言,资产管理业务不在表内监管,而且不受固定利率制约。对于证券业来说,在证券市场交易额不景气的情况下,委托资产管理能够带给证券公司巨大财源。保险公司更是资产管理业务的急先锋,由于原中国保监会负责人的草率决定,保险公司获得授权运用保费开展了大量的股权投资,还可以销售所谓的投资连结险、投资分红险,这些险种实际上就是资产管理业务。对于信托投资公司而言,资产管理已经成为主要业务,其客户遍布房地产行业、交通物流业、制造业等。对于民间金融组织而言,通过资产管理形成的私募基金力量越来越大。但正是这种资产管理业务是在原银监会监管范围之外,而原保监会对其大开绿灯,证监会则只关注证券公司的部分资产管理业务,市场监管(工商行政管理部门)只负责审批民营金融组织的开办资格,不审批其具体业务,如此依赖就形成了很大的监管空白,导致银行突破信贷规模限制,变相、违规给企业融资,保险公司、民间金融机构有成为影子银行的趋势,也导致了资产管理项下的资金大量流向房地产业等行业,导致企业债务杠杆率攀升。给全面监管、穿透式监管带来不少困难。

对一些创新金融形势和品种,监管部门对机构数、业务规模、增速等方面没有准确地收集、联网和监测,在大数据等工具的使用上比一些民间中介机构略逊一筹。例如对 P2P 网贷平台的统计,各种新闻媒体报道通常引用的是"网贷之家"这一营利性网站提供的数据,而没有使用银监会等部门提供的数据。而所谓独立机构提供的数据中,一些敏感信息通常被遮蔽或者只是部分被披露。

五、金融行业组织约束力问题

金融行业组织是金融监管部门主持组建的,也是监管部门开展治理的助手。当前,部分金融行业协会在对所属会员单位的支持、代言中一度出现"各讲各理,各管各孩子"的现象,反而有损金融市场整体安全,监管部门对此现象没有明确表态。比较鲜明的例子是,目前一些银行证券、资产管理交叉领域增多,P2P 金融业务、私募投资基金业务均会涉及托管银行、受托银行等法律事务,在基金运营者未合法使用募集资金或无力按期兑付陷入违法犯罪时,基金运营方、托管银行各方责任分担成为争议焦点。[①] 由于某些方面的法规规章还存在模糊点,各方均寻求监管部门和行业协会来释明政策,例如托管方是否有义务代为行使管理人权利,进行财产保全;是否应参与认定处理债权债务等问题。代表证券投资基金行业的中国证券投资基金业协会的看法是,托管银行应当牵头进行管理失控基金的稳定和拯救工作,保护投资者权益。而代表银行业的中国银行业协会的看法是,托管银行不应当成为基金法律事务的主要当事人,无权介入基金权益处理。基金业者和被牵连投资者的共同立场是希望能将托管银行等正规金融机构拉进债权债务处置圈内,以增加偿付能力。但作为托管银行而言,自然不愿意承担额外风险。因此,各方都非常认同和支持所在行业协会的立场。需要反思的是,金融行业协会本应立足于金融投资纠纷及犯罪综合治理的立场,在坚持行业自律的同时激发所联系成员单位在金融风险治理上的动能,充当好共同行动联络者的角色,而不能避讳关联性的风险治理责任。尤其是在部分金融从业机构和人员涉及较为复杂的刑事犯罪案件时,行业协会如果用起初的合同约定以及相应民事法理来为成员开脱,就背离了捍卫金融整体安全的初衷。

---

① 平一.商业银行私募股权投资基金托管业务的法律风险防控[J].中国城市金融,2011(9):54-56.

第三节　金融机构犯罪防控措施评议

一、商业银行风险控制意愿及幅度问题

（一）金融监管局部失灵问题

已有的监管措施在某些场域显示出管制失灵的危险信号。具体表现如下：第一，银行业监督体制分工不清楚，尺度不一致。全国性商业银行总行的监管由中央银监部门负责；商业银行分支机构一般采取上级银行和地方监管部门双重监管的体制。但近期相当一部分的商业银行分支机构在行长的率领下整体出现违规犯罪问题，譬如浦发银行成都分行、民生银行北京航天桥支行、广发银行惠州分行等。而且这几家银行首先是由外部举报、媒体报道而不是内部稽核才发现风险的，这说明两重监管也没有管住这些银行"地方诸侯"。第二，在商业银行内控方面，银监会要求执行一级法人体制，限制分（支）行的民事行为能力。但现实中分支行在金融活动自主权上非常宽松，只要分（支）行长拿业绩作为挡箭牌，上级机构就难以有效约束行长。即使业绩不好的分支行，由于委托代理层次过多、链条过长，故一些信息难以到达上级，也容易成为独立王国。[①] 第三，在监管内容方面，银行体系内长期秉承监管部门考核什么就对下级要求什么的行事方式。比如近几年，银监部门对金融同业、保理、担保、银信业务、理财业务等考核比较松，银行也大幅放权到基层网点，导致一放就乱的局面。农村金融机构一般由省一级的银监部门审批，其"门槛"相对较低，监管部门在检查、核查方面和其他商业银行手段类似，但没有考虑到农村金融中参与创建的一些企业股东不擅长金融业务，他们关注重心不在防范风险，而在经营数据是否好看，同时农村金融机构的熟练金融管理人员也较传统型银行缺乏。第四，现在银行体系经营着多种业务，既有信贷，也有理财；既有银保、银证合作，也有银行与互联网金融科技公司之间的合作。如果针对银行不良资产和理财只是分别拿出一些管制措施来头痛医头、脚痛医脚则不能解决根本问题。

（二）商业银行信贷质量计量口径的准确性问题

企业本应是敏感的风险主体，在正常逻辑下，无论是新老风险，如果企

[①] 姜建清.国有商业银行分支机构管理问题研究[J].金融研究，2001（9）：1-17.

业在技术进步上有实质性突破,并将创新优势转化为产品优势、市场优势,或者根据经济形势收缩规模、减少支出,风险就相对容易消化,金融机构也可以减负。但现在一些企业对持久的保持高速增长过于乐观,忽视了外部市场环境的风险。有一些企业干脆脱实向虚,出现逆向操作的问题,即市场越复杂,盈利能力越不确定,企业越增加金融杠杆,例如进行资本并购操作、增加负债率,企图做大规模。金融机构和影子银行昧于利润,忽视风险控制纪律,继续帮助企业增加杠杆,这就牵扯出我国传统以投资拉动、银行保驾增长方式的弊端。如果不转变经济增长方式,实现协调发展和绿色发展,这类不对称矛盾还会继续集聚,成为背信犯罪的诱因。

根据通行的贷款五级分类法,过去商业银行通常将逾期 90 天以上的贷款划分为五级中的第二级"关注"类贷款,在某种程度上隐藏了不良贷款,尤其是 2017 年兴业银行成都分行暴露出将大量问题贷款分拆,由关系企业"顶包"的恶性事件,促使监管机构加强对商业银行不良资产的查核和曝光力度。2018 年以来,监管部门要求商业银行准确执行贷款分类规定,原则上规定将逾期 90 天以上的贷款计入"次级"类贷款,加大处置的力度。这一规定实施以来,商业银行不良贷款数量出现了变化。[①] 根据 2018 年 5 月末的统计,全国商业银行不良贷款余额为 1.9 万亿元,不良比率回升至 1.9%,比 2018 年初增加 3 800 亿元。还有一项数据也值得警惕,即商业银行信贷统计口径中有一项是逾期 90 天以上贷款与不良贷款的比率。2017 年以前这项指标一直高于 100%,说明逾期 90 天以上的贷款中有一部分没有被计入不良贷款,2017 年以后这项指标缓慢下降,到 2017 年年底,两者的比率下降至 97%,但在不同银行之间差距比较明显,例如中国建设银行公布的逾期 90 天贷款/不良贷款比率是 58.5%,为全行业最低,意味着建设银行将所有逾期 90 天以上的贷款都计入了不良贷款。而华夏银行的比率数为190.95%,这意味着华夏银行有大量的逾期 90 天以上的贷款没有被计入不良贷款。民生银行、平安银行等全国性股份制银行和一些城市商业银行也存在此类问题。[②] 说明商业银行对自身贷款质量的评估和监管机关的期望之间存在一些差距。

---

① 张寿林. 监管明确逾期 90 天以上贷款全部计入不良[N]. 每日经济新闻,2018 - 06 - 10.
② 龚奕洁. 银行业不良率升至 1.9%,不良贷款加快暴露[EB/OL]. [2018 - 06 - 20]. http:// bank. hexun. com/2018-06-20/193238999. html.

根据财政部、银监会联合发布的《金融企业不良资产批量转让管理办法》规定，商业银行面向个人发放的购房、购车、教育助学、消费贷款、信用卡透支债权不得进行批量转让。当前一些商业银行为了降低不良贷款率，就通过曲线方式将此类贷款打包转让，或者混入其他个人独资企业、小微企业经营性不良贷款中一并转让，银监会对招商银行、浦东发展银行、兴业银行等检查中都发现这个问题。在银行眼中，这类债权清收成本高，对债务人也没有行政处罚或人身强制措施可以采用，不如标价出售给资产管理机构清收。而监管机关则认为，这类贷款出现不良，既有借款人失信原因，也有商业银行贷款前审核、贷后管理方面的失误，不能一转了之，从而掩盖了不良率。同时这类贷款中有充分的保证和抵押，回收率比企业经营性贷款更高，可以由商业银行自行处置。如果贸然集中转让，会助长废债之风，并可能对一些信用卡诈骗、贷款诈骗犯罪形成放纵之势。

总之，在复杂的宏观经济环境下，商业银行的这些未如期收回贷款中潜藏的风险不可低估，如果没有对借款人形成一种紧逼的态势，或不愿意迅速通过司法程序来解决贷款债权，借款人在贷款失信和偿还压力之间权衡的结果有可能是消极逃避债务，甚至可能利用一定的时间或空间转移有价资产，或者以贬值的资产来抵债银行的现金债权，同时采取伪造会计凭证、制造意外事故等方式来掩盖其恶意逃债的行为。有些银行信贷人员出于自身业绩考虑，与债务人恶意勾结来应付上级的检查，将贷款无法偿还的事实尽量拖后暴露。在这一来一往之间，贷款诈骗犯罪就悄然而至。

（三）商业银行高度迷恋存款的负效应问题

我国的商业银行无一例外地对存款有非常强烈的需求，在吸收存款上各显神通。有些银行重操高息揽储的旧招数，一些银行工作人员因此触犯非法吸收公众存款罪。迷恋存款的原因除了银行之间的规模竞争，更深层次的原因就是规避中国人民银行的存贷比限制。中央银行要求商业银行从所吸收存款中缴存一定比例的准备金，目的是一方面保障兑付安全，另一方面可以调控商业银行的信贷池。在经济面临过热的警示下，中国人民银行规定的存款保证金达到15％左右。为此，商业银行只有多增加存款基数方能被获准多发放贷款，这样既可以创造利润，也可以弥补因拉存款而多支付的营销费用。金融业者和研究人员对我国的《商业银行法》以及监管实践中实行的固定式存贷比提出过一些批评意见，指出银行存款金融余额在一定期间内出现波动是正常现象,如果以此来锁定商业银行能够开展的信贷业务规模,虽然避免了商业银行可能发生的因资金全部借贷出去而无法兑付储户存款的挤兑风险,但是也限制了商业银行的灵活经营。① 而且应对客户挤兑更需要商业银行有充足的核心资本,以及有完善的存款保险制度,给储户吃下定心丸,不能单纯要求商业银行多吸收存款。再是,现在存款保险制度正在逐步实施,商业银行的存款准备金主要的兑付保障功能已经被替换,但次要的信贷调控功能不能按照旧的思路去运作。银监部门在听取了这些意见后,进行了修正。2014 年 9 月,银监会曾下发《关于加强商业银行存款偏离度管理有关事项的通知》。2018 年,银保监会下发了更为细致的规定,提出一些差异化管理的措施。例如规定对商业银行每月存款完成情况进行考核,而不是只考核每个季度末的存款余额,商业银行不再为了季度末的时点而拼命"冲存款"。同时,银监部门引入了动态考核的思想,强化考核商业银行日均存款余额指标,允许商业银行在不同时间段可以有一定的偏离度,即某些日子存款余额下降但下降幅度不超过警戒值(设定为日均存款的4%)时,仍然认为商业银行存款余额达到了考核要求,以导正商业银行规范吸收存款、合理开展业务,不搞违规吸收存款、搬运假存款的行为。即便有了这样的政策调整,但"存多少、贷多少"的底线是不会放弃也不能放弃的。监管部门和商业银行两者能否同向而行是保持商业银行健康规模的关键。监管部门的使命是指导银行合规经营、防范风险。银行自身也要有切断风险、保护资产安全的自觉意识。但同时银行也是利润主体,要接受股东和上级的绩效考核,这就要求银行自身的考核目标和内容不能违背风险管理的本意,例如不能只重视存款规模、存款净增率、市场排名等指标;不能只重视特定时点存款而不注重日常存款的稳定性;不能助推房地产、股市、互联网金融中的泡沫。银行对分支机构的考核不能背离市场、层层加码。

(四)对商业银行行政处罚不力的问题

针对一些商业银行背离稳健经营宗旨,违规开展业务活动、欺诈金融消费者的现象,监管部门使用了频繁的行政处罚措施。根据银监会统计,从2012 年—2017 年,银监会对各家商业银行实施了多次行政处罚,罚款金额累计达到了 24 亿元。从中也不难看出,商业银行存在屡整改屡违规、屡受

---

① 郑春利. 存贷比监管政策分析与改革建议[J]. 经济视角,2013(11): 119 - 120.

罚屡踩红线的状态。也可以说,商业银行和监管机关之间在拉锯,那么,处罚的合理性、正义性有没有问题?[①] 比如银监会对商业银行乱收费的处罚。2012 年银监会提出了"七不准"的禁止性规定,即不准以贷转存、不准存贷挂钩、不准以贷收费、不准浮利分费、不准借贷搭售、不准一浮到顶、不准转嫁成本等。这是一个行政规范性文件,没有上升成为法律、法规。

　　2014 年后,国家发改委、银监会等部门联合制定了《商业银行服务价格管理办法》,对于商业银行垄断性以及不合法收费的处罚更加细致。为加强执法中的识别能力,2016 年国家发改委制定了《商业银行收费行为执法指南》,为执法提供了更多的细则,越来越细致的执法依据并没有消除执法中的被动之处。首先,执法依据主要是发改机关制定,或者由发改机关牵头,联合金融监管机关制定,但执法检查主要是由金融监管机关来实施,执法者不立法,有其限权的考虑,但也有掌握不了执法界限、解释不了执法细则等问题。其次,商业银行由于其垄断地位在经营活动中不断翻新收费花样。从贷款账户管理费、手续费到财务顾问费、项目顾问费、理财顾问费,等等,名目繁多、手段隐蔽。一些商业银行营业分支机构抱定了"只要上面不查,我就收费""上面检查过了以后,我再收费""这一笔贷款不收费,后面的贷款再加收回来"等想法,淡化了金融监管部门的禁令。而作为用款方的企业和个人,是永远也不想得罪银行这尊"财神爷"的,这就会隐瞒掉相当多的违法收费线索。这种乱收费阻碍了金融市场化的深化,加大了借款人通过其他渠道来弥补贷款额外增加成本的冲动。实践中,一些企业通过附加费支付换取了贷款机会后,就在使用贷款上动"歪脑筋",常用的手段是改变贷款用途,将原来用于补充生产经营流动资金或从事产品研发的贷款挪到能够更多、更快营利的房地产、金融行业中(例如去购买高利息理财产品、参与资产管理计划)。有的企业干脆充当二次贷款人,将贷款转借给其他企业,赚取更高的手续费。有的企业甚至采取"贷到就是骗到"的极端手法,在获得贷款后将贷款"搬家",千方百计地不偿还,或者以抵押物来清偿,这些都不同程度地影响了贷款质量,推高了商业银行不良资产比率。再次,近期金融监管机关做出的行政处罚中不乏双罚的例子,即同时对涉事金融机构和负责

---

① 邢会强.商业银行的公共性理论——兼论商业银行收费法律问题[J]. 现代法学,2012(1):96-102.

人实施罚款,以追究领导责任和审批责任。这部分体现了问责精神,但银监部门并没有持续关注商业银行的后续问责行动,也没有要求商业银行必须将受处罚的金融机构职员调离关键岗位,重新审定任职资格。这种"一罚了之"的做法并不周全。

(五)金融创新与金融犯罪防控的步调协调问题

金融创新的核心是科技创新。在银行等传统金融机构中,电话银行、手机银行、网上银行、自动柜员机等设备设施越来越普及,既减少了银行员工的工作量,也降低了银行的用人成本。随着人工智能的广泛应用,国外的一些投资银行尝试将机器引入较为复杂的金融咨询、财富顾问、资产管理、交易业务中。例如德意志银行近几年已经裁员近 4 000 人,美国花旗银行集团准备在五年内减少雇用 10 000 名左右的技术和运营人员,用机器代替他们的工作。我国部分金融领域也在积极推行机器换人。① 这将改变金融机构和客户的传统服务和沟通关系,但也应当看到这类现象对金融风险防控带来的挑战。首先是金融风险识别能力的钝化。金融机构雇员对于金融数据的分析、推算速度远不如机器人,但他们经过培训和实践后能够有较强的风险识别意识,可以从客户身上或者客户的文件、账目中发现一些风险线索,而金融机器人尚无法与人类并肩。其次是对金融安全科技的依赖度将空前提高,如果有个人或组织在金融体系内植入恶意计算机程序,或者侵入金融机构交易网站,通过技术手段骗过担任业务经办角色的金融机器人,将会带来无法预估的后果。尽管金融行业乐观地认为下一代金融场域将会是区块链引领、点对点、多中心的布局架构,但是不是所有的数据都掌控在金融机构的数据中,也不是由金融机构作为唯一的信息真伪判断者,这些构想的最终实现以及技术方面的支撑条件还比较模糊,对金融机构信息数据安全网运转的负担也会加重。

传统金融的改革、新型金融业态的出现意味着金融创新的推进。从供给侧来看,人民群众除了希望得到创新金融产品之外,也需要维持一些便民、安全的传统金融产品的供给。一些国有商业银行为了提升上市公司绩效、压缩人力资源成本,采取了一些撤并金融网点、减少服务窗口的措施,给诸多储户尤其是不善于操作信息化金融业务的中老年人带来了诸多不便。

---

① 刘镁练.花旗银行发出严肃警告:低端岗位将被机器人取代[N].华尔街见闻,2018-06-12.

由于跟进措施的缺乏、监督保护储户利益意识的松懈，在一些银行网点还出现了游说储户在柜台边购买保险产品、理财产品的现象，一些分辨不清是银行自营业务还是代理业务的储户因此产生误解，甚至被卷入诈骗犯罪中。

（六）违规违约行为犯罪化的问题

金融机构尤其是银行的核心业务可以简略概括为"借贷周转"。在资金供求关系链条的两端，一边是借，一边是贷。相比而下，"借"更偏向于是一种民事行为；而"贷"是一种商事行为，具有营业性、营利性等特征。资金在流出过程中易受损，原因包括市场因素和管理因素，后者即贷出方要仔细考虑是否发放贷款、向谁发放贷款等问题，选择好借款人。近年来，我国通过贷款分级管理制度、贷款授权授信制度来帮助资金贷出方建设内控、规范行为、降低风险。随着金融内控体系建设的完善，商业银行的信贷风险控制能力得到了提升，但在经济下行环境下，商业银行的不良贷款比例又呈现上升趋势，就连大型国有银行的不良贷款率都已经逼近 2%。各界都在呼吁，对贷出方的监管和风险防控要格外加强。针对贷的行为，我国《刑法》规定了违法发放贷款罪、高利转贷罪等，指向的是出借对象、出借程序以及出借回报等，主要考虑贷方及其代理人是错误履行职务而不是故意侵占信贷资金。与针对借的行为相比（《刑法》为此规定有：集资诈骗罪、贷款诈骗罪、非法吸收公众存款罪等罪名，指向的是"借"的资金来源、获得借款方式、资金使用方式等方面），贷这一方主体的刑责要弱一些。即使采取的是弱刑法规制，现在也还一定程度地存在着罪名空转的现象，例如《刑法》第 175 条规定：以转贷牟利为目的，套取金融机构信贷资金高利转贷他人，违法所得数额较大的，构成高利转贷罪。但迄今为止，这个罪名的司法实例并不多，这就引发了针对贷款行为和贷款利率进行刑法规制牵涉的形式正义问题。[①]

首先，是从金融机构获得贷款后转贷的违法严重性。转贷的实质是改变当初承诺的贷款用途，并占有贷款的潜在机会收益。从贷款合同的构成来看，金融机构会和借款人约定贷款用途，并在合同中声明违反用途使用贷款构成根本违约，其初衷是保障贷款安全以及保证贷款投放符合国家的产业政策和金融支持实业原则，这对借款人具有民事约束力。为了强化这种约束力，我国《商业银行法》《贷款通则》等进一步规定不得改变贷款原定用

---

① 刘宪权. 高利转贷罪疑难问题的司法认定[J]. 华东政法大学学报，2008(3)：39-45.

途,应加强信贷检查,此举使贷款用途的规定具有了行政约束力,那么有无必要继续对贷款用途改变之行为施以刑事约束力呢? 单从商业结果来看,贷款用途的改变不一定加速贷款的损失,动摇的主要是商业信用,最多只能选择性的惩治。立法中使用了"套取金融机构信贷资金"来实现选择性适用的目的,但没有进一步说明如何解决证明困难的问题,例如是借款人在贷款申请时就起意转贷,还是因一定原因造成借款闲置。

其次,是高利转贷给他人的行为恶性。由于金融资源的稀缺和竞争性,借款人手中可以出的牌包括优良的信用记录、雄厚的资产保证、可靠的用款计划以及愿意付出较佳的资金占用利息。借款人也会算计资金使用的成本。当借款人不考虑成本进行借贷时,主要是两种情形:一是无法从正式金融渠道获得资金,我国中小企业遭遇的借款难就是典型表现。另一种可能是借款人极度投机,将资金配置到高风险环节或者背弃信用约束,无偿还贷款的打算。除去后面一种情况,借款人在精算后认为能够承担资金使用成本的才会去寻求借贷,而不是被强迫交易去借贷。为此,前手借款人在自身承担利率成本的基础上抬高利率、转嫁成本不应被妖魔化。因为同样是金融机构,在向同行业拆借资金弥补头寸不足时也要付出比同业存放利率高出不少的利息。而在民间,高利贷现象也有一定市场,不能一概判定高于利率的收益就是违法的。只能认为这种抬高资金成本的行为对宏观经济运行带来了负面影响,构成资金流通服务范围下的非法经营。正因为如此,高利转贷罪这个罪名才陷入门可罗雀的尴尬。

再次,是罪名的普适性问题。[①] 可以明显地看出,高利转贷罪是针对特定的金融机构设置的罪名。金融机构有各自的生存法则,金融机构给予出资人优惠的利率报酬能够提高存款人储蓄意愿。在这方面,小型化或民间金融机构似乎更有压缩成本的优势,但在市场竞争环境下,中小型金融机构容易被强者猎食。相比之下,大型国有金融机构在投资评估能力、融资能力、资金流动性持续能力上明显胜出一筹,但是大型金融机构的资金配置效率不一定高,而且会面临致命的内控漏洞。高利转贷罪在当初立法时主要是针对国有大型金融机构信贷业务多,借款人取得贷款后私改用途的行为。以中小金融机构只有能力向小型客户提供信贷服务的状况来看,它们信贷

① 姚万勤.高利转贷除罪化实证研究[J].政治与法律,2018(3):39-48.

活动中的高利转贷行为少之又少。处于优位的大型金融机构需要刑事法律保护,小型金融机构、民间草根金融机构反而不列入保护范围似乎于理不通。由于对贷款收益的金融管制没有放开,商业银行存在着"贷给谁都一样"的心理落差。一些营业机构没有去高利转贷,而是通过以存引贷,设置苛刻贷款条件等方式从借款人那里寻租,这些行为同样干扰信贷秩序,也被银监会公开宣示禁止,可否论罪? 答案是不言而喻的,刑法不应当过分干预,应当允许金融参与方在维护金融信用秩序、保证资金安全和承认市场规律、容许资金损失风险之间寻求平衡。

再将眼光转到违法发放贷款罪,需要考虑的是小额贷款公司、互联网P2P 贷款平台是否也应适用违法发放贷款罪? 从系统性风险的角度来看,小额贷款公司、互联网金融的资金流通量远远无法与商业银行比肩,但这两者与正式银行借贷在借出资金目的和利率上没有本质区别,核心差别是借出资金的来源问题,这又回到了资金的所有制色彩和存款类金融业务垄断经营的问题。从造成资金损失的角度讲,无论是谁操作贷款业务,造成了损失都应当追究业务过失,这种业务过失是需要用金融刑法来调整还是应归入到其他商业犯罪范畴,还需要有一个选择方案。未来的趋势应当是不针对金融机构因人设罪,而是需将出借资金过程中的渎职、失职作为一种商业行为来看待,承担公司经理人应当承担的法律责任,从而使各类金融机构信贷管理人员的责任、义务同等化。

与商业信贷类似的还有信用卡贷款债务问题。随着部分青年社会群体消费观的变化,刷卡消费、分期付款消费越来越普及,也出现了相当数量的用卡人拖欠银行信用卡到期(透支)金额,经银行电话、短信、上门催收后仍未能归还的案例。据统计,2018 年,各大金融机构的信用卡逾期贷款额超过 700 亿元。[①] 有些银行向公安机关求助,要求以信用卡诈骗罪立案以增强威慑力,促使用卡人还款。实务界一直对该罪名存在争议,尤其是对信用卡诈骗犯罪主观方面要求"以非法占有为目的"的理解。对于持卡人否认欠账、隐匿行踪、转移资产逃避催收的,或者将资金使用于非法活动的,多数赞成可以视为其具备非法占有目的。而对另一种类型,即信用卡消费金额明显高于个人收入水平,尤其在无稳定收入来源、丧失偿还能力期间大量通过

---

① 苏洁.信用卡逾期超 711 亿,逾期半年信贷总额 8 年翻 8 倍[N].每日经济新闻,2018 - 05 - 29.

信用卡透支来维持营业运转和个人生活开支的行为,是认定为无法履行信用卡合同还是认定为非法占有目的有不同的看法,其中认为不构成信用卡诈骗的意见逐渐增多。其主要理由是:从操作流程上看,银行在审批信用卡及信用额度时要求申请人提供资金流水和收入情况证明,这意味着银行对客户对还款意愿、还款能力进行了评估,对申请人在用款期间的资产变动、还款能力变化有一定的预判。如果银行最终批准了申请人的办卡申请,则代表银行对用卡人的偿还意愿和能力都概括承受。在用卡人出现危机导致信用风险时,银行应当尽可能地进行资产保全,而不是动辄申请用刑罚手段来进行风险代偿。站在加强金融犯罪社会治理的立场上这种看法比较中肯,即使银行倾向于使用刑法手段来保护信用卡债权,但信用风险仍未消弭。银行应当借助治理思维来处理与信用卡客户之间的关系。

二、证券犯罪打击力度和速度问题

金融风险治理行动本身要消除泡沫。在证券市场规范整顿中,不少投资者对一些上市公司的诡秘资产处置、股份增发、营利分配行为提出质疑,有的财经媒体也进行了跟踪调查,等待证券监管机构落槌发落。证券监管部门和证券交易所近年来对上市公司违法线索进行调查的案件数量确有增加,各地证监部门在 2017 年完成了 224 件案件的调查并做出了行政处罚,实施没收和罚款经济处罚共计 74.79 亿元,实施证券市场禁入资格处罚44 人,很多案件是历年陈积下来的。[①] 主要批评声音如下:一是认为花费时间过长。通常要花费两三年,甚至更长时间才能见到证监部门的处罚决定,有些涉嫌内幕交易的人员有足够时间转移资产,甚至出国避风头。二是处罚结果不令人满意。证监部门认定的涉及内幕交易、操纵市场的盈利额与市场中股票价格异动的幅度和一些投资者尤其是中小股民跟风投资所带来的损失程度相比有不小的落差,投资者往往觉得证监部门没有追深、追透。同样,现在证券监管部门对被查出的证券经纪人违规炒股行为采取的是没收违法所得,并处以 3 倍罚款的严格处罚,但是没有能解决查证过程、违法交易的笔数核对,以及实际账户持有人和证券经纪人之间的分工关系等现实问题。三是不少案件都存在没有后续信息的问题。例如数年前,上

---

① 王全浩.证监会从严监管:2017 年 224 张罚单 IPO 过会率降 12%[N].新京报,2018 - 01 - 03.

市公司獐子岛股份发出公告,称公司发现之前在海底养殖区播种的扇贝种苗全部绝收,造成公司未来财务收益大幅度减提。这则公告引起了投资者的质疑,要求调查公告内容的真实性以及整个事件的内部逻辑性,但该公司最终未能拿出令人信服的调查结果。

在内幕消息的知晓者和利用者中,证券公司内部的证券经纪人、理财经理为数不少。对于此类人员的异常表现,例如专门打听某些客户的个人信息、收集某些股票的信息、经纪人收入和消费情况的异常变化、与同事之间的聊天交流内容等,证券公司可以通过内部的视频监控、办公电脑系统使用记录、员工情况反映等渠道收集和分析并报告给监管机构。但现在有些证券公司为吸引客户,增加投资的热情,往往会容许公司内部存在明星经纪人、热心客户经理等人员,对他们的越界行为"睁一只眼、闭一只眼",不会以公司规章制度去约束员工,也不会主动向证券监管部门报告。作为客户,多数抱有依靠证券公司内部人炒股会稳赚不赔的幻想,与经纪人员之间容易产生利益关联,且不排除和证券经纪人员的私下交易。

三、金融控股公司风险管控模式问题

金融控股公司比单一金融机构业务多,比实业控股公司资产大,存在多层次工商注册、子(孙)公司众多、股权结构复杂、业务类型多元、资金管理调动复杂、业务管理和人员管理工作量大、管理集中度难、经营效益难以准确衡量等问题。同时金融控股公司的品牌比较单一,如果某一项金融产品出现问题,对整体品牌影响会比较剧烈。对它们的监管和预防犯罪,是一项新挑战。

第一,在前置性审批上面临两难。审批得少金融牌照越稀缺,聚敛金融财富更容易,不注重服务于实体经济,脱实向虚倾向明显;审批得多市场会更混杂,竞争会更无序,监管力量也跟不上。现在有部分金融控股公司通过杠杆效应以小额资本进行收购、控股其他产业部门,使实体产业成为金融业的附庸,看似规模庞大、风光不已,实际上确使各种风险加剧集中和交叉。有的金融控股公司业务链延伸过长,开展了一些不熟悉或尚未得到批准的金融业务,甚至成为境外热钱流入境内的渠道和境外金融风险转嫁到国内的二传手。

第二,金融控股公司的监管模式设计上还没有章法。对庞大的金融控

162 | 金融犯罪风险高发场域的社会治理路径研究

股公司监管要抓住"牛鼻子"才行。对母公司而言,金融控股集团子公司、事业部之间的关联交易、交叉销售、增加杠杆、风险对冲是业务的难点,它会引起风险传染与集中,这时金融控股集团总部的集中管控能力尤为重要。按照美国式"伞型"监管的思路,金融控股公司的母公司应当不从事具体业务,主要负责管理子公司,但我国的金融控股集团母公司高度集权,调动着绝大多数资产,决策着绝大部分业务,母公司可以直接伸手干预子公司的业务,调走子公司的资源。只有中央监管机关能撼动母公司,地方监管部门基本上无法插足。加上现有公司法制度设计中母公司对子公司的管控方式和幅度没有明显的边界,给金融控股集团钻了空子。目前很多金融控股集团母公司和子公司的决策层和管理层高度重合,股东会无法制约董事会及经理层,子公司这一级的董事会形同虚设,完全是母公司的代言人,不替子公司主张利益,也无意于帮助子公司限制风险,子公司层面的风险管理、会计、审计职能也不够独立。假如没有管住金融控股集团母公司的监管权威,其他的金融过程监管就无从谈起。

第三,对金融控股集团错综复杂的内部结构无法实施穿透式监管。我国金融控股公司在设置分支机构方面沿袭旧制,分省、市设层级,分业务设职能机构,导致出现很多子公司和业务部门在管理上的协同程度不好。还有一些金融控股集团在注册环节钻空子,控股很多子公司。① 一些金融子公司的出资存在虚假注资、循环持股、换股、偷逃注册资本等现象。在财务管理上,财政部虽然出台了《金融控股公司财务管理若干规定》,但不少金融控股集团内部机构出现内部人控制,虚增利润,对关联交易掩盖风险,转移资本,使股东和国家蒙受损失。

第四,对于金融控股集团的各个业务板块,我国还没有开展综合监管和功能监管互相配合的有效经验。我国以往坚持分业经营模式,但金融控股集团的出现一定程度上打破了这个禁令,这是为了提高金融效率。同时监管部门也规定,金融控股集团必须设置具有法人资质的分支机构来经营不同的业务,例如中国人民保险集团的财产保险公司和人寿保险公司需分设;平安金融集团中的银行和保险公司需分设,形成基本的防火墙,但这种规定的效果不甚明显。一些金融控股集团或多或少都存在暗中打通银行、证券

---

① 王纳,陈晖萌.金融控股公司的治理与管理的冲突与协同[J].经济导刊,2007(6):36-39.

业务通道,将表内资金以各种通道转移到表外,从事内幕交易、恶意收购等行为,这些都违背了审慎原则。而且,在某一业务板块发生风险时,金融控股集团的其他业务板块也不一定能达成集体行动,进行有力支持。

第三节　民间金融犯罪防治若干问题评议

一、对民间借贷限制和清理政策的反思

对于民间金融活动的风险监测和处置,金融监管机构的立场趋于更加严格。2018 年 5 月,中国银、保监会、公安部、国家市场监管总局、中国人民银行联合发布《关于规范民间借贷行为,维护经济金融秩序有关事项的通知》。该通知采取了无例外取缔原则,重申了 1998 年国务院颁布的《非法金融机构和非法金融业务活动取缔办法》的精神,要求非经有权机关依法批准,任何单位和个人不得设立从事或者主要从事发放贷款业务的机构或以发放贷款为日常业务活动。此处的有权机关批准明确为只有中国人民银行以及中国银、保监会才有权批准发放贷款行为,其他机构(包括地方政府金融办公室)均无权审批。① 上述规定划出了一些非法金融活动类型,包括:① 地下钱庄行为,主要指以非法形式吸收公众存款或变相吸收公众存款,然后用于放贷的。② "校园贷"行为,主要是指未经审批,而向学校中无足够偿还能力的学生发放贷款。③ 违法消费贷行为,主要指在商品销售或服务提供时,打着收取手续费和分期付款的名义,而实际上却是将资金借贷给消费者的现象。④ 小额贷、应急贷行为,主要指不审查借款人的资金用途,但凭借款人的身份证、社保证明、驾照、房产证明等文件就发放高息贷款的行为。⑤ 套贷行为,主要指通过各种名义从金融机构获得贷款后,并没有按照规定用途适用贷款,而是高利分贷或转贷给个人。⑥ 暴力贷,主要指贷款者以及贷款者雇用的单位和个人以暴力或者以暴力相威胁,使用恐吓、侮辱、获取隐私等方式催收通过以上方式发放贷款的,例如裸照贷、扣押人质贷等。监管部门要求无论是来自民间的资金还是从金融体系流出的资金均应当科学配置、有序流动、合法使用,不能让金融资金成为犯罪对象或犯

---

① 陈正川,王仁生,郑希元.民间借贷制度安排和对非法金融活动制度约束[J].福建金融,2004(12):9-12.

罪工具。这一规定的首要作用是给经批准从事民间金融业务的小额贷款公司划定了红线,要求它们在设计金融产品和开展金融服务时首先要符合民事法律规定的平等自愿、诚实信用原则,不得损害国家金融秩序和金融客户的利益。同时,这一规定也旨在约束正规金融机构及其业务人员,不能打国家信贷资金的歪主意,不得组织参与民间金融借贷活动,也不能私下给民间金融组织补血,造成信贷资金体外循环,形成影子银行效应。这份非法金融活动"黑名单"中涉及多种民间金融形式。

值得思考的是,我国民间金融组织素来不发达,小额贷款公司、互联网信贷平台竞争力本来就不强,只能通过一些灰色业务来生存,还经常要面对各种检查整顿。[①] 此次更加严格的业务圈划定可能使上述小微民间金融规模进一步萎缩,而无法获得民间借款的小微型企业和个人只有两种选择:一是走合法渠道,向村镇银行、农村信合社等小型金融机构借款。二是则会投向地下钱庄或者参与非法集资活动来获取资金,这将与相关的金融犯罪更为接近。因此,虽然这个规定出台得非常及时,用意也非常鲜明,但对于其各种效应的发挥还需要做审慎观察,对于民间金融行为的严管不应当混为一谈,应该有更具建设性的方案。

二、对社会慈善金融监管现状的反思

我国公益慈善事业起步较晚,《慈善法》的出台经历了不少的波折,导致公益活动的资金筹集方式、资金来源渠道、资金使用的过问、资金结余的归属等方面存在一些问题。对网络募捐平台是否必须进行现场取证核对,相关的法规没有作出强制性规定。更重要的是政府监管部门的宣传和民众的认知出现了较大偏差。

首先,根据慈善法的精神,由公民个人提出、通过网络发出的借助筹款申请不属于国家和社会办理的公益慈善事业,而是属于社会成员之间的互助行为。事实上,这一认知是充满矛盾的,我国民间的确有一些自发的、互助共济的传统,但新的经济社会条件下受救助人和捐赠人往往不是生活在同一社会网络下,捐赠人是基于政府、社区、单位无法解决被救助人的现实困难,出于对公民社会、公益事业的信赖而提供援助的。在捐赠者心目中存

---

① 李剑文. 简析现实中存在的非正规民间金融[J]. 时代金融,2017(23):56.

在一种心理,即这笔款项是交给真正有需要的困难群体,捐款是被纳入社会救助体系中,是作为政府救助、单位救助的补充。换言之,捐赠人往往会认为所捐出的款物被作为公款、公物。只有如此,他们才会乐意捐、放心捐。对此,捐赠人主观上希望政府部门、公益组织能够承担起保证捐款被真正用于公益慈善事业。政府及公益组织应当防止捐助款项被挪用、误用,这当中也需要发挥金融体系对捐款流行和用途的监督功能。[1] 但现实中,民政部门、金融机构尚无法逐笔核对每一笔捐款。我们担忧的是,法律不明确表态、政府不出手、金融部门不协同,今后在慈善筹款中只会爆出更多的问题乃至丑闻。

其次,目前慈善筹款归民政部管理,国家标准化委员会批准了两项行业标准,分别是《慈善组织互联网公开募捐信息平台基本技术规范》以及《慈善组织互联网公开募捐信息平台基本管理规范》,其中从事网络募捐的平台应当进行申明,提醒捐款人所提供的款项是用于专项的互助而不是用于通行的慈善。同时,平台要向捐款人告知举报方式,但没有要求募捐平台尽审核义务、保证平台推出的募款信息的真实性,并及时识破不真实的诈骗活动。这一标准存在为募捐平台减责和免责的意图。无论是根据委托、中介型合同关系规定还是参考各国的慈善制度,募捐平台存续的价值是作为一个捐助款项的转介方和集散地,发挥的是类金融平台的作用。如果平台基本不过问、不追踪捐款的真实用途,则会造成虚假信息成灾、捐赠者无所适从、公民互助互信基础丧失的局面,甚至平台也可能成为洗钱、诈骗的温床。我们应当认识到,基于互联网的非点对点的募捐活动,尽管不涉及资产负债项目,但也具备金融行为的某些特征,应该比照公募慈善捐赠的要求,以不低于金融结算账户资金支出、领用的标准去实施规范操作和审计监管。

三、非法集资善后组织手段反思

针对非法集资犯罪涉及面广的特点,国务院组织了处置非法集资部际联席会议机制。针对个案,往往会组建工作机构,聚集公安、司法、金融、宣传等机构参与。我们也看到,一些地方处置非法集资艰难推进,其中一些做

---

[1] 马昕,沈东亮. 慈善组织公开募捐平台服务指南——〈公开募捐平台服务管理办法〉解读[J]. 中国社会组织,2016(18):15-16.

法引人思考。

首先,处置非法集资工作机构在介入的时机方面已经没有优势。在民间集资的高发地区,政府组织此类工作组的原则一般是接到民众信访诉求或者有部分民众出现聚集性讨债的现象时,政府才开始介入,以维护地方社会秩序稳定。实践中存款人(出资人)因为惧怕机构被政府部门取缔或者担心集资者许诺的高息被政府收缴,一般不愿意报警或到法院起诉。和专门组成工作组实施联合行政相比,政府的日常信息收集和监管力度都较弱,这导致了民间集资势力如果不张扬行事,而且能够比较及时地兑付给出资人利息,即使在政府眼皮底下,也是能存在相当一段时间。[①]

其次,地方政府在处置非法集资案件时存在两难境地。一般而言,对于从外地蔓延而来的集资现象,根据属地治理主体责任的分工,本地的非法集资处置工作主要是配合统一行动、安排人员调查和安抚参与集资群众,在取缔时,各地方政府行动都比较彻底。而对于扎根在本地的非法集资机构,尤其是在本地有一定经济影响力的企业或名人策动的非法集资行动,在取缔和善后方面,地方政府则要花费更大的精力。一些地方的做法是边整治、边救助,就是在制止集资人继续开展集资活动的同时,也希望集资企业不要迅速崩解,寄望它还能用剩余资产来偿还集资的本金。为此,地方政府需要调查和登记出资人情况,对出资人进行法治教育和疏解,希望出资人情绪稳定,并能接受集资方延期还款、部分偿还、以物抵债、以股抵债等方案,也劝说出资人暂缓到法院起诉或者申请执行。同时,对涉案集资企业进行清产核资,派出经营和财务接管组进驻企业,协调金融机构暂缓对企业收贷,协调法院暂缓判决和执行涉案企业债务案件。对集资企业主要负责人进行监控,责令其筹措资金、处置资产,寻找有实力的企业来收购、重组,并解决停产集资企业的职工基本工资保障等事务,这使得非法集资的处置头绪诸多,耗时很长。但现实中,大多数涉及非法集资的企业在前期已被其负责人恶意掏空,或者因盲目扩张而存在巨额债务,企业所拥有资产大部分已经被金融机构设置抵押,能够变现和偿还的资产甚少。企业的经营颓势也难以扭转,实则病入膏肓,对其拯救的效果并不理想,而直接进入刑事追诉程序也

---

① 陈诺,姜刚.涉案金额屡屡破亿,能追回的九牛一毛——非法集资案追款善后问题调查[J].半月谈,2017(1):52-54.

不是出资人、债权金融机构、企业职工和政府所乐见的。而且,在一些非法集资比较猖獗的地区,如果一家集资企业出事,即成为该地区搅乱民间金融生态、影响金融稳定趋势的"黑天鹅",引发连锁反应,使得政府在处置非法集资时更加困难。

四、互联网金融管控政策反思

从广义上看,互联网金融是行业与行业、行业与技术的结合,是针对传统金融而言的。互联网技术对金融形成支持已经有较长的时间,例如中央银行牵头的商业银行支付结算系统、证券公司与证券交易所之间的交易席位和交易指令、股票行情实时播报系统、证券委托交易系统、POS/ATM 支付支持系统等都大量运用到互联网技术。而远离互联网技术的一些传统金融业务在互联网的冲击下,逐渐萎缩,甚至退出金融市场。例如银行开设的信汇业务,在没有快速信息传输系统的时代,信汇业务和电汇业务是异地支付的两种主要手段,信汇业务的汇费低廉,但缺点是速度较慢,面对快节奏的经贸需求和更为低廉的互联网信息传播方式,信汇业务的优势完全丧失。同样的例子还包括信用卡,过去商户在办理信用卡支付业务时,为了防止伪造和冒用现象,采用压卡机将信用卡卡面上的信息复制到专门的纸质上,同时要核对持卡人签名的真伪。在遇到信用卡透支的情形时,还需要通过电话向发卡银行核实,不仅造成信用卡交易成本高,而且推广缓慢。互联网技术引入之后,无论是接受消费的商户还是受理信用卡业务的银行,只需要通过互联网系统就可以快速获取信用卡持卡人信息、支付额度信息、交易记录等,使信用卡业务大大提速,得到广泛推广。这些技术和操作方法用今天的眼光看,只能说是将互联网作为金融的辅助技术,还不能真正称为互联网金融业务。在支持者眼中,互联网金融是一种新兴金融,成功运用了搜索引擎、云计算、社交网络等高科技功能,不但实现了资金融通,而且还完成了信息交流,在安全性方面胜过传统金融。

互联网金融的根在互联网,只有互联网安全、干净才能确保金融安全。目前在移动互联网访问方式中,App 占据了绝对优势。但在初期 App 行业基本上处于"无监管、无规则、无门槛"的状态,各方坐视它成为互联网不正当竞争的常用手段。通过各种途径吸引消费者下载和注册 App、保持访问量是很多互联网商业经营者关心的问题。App 注册时不少商户没有严格遵照互联网法规中提出的对用户信息采集应遵循最小必要原则、用户同意原则等,而是汲取了大量身份信息。还有些 App 为了捆绑客户,制造出注销困难的现象。有些软件中会设置烦琐的注销程序,有些要求用指定的手机号码才能完成注销,有些网贷公司直接拒绝为已注册的用户注销账户,而是频繁利用这些 App 软件对用户进行诱惑性宣传。无奈之下,消费者只能选择淘宝商家来帮助注销 App,这样又造成了另一轮的信息滥用。即使是注销留存在网络经营者系统中的 App 也还会有大量的用户身份信息需要后续保密。① 虽然根据工信部出台的规章规定,拒绝为用户提供注销的互联网经营者可以处以 3 万元以下的罚款,但是这种处罚力度是偏轻的,对网络领域的消费者消费选择权的保护及延伸的消费者财产保护意义是远远不够的。

在近年来的互联网金融监管实践中,中央与地方各级政府之间、宏观经济调控部门以及金融监管机关与市场监管机构之间、行政执法机关与司法部门之间、政府与社会之间,已经形成了一些协调渠道和联席协商决策、委托协作、信息交流、联动执法机制,具备综合治理的行动雏形。在金融风险治理的主体方面已经比较齐全,在金融风险的治理对象方面,一些明显的金融欺诈、犯罪活动已经被锁定,但一些隐藏较深、手段较新的金融欺诈犯罪行为尚未引起警觉或者获得共识,还没有被置于金融风险治理的关注焦点,例如新兴的区块链技术、比特币等产物。在如何实施治理、依靠什么治理等关键性问题上,我们还需要摸索。2015 年 7 月,国家十部委联合发布《关于促进互联网金融健康发展的指导意见》,经过三年多时间,对这项政策的执行情况还没有专门性的评估。实际上,在互联网金融环境的净化和金融秩序的营造方面,这一政策在某些方面达到了制定时的政策期望,取得了降低风险的成效。主要体现在以下方面。

一是互联网金融平台竞争力逐步显现。很多居民闲置财富被唤醒和利用,一些边远地区金融服务覆盖面扩宽,金融使用便捷性提高,传统金融行业被迫改进服务方式,加强金融科技投入,调低服务费用,主动拥抱互联网。互联网金融对一些创新经济、共享经济的输血和营运支持成效好,使得我国相关产业走在全球前列。

①　梁丽雯.金融类 App 被曝十大隐患[J].金融科技时代,2016(9):84.

二是互联网支付安全得到了提高。经过对银行卡发行、网上转账安全设置、第三方支付机构的系统接入、预付卡发行资格的审查,截断了一些网络诈骗、盗窃客户账户金额的行为,也促进了互联网支付金额的快速上升以及手机支付、刷脸支付等金融创新形式的发展,但互联网金融治理不能毕其功于一役,由于此份文件的发布正遇到我国互联网金融业风险大幅释放,在主观、客观方面互联网金融安全防护的效果有较多不够理想的问题。

首先,是文件提出的依法监管,到目前为止还处于法源缺失的状况。对互联网金融的法制建设曾经有两种路径主张:一是对整体互联网金融活动制定基础性法规,例如"互联网金融从业机构管理办法""互联网金融业务指引"等。这种观点是将互联网金融视为一个独立的金融部门,强调管"网",但这种意见的支持者不多。另一种路径是针对互联网信贷、互联网保险、互联网证券、互联网信用经营等不同业务性质,在现有金融法规的基础上进行增补,例如互联网小额贷款可以并入贷款通则,互联网保险和基金享受可以按照保险、基金管理法来操作。对于以前没有的 P2P 贷款业务,则制定新法规。① 这种意见虽然比较务实,但延宕多年只出台了一些低阶法规,例如针对网贷行业推出的《网络借贷资金存管业务指引》;针对 P2P 行业推出的《网络借贷信息中介机构业务活动管理暂行办法》《网络借贷信息中介机构业务活动信息披露指引》《网络借贷信息中介备案登记管理指引》,重要的基础性法规仍未能出台。囿于依照法规行使执法检查权和处罚权的监管部门并没有使用"长臂"原则来将已有金融法规延展到互联网金融领域,导致银监部门、证监部门定期公开的行政处罚记录中鲜少有针对互联网金融组织的。

其次,是文件提出的分类监管、协同监管没有实现,监管合作的达成遇到困难。第一层次的合作是人民银行和三家金融监管部门之间的合作。文件发布后,银监会没有将互联网金融的主要监管权接手过来。虽然在互联网上开展基金业务、销售保险产品的情况越来越普遍,但证监会、保监会并没有对此中的违规行为实施处罚。第二层次的合作是监管部门与其他部门的产业链合作。例如互联网金融离不开互联网,对于从事金融活动的互联网站,工信部门、网监部门没有进行专门审批,有些 P2P 平台至今都没有拿到 ICP(网络经营业务许可证)。针对互联网金融网站将服务器设置到境

① 张晓朴.互联网金融监管的原则:探索新金融监管范式[J].金融监管研究,2014(2):6-17.

外、随意关闭网站、在网络上做虚假宣传等现象有关部门并没有制定应对措施。再如,互联网金融企业办理的营业执照中含糊使用金融信息、投资、理财等字段,容易引起投资者的误信。在设立审核时工商管理部门的审批尺度不够严格,放行这类公司进入市场。第三层次的合作是监管暴露问题后的处置合作。互联网金融中 P2P 网贷平台风险最集中,一些平台已经恶化到风险大暴露、公安机关介入侦查的程度,但此前监管部门根本就没有发出预警信息。

再次,是文件提出的"适度监管"操之过虚。监管部门希望互联网金融建立自控机制,形成风险回避的经营模式,但互联网金融膨胀的速度将监管力量甩到了后面。从投资者角度来说,通过互联网金融实现便利和财富增值固然是好事,但伴随投资骗局、个人信息泄露、垄断式和捆绑式消费、先免费再收费等不平等、不安全问题的逐次暴露,互联网成为最不安全的金融领域,同时也是传统监管方式渗透最少的监管领域。监管部门打算让市场机制实现互联网金融机构的优胜劣汰,让投资者从业务中获得风险应对经验,但互联网金融领域所提供的业务逆向选择性太强,市场也淘汰不掉那些不合格的经营商,反而污染了市场氛围,并已经超过监管部门设置的风险容忍度。

最后,是文件提出的"创新监管"已失去边界。监管中包含着服务。对互联网金融行业中机构组建、产品更新、服务翻新,金融监管部门实施前置审批的少、事后承认的多,对审批事项给予放行的多、加以限制的少,在税收等方面也有很大幅度的让步。[①] 对一些银证、银信交叉性互联网金融业务,例如股权众筹融资、债权转让等监管部门持开放态度,但是对互联网金融业务与传统金融业务的边界所在,主要是监管资金还是监管渠道、是关注短期安全还是关注长期信用、是盯住合格服务提供者还是盯住合格投资者都没有统一的监管态度,尤其是互联网金融的信息披露真实性已成为致命问题。

五、对 P2P 平台风险专项治理的反思

近年来,针对 P2P 平台爆出的风险,地方政府部门、金融监管部门亦开出一些"药方",但有些口子尚未扎紧,有些矛盾也没有理清。

---

① 王曙光,张春霞. 互联网金融发展的中国模式与金融创新[J]. 公安研究,2014(8): 95.

第一,对于从事 P2P 平台业务的主体而言,必须经过公司法人注册核准,过去对于此类机构的设立并没有完全当作类金融机构去对待,而是将其作为一种服务型企业。一些地方的市场监管部门对 P2P 业者的名称核准采取半自由主义,因而出现了诸如正信、华信、中银、中证之类的互联网企业,还有一些机构的名称中含有投资、资本、资管、财富管理等字样,让民众产生误解或错觉,认为这些机构和银行、信托公司是同一类机构。监管部门虽然逐渐意识到这种命名方式会对投资人产生不正常的心理预期,但也只能通过内部审查、过滤等方式来阻止互联网企业选择此类名称。P2P 平台属不属于金融机构,在相当长一段时间内没有统一的看法。[①] 如果将其按照金融机构对待,由于我国商业银行法、公司法对于银行类金融机构、信托投资公司的设立规定的是特许主义,并且要求有很高的注册资本,P2P 企业很难达到这个门槛。出于对互联网经济发展的扶持和试验,以往各个地方对于综合性的互联网资金平台都采取了较为宽松的准入措施。也有的地方,例如重庆市对于 P2P 平台采取了严控新增、停止审批的做法。新的监管办法出台后,强化了地方政府在金融风险防范方面的主体责任,规定 P2P 平台在经过设立程序,取得营业执照后,还必须到当地政府金融办备案,由金融办这一政府工作部门去征集各个部门和专家的意见来判断 P2P 平台从事的放贷业务属不属于资金融通、是不是针对不特定公众。但是备案目前还没有写进各类金融法律法规,成为一项强制性程序,而且对于备案本身也不容易提出行政诉讼,本质上还是由地方政府自行决定。

第二,P2P 平台作为一类企业,必须在银行开立基本结算账户,这方面的监管由中国人民银行各地分支机构执行,但 P2P 平台是否将其主要资金全部通过基本结算账户往来则缺乏持续性的监管。过去一段时间 P2P 平台异军突起,对于其规模、资金流向方向、筹集资金的回报比例等金融监管部门无法准确掌握。其原因就在于互联网金融业务结算审批的主导权和监管权不清晰,只有极少数的 P2P 平台,例如平安金融集团投资的陆金所在银行开立了实名账户,绝大多数 P2P 平台以企业的名义开立结算账户后很少使用,同时又以个人名义在银行设立户头来归集从网上筹措来的理财资金。

① 陆岷峰,杨亮.关于 P2P 平台风险评估与监管策略研究——基于 P2P 平台双重属性视角的分析[J].西南金融,2015(11):45-49.

有些 P2P 平台在开展业务时采取点对点模式,将筹集来的资金直接用于放贷。有的 P2P 平台利用支付宝等第三方支付工具来开展经营。这当中造成了一些套利空间。例如,2012 年以来一些地方出现了利用信用卡套现,然后参与 P2P 平台营利性活动的案例,具体的操作手法是一些人利用办理信用卡门槛较低,甚至用盗窃、买卖所得的虚假个人信息来办理信用卡,之后又利用信用卡发卡规则中规定的 56 天的免息还款期,通过网上银行向 P2P 平台经营者透支信用卡额度作为理财投资,享受 P2P 平台所支付的投资报酬。[①] 然后在信用卡透支期限届满前向 P2P 平台要求退出理财,将资金要回后再还给发卡银行,这当中存在着一定的经营悖论。根据金融监管部门的要求,信用卡透支只能用于个人消费,而不能用于经商、炒房、购买股票等行为。[②] 信用卡的优势在于先付后还,商业银行授予持卡人透支额度的时候并没有做出严格限制,只要此客户能按期归还透支金额,就不会影响其信用记录和用卡权利。有些商业银行甚至规定透支次数和额度越高反而能提升用卡人的消费权限。因为商业银行可以从持卡人透支中扩充消费信贷额度,以收取较为可观的利息和手续费。第三方支付机构作为 P2P 平台的收款代理方,只要是核对投资人身份和付款行为真实就可以帮助其将款项汇入 P2P 平台,至于投资者是用自有资金还是用透支资金,支付机构原则上无权利过问。但从金融全局上看,利用信用卡透支额度进行金融投资,如果持卡人没有动用个人资产,则属于空手套白狼的行为,尤其是进行有风险投资时触及信用杠杆上升的问题,危及商业银行的消费信贷安全,商业银行不能因为短期业绩诱惑而牺牲经营模式安全。而第三方支付平台也不能为增加业务量而助长这类投机行为,其中有监管的真空地带,即商业银行的信用卡业务监管原属于银监会,而第三方支付机构的监管属于中国人民银行,需要两家监管机构共同行动来将 P2P 平台的风险与商业银行风险加以隔离。能够短期见效的方法是禁止用信用卡向 P2P 平台注资——无论信用卡上是自有资金还是透支资金,只允许投资人用不具有透支功能的储蓄卡或者网上银行业务将资金注入 P2P 平台。从经济效果上看,这实际上缩减了信用卡的使用范围,使信用卡在与一些新型消费信贷业务,例如支付宝的蚂蚁花

---

① 傅联英,骆品亮.中国信用卡债务之谜:高息循环负债缘何增进低息资产持有[J].经济学动态,2018(1):57-69.

② 参见《关于商业银行信用卡业务有关问题的通知》。

呗、京东公司的白条等互联网金融产品竞争中处于下风,也使得各大商业银行当初为开辟信用卡业务投入的巨大资金和物资设备难以实现效益,造成资源浪费。比上述刷卡理财更恶劣的是,有的行为人还到 P2P 平台或者与其相勾连的商户那里直接用 POS 机搞"假刷卡消费,真理财投资"的勾当,这种"空手套白狼"式的理财存在着信用套叠、滋生高风险的隐患,也为一些组织和个人实施非法集资类和洗钱类金融犯罪、涉及黑社会经营活动犯罪提供了机会。

更为危险的是,当 P2P 平台经营状况不理想,投资者选择向法院起诉 P2P 平台要求归还理财本金或者支付理财收益时,P2P 平台可以用障眼法隐瞒其手中握有的资金。当 P2P 平台经营难以维系时,P2P 平台负责人可以轻松地将账户资金全部转移、提取,逃避偿还责任,这严重危害了投资人的资金安全。自 2013 年 P2P 平台爆发式增长并出现个别平台无法兑付的现象以来,一直有专家建议学习公募基金的监管方式,将 P2P 平台所有往来资金都归入银行体系中,将调动资金的行为委托给银行代行,但由于支付宝、财付通等大型的第三方支付平台没有接入银行统一清算体系、P2P 平台不积极配合等原因一直未予落实。需要指出的是,由于金融信息化和实时支付结算设备技术的成熟,P2P 平台资金全部归入银行托管并不存在技术上的困难,而这一制度推行的矛盾在于可能会影响 P2P 的活力。一方面,银行类金融机构普遍开展了银行理财业务,同时代办一些银行保险业务,如果银行从 P2P 平台吸纳资金的信息中进行分析,就可以发现和锁定一批有资金实力的潜在客户。可以进而采取公关措施,将这批客户争取过来。银行和 P2P 平台之间实力相差悬殊,P2P 平台深知自己的这一软肋,所以不愿将资金数据无偿交给银行。同样的道理也发生在 P2P 平台之间的竞争上,由于 P2P 平台展业具有个别化的特点,P2P 平台不希望同行看到它们的客户资料,以免客户被其他平台用更高的资金回报、更优的服务措施"挖走"。一旦 P2P 平台的资金往来数据被银行或者同行知晓,在金融数据保密性不完备的情况下就失去了商业秘密价值。另一个因素是,由于开办时间短,以及发展迅速,P2P 平台的会计核算管理较为简单,如果 P2P 平台的资金进出活动全部由银行掌握,则在缴纳税收方面 P2P 平台将无空子可钻。

第三,P2P 平台网内、网外同时展业,监管机关未能做到旁站式监管。P2P 平台的共有属性是通过互联网开展业务,而不依赖实体性的经营场所。

对于互联网接入和互联网数据流量的使用,如果控制好网络进口和出口,就可以通过信息技术手段进行监控。而当前很多 P2P 平台采取租用服务器,甚至将服务器设置在境外的做法,一方面可以节约成本,另一方面,也可以规避网络内容监管。根据金融网站的统计,只有不到 10% 的 P2P 平台向电信主管部门申请电信业务牌照。与此同时,金融机关部门也提出了负面清单管理的思路,即坚持 P2P 平台的互联网性质,禁止 P2P 平台脱网经营,规定 P2P 平台不得在实体性经营场所进行业务宣传和客户招揽,发放融资项目的文字介绍材料也不得委托广告经营机构、传媒机构帮助其进行宣传,否则将作为违规开展金融业务活动加以取缔。① 但此种规定也带来了一些争议,随着信息经济、智能化经济趋势的加强,利用互联网的线上经营和利用固定经营场所或者传统营销人员的线下经营正在加强融合,形成线上、线下一体化,其目的是增强用户的体验感,克服单一经营方式的局限性。现在,越来越多的传统金融机构开辟了线上经营渠道,例如网上银行、掌上证券、微保险等业务。采取线上或者线下一体化,除了竞争力方面的考虑,本身并没有实质上的差别。在对各种所有制形式、内外资经营主体采取同等待遇的大开放、深改革模式下,硬性地将诞生于网络的 P2P 平台牢牢捆绑在虚拟网络空间当中,而不能使其丰富经营方式,对 P2P 平台在不同经济发展层次的地区、不同的客户对象当中深耕市场是不利的。而且 P2P 平台今后的发展将越来越依靠某一行业或者聚焦某些类型的投资人,实际在诸多业务场景中也无法禁止它们在线下与客户进行接触、宣传、竞争。

第四,对 P2P 网贷平台进行查处,其法律依据仍然是 1998 年出台的《非法金融机构和非法金融业务活动取缔办法》,这一文件要求各级地方政府负责整改和取缔,而不是由金融监管部门来行使执法权。换言之,金融监管部门并不具有取缔权,这有悖于当前金融风险防范的严峻形势。严格来说,地方政府的职能部门在专业能力上与金融监管部门存在差异,对金融业务缺乏驾驭能力,容易被蒙骗。

第五,对 P2P 平台衍生出的违法犯罪没有充分跟进。P2P 平台、小额现金贷公司产生的未收回债权被一些社会上的催收公司外包,催收公司惯于

① 孙艳军. 基于 P2P 金融模式变异法律性质之论证构建其监管模式[J]. 中央财经大学学报, 2016(3): 42-51.

采用的手段包括上门讨要、密集短信、电话逼迫等，还有一些公然采取跟踪恐吓、拍裸照、人身拘禁等手段。据一些媒体报道，催收公司不惜使用非法手段催收，是因为 P2P 平台、小额现金贷公司给出了高达 30%～50% 的催收提成。有些债权方还将债权折价卖给催收公司，收回越多、利润就越高。目前催收公司已逐渐发展成为一个行业，数量达到了 1 200 家—1 500 家。① 对这一现象需要有两方面反思的。

一方面，民间金融组织弃用正式的纠纷解决手段而找催收公司存在三种原因：一是民间金融组织资本实力弱，逾期债权数量多或时间长就会引起流动性危机，因此希望尽快收回；二是有些债务人难以找到，或财产比较隐蔽，因此债权方对司法诉讼的结果不乐观；三是债权本身具有一些瑕疵，其高额利率有不受法律保护的可能。

另一方面，催收公司是否应视作金融服务机构，以及是否应接受金融监管的问题应深入探讨。首先，这些公司在市场监管部门登记的经营范围通常表述为"受银行及其他机构委托对信贷逾期户及信用卡透支户进行电话催收服务"，对这种经营方式应当设定合法性界限，如果催收方式不是和平、合法的，就应当构成非法经营甚至更恶劣的侵害人身财产权的行为，如果不加约束，极易被黑恶势力渗透，危及社会秩序。其次，催收公司与司法机关、律师事务所等专业法律服务机构应当如何建立业务联系的问题。对各种产权采取平等保护是我国法律的基本原则，司法机关、律师行业也负有保障经济秩序、维护法律权威的职能，可以和专门的债权催收公司形成良性互动。再次，催收公司能否收购债权的问题涉及资产管理业务的准入标准，需要金融监管部门进行通盘考虑。

第六，对 P2P 平台的广告宣传监控滞后。近年来，P2P 平台在电视报纸媒体、互联网门户网站、热点网站、重点地区投放了大量广告吸收用户，这些广告内容中含有不少虚假成分，比如宣称自己有国有企业背景、上市公司背景、高回报率、有银行存管和担保等。P2P 平台招揽投资者的另一个渠道是QQ 群、微信群、投资论坛、贴吧等网络社群，一些所谓的资深投资者宣传平台的高收益率，为平台介绍客户可以获得介绍费。平台出现停业或涉嫌犯罪时，因受广告蛊惑而蒙受损失的投资者能否要求追究媒体、网站和社交媒

① 邱墨山.暴力催收混入，千亿级网贷催收行业何去何从［N］.南方都市报，2018－07－23.

体未能审查虚假宣传的侵权责任还有待确认。

第七,从近期P2P平台连续暴露的危机可以看到,P2P平台的绝大多数从业人员道德水准不高、专业水平不强,没有系统接受过监管部门或专业教育机构的风险管理培训,不具备危机的处置经验和能力,[①]而实际控制人,即以主要经营者为核心的关键风险管理团队在危机爆发前的失职和危机处置中的不尽职造成了损失的扩大。

第八,P2P平台治理中未能准确地把握舆论导向。P2P行业是泛社会化金融,对于信息的反应既比较敏感,也非常无序。① 在涉及P2P平台风险的新闻信息管控和引导方面存在一些短板。近期不少P2P平台出现风险,由于金融监管部门并没有开展定期通报信息机制以及出于侦查不公开的需要,社会和民众得知此类消息主要是通过新闻报道,但新闻报道给了民众什么样的消息呢?浏览网络可以看到这样的词汇:爆雷、逾期、清盘、跑路、P2P行业末路等,引起了不少社会民众的关注,甚至恐慌。实际上,新闻媒体的报道带有选择性,一些措辞和数据也存在问题。比如,媒体在报道P2P平台出现兑付困难时,经常用"×××亿平台违约"的字样,混淆平台的累计融资额和当前的账目债务数量,目前多数平台曝出的未能兑付金额均在10亿元以下,远没有达到几百亿元、上千亿元。从统计数据上看,出现违约问题的P2P平台逾期贷款余额占全行业的比例约为3.2%,投资人占比为3.9%,也尚未构成全面违约。② 新闻报道经常采取故事讲述的手段来描述P2P投资者的焦虑、无辜或者后悔。故事本身的真实性和描写手法的倾向性比较突出,意图突出投资人被骗、生活困难应受同情的效果,但没有检讨和反思投资人的风险意识。③ 对P2P平台经营困难和倒闭的原因分析,多数媒体都采用了所谓P2P从业人事所提的"经济大势影响""企业倒闭多,资产质量变差""监管新规趋严"等说法,并且呼吁要避免信任危机,很少严肃地探讨P2P平台在经营中粗放扩张,内控机制差,以及私底下设资金池搞自融,开出盈利水平难以承受的高返现率等现实性原因。④ 新闻媒体对P2P平台的国际经验、发展历程介绍得不够全面,没有能深层辨析P2P平台的本质性因素。新闻作为一种信息渠道,应当是引发读者深入思考,而不应当是功利化的。P2P平台在国外没有一哄而上,英国大概有15家平台,美

---

① 崔诗杨.P2P从业者承担多少责任[J].创业天下,2016(2):47.

国有大型平台 2 家以及一些中小型平台,我国在最多时有 7 000 多家网贷平台,现在还有 1 800 多家,这就反映了我国 P2P 网贷平台发展的不正常,对于这个重要的信息,新闻媒体并没有去重点报道、深入探讨。

新闻媒体是第四种权力,他们的报道立场对国家政策的推行、民众期望的引导都有很强的导向作用。投资是高风险活动,P2P 平台从其属性和禀赋来看不可能做刚性兑付保证。投资者是否无辜应该由市场来进行筛选和教育,而不是应该由媒体来代为定论。如果把 P2P 平台整体发展问题仅仅归结于大环境,而不深究其合法性建设,或者只是单纯呼吁信任是不够的,正如有些专业人士所说:"平台爆雷、逾期,归根结底是风控出了问题。"媒体报道应当围绕风险来展开并延伸讨论,负责任的报道 P2P 平台的真实风险状况、投资者损失率、风险源究竟是市场原因还是法律元素。同时,监管部门、公安机关、互联网金融协会等组织也应当配合媒体,提供真实信息,以免媒体添油加醋进行主观揣测。当然,在 P2P 平台整顿过程中也有正面、中肯的新闻报道,取得了正本清源、稳定信心的作用。比如 2018 年 7 月 6 日新华社发表文章《"爆雷潮"之后,P2P 行业将走向何方?》,[1]肯定了 P2P 平台是数字普惠金融的产物,在银行未覆盖的领域发挥着资金支持作用,呼吁理性看待优胜劣汰的现实,鼓励 P2P 平台努力成为真正优秀的互联网信贷企业。

---

① 颜之宏. 爆雷潮之后,P2P 行业将走向何方［EB/OL］.［2018 - 07 - 12］. http://www. xinhuanet. com/2018-07/06/c-129908696. html.

第六章　金融犯罪风险高发场域加强社会治理的总体思考

防范金融犯罪风险必须覆盖到可能引发金融风险的每一个场域,关注导致金融风险的每一种失范行为,尤其是要对金融犯罪进行防治。除了应发挥现有公共政策、专业监管、法律规范的作用,也要重视和引入社会治理系统工程。在我国,社会治理理念脱胎于社会管理,但超越了社会管理。从管理到治理,说明了政府和社会力量的多元介入和有序配比。自从党的十八届三中全会以来,社会治理的理念和部署取代了之前的相关提法(诸如"社会管理""社会管理综合治理"),这是处理政府与市场、政府与民间关系的一项重大管理方式的创新,是全面建设新型国家治理体系和提升各种治理能力的必然要求。社会治理既着眼于中央决策施政,也面向地方的执行行政,既能解决(民间)社会生活领域的矛盾冲突,也能作用于更为广泛的经济、社会、法治领域,是一项全面的政策议题。在建设现代化的经济和金融体系过程中,如何发挥社会治理的作用,是当前正在密切调研和探讨的课题。在此,我们着力探讨金融犯罪高发场域中社会治理作用发挥的缘由、发挥的路径、发挥的效力等问题。

第一节　社会治理与金融改革发展的契合度分析

一、社会治理变革必将辐射到金融领域

首先,社会治理目标是追求和谐、促进社会安定。金融是经济运行的血

脉和民众财富安全的重要来源,只有金融稳定、财富安全,才能促进社会的和谐、刺激经济的活力,使民众能够真切享受改革发展的成果。宣传、教育民众识别金融风险,对陷入风险的民众进行帮助是社会治理的应有之义。

其次,社会治理体现了政府和民众对社会事务解决方式、解决成本和解决结果的期望,社会治理实施的高级境界是共治与善治、形成广泛的参与。① 金融活动影响千家万户,覆盖了政府、市场、企业、民众,既牵涉静态资产,也关联着流动的资本。当出现金融风险时,不能由政府全面决断处置,而是应号召积极力量来共同参与。社会主体对金融的理性运用、有序控制、消解风险是促成社会治理目标实现的重要外源因素。

再次,社会治理与经济发展一样,需要丰沛的资源投入,而且比经济发展更加强调平等。社会治理中改善民生、增进福利、减少冲突的目标需要有强大的物质资源作为保障。金融业是财富创造和利用的重要行业,合理界定金融自由、积极实施普惠金融、强化金融对创新的激励、将金融成长的成果运用到社会发展当中是社会治理的重要推动器。反之,如果任由金融行为的投机性、分配公正性泛滥,导致金融利益出现不公正的分配,财富出现不公平的流动,民众的公平观念和财富理念只会更加扭曲,市场秩序将会受到重创,社会矛盾只会更加激化,社会治理的愿望难以实现。

最后,国内外经验证明,社会治理不能完全假政府之手,而应当充分调动积极因素,将市场力量、社会力量整合起来,共建、共治、共享。② 因为政府权力的局限无法回避。诺贝尔经济学奖获得者诺斯曾提出交易成本理论,认为在任何市场环境下都存在信息不对称的缺陷,其中专业的一方比其他方知道更多有价值的信息,可以通过信息垄断而坐享其成,在存在着信息不对称的情况下,一项有效率的制度必须要能够满足降低政治交易的成本和符合价值文化两方面的因素。③ 政府权力是无法替代产权制度在市场中发挥绝对指挥作用的,科尔奈曾警告过度的权力行使会带来短缺经济的出现。④ 在我国金融领域,国有金融资本和金融组织占据主导地

① 颜如春. 从"共治"到"善治"——中国社会治理模式探析[J]. 西南民族大学学报(人文社科版),2006(1):208-211.
② 燕继荣. 中国社会治理的理论探索与实践创新[J]. 教学与研究,2017(9):29-37.
③ Douglass C. North. Institution, Institutional Change and Economic Performance[M]. London:Cambridge University Press,1990.
④ Kornai, J. Economy of Shortage[M]. Amsterdam:North Holland Publishing Press, 1980.

位,但民间金融活动和金融存量资产已不可小觑,金融混合所有制改革已渐次推动。完全依赖政府、依赖国有金融来塑造金融秩序是不现实的,必须探索不同类型、不同背景的金融力量实施"集体行动",共同下好金融稳定这盘大棋。当监管部门发出风险的预警信号,或者司法机关开始风险应急处置时,各种金融力量如果能做出积极响应,实现外部金融监管和内部金融治理相统一,形成良好配合,就能共同构筑金融安全防线。

二、金融场域的一些深层次制约应当通过社会治理来破解

首先,金融风险总能以"适宜"的方式巧妙寄生在社会生活当中。比如,在20世纪末21世纪初全国多个地区发生的非法吸收公众存款、集资诈骗风潮,起因之一是当时国有经济面临改革、改制大潮,社会保障制度也从传统的企业单位负责转向社会保障机构统筹,同时银行存款利率偏低,使一些居民感到焦虑,希望能使手中的货币财富较快增值。包括部分金融机构工作人员在内的违法犯罪分子正是抓住了这一心理,打着金融机构或者大公司的旗号,利用支付高额利息、先付利息等手段来麻痹存款人,将民众辛苦积累的金融财富据为己有。在集资潮被法律力量和舆论力量声讨、存款人形成一定警觉后,违法犯罪分子又通过高科技、互联网等形式包装,将网贷、P2P等新金融方式用来装非法集资的"旧酒",仍旧以高额投资回报、稳定收益等为诱饵,进行非法集资。当存款人面临物价涨幅高于银行存款利率、不动产价格迅速上涨、医疗教育支出逐年增大等货币购买力事件时,他们还是会选择高回报的金融投资方式,将资金交给这些投资平台,由此引发局部性的金融骗局。这些骗局能够在我国不同地区、不同人群中流行开来,这不是经济学上提出的"庞氏骗局"所可以充分解释的。换言之,经济视角并不能给出理解我国金融诈骗事件的标准答案,而还应该结合中国的国情、社情来分析。金融风险和社会风险是合体的,要铲除或者压制住这些金融风险也必须从社会机体上寻找原因。

其次,"二元金融"格局有望通过社会治理来调和。长期以来,我国金融领域已发展成二元金融格局,中华人民共和国成立以来形成的金融格局主要是为适应国有经济一元主导地位而设置的,金融和财政之间有亲缘性,银行、保险公司等金融机构相当于政府及财政的附设机构,对商业性金融的管

制非常严格。① 在改革开放过程中,由于长期形成的高储蓄率和金融垄断性,我国非常注重发挥金融对固定资产投资、技术项目改造的引擎作用,但未重视金融与市场经济的匹配性、金融与财政体系的独立性等方面的建设。一方面,虽然银行、保险类金融机构同政府脱钩而被列入企业序列,但不少地方政府还是习惯性地指挥和使用金融机构来助推经济发展的阶段性目标。另一方面,中央政府部门和地方政府也非常愿意组建证券公司、信托投资公司、金融租赁公司、地方性商业银行等新型金融机构,为地方基础建设、产业项目提供融资便利。地方政府还筹组开发投资公司、城建投资公司、交通投资公司等类似金融机构的地方性国资融资平台,利用信托、委托贷款、发行债券等金融手段为地方政府自身及其意欲扶持的企业筹资,然后由地方政府动用财政收入、经营权特许等为融资做担保。由此导致的结果是大量的金融资源在国有经济领域完成了自我循环。与之相比,我国在改革开放后出现的一些与其他所有制形式、民间社会比较亲近的民间金融,在资产规模、合法性身份、流动便利程度等方面与国有正式金融有着很大差距(容作另述)。相比之下,各种市场主体、金融社群在金融风险识别和防治上的声音比较微弱,影像比较模糊,非政府性的市场治理行为和社会治理行为尚难发生积极的治理效果。

当前我国的经济体系和社会体系变化剧烈,金融二元分化的趋势还将长期存在,虽然不能简单地将国有比例占主导地位的金融力量和正式金融全部视为政府意志支配,将其他类型的民间金融力量和非正式金融活动视为社会端主导,但两者在金融发展和稳定工程中会产生引领与跟进、拉动与牵制、正向作用与侧向作用等方面的互动。在国有金融过分占据主导地位的背景下,民间金融应有自己的治理规律和话语权,这样才能使面向整个金融体系的社会治理全面兼顾。应当看到,目前国有金融独大的局面正在发生一些改变,混合所有制金融机构的组织方式将会得到推广,在互联网时代诞生的一些新金融创新方式有着较为鲜明的社会性、民间性色彩。近年来推出的机动车意外伤害强制保险、农业保险、医疗健康养老保险等也都是紧密贴近社会的金融产品。政府端的治理也发生着从单纯的行为监管扩展为

---

① 俞伯阳,沈庆劼. 金融自由化条件下我国非正规金融问题研究——兼论二元金融之间关系及其经济影响[J]. 财经问题研究,2012(4):45-49.

行为监管、审慎监管并重,从单一行政主体监管到充分借用社会中介机构(会计师、审计师、律师事务所,资产评估、信用评级机构)来开展监管,越来越多的金融组织都受到社会治理理念的影响,"强政府、强社会"的金融影响力和社会治理格局正在形成。

再次,我国金融风险防控中的公权力路径依赖需要社会治理来纠正。在金融行业的演化和成熟过程中,公权力的规制一直有着较强的力度。正是通过公权力手段进行纠纷调处、确认信用关系、主持风险分担谈判,金融行业才一次次度过行业内部的严重危机。同时,也有赖于政府之手为金融行业开辟特殊许可,让其能够顺利进入商业、公共服务业领域,给金融业发展提供了发展空间,扩大了经济效益。但我国的金融公权力过度强大,比如政府无论是在拥有资本规模还是在监管权力结构方面都是非常强大的。在金融监管领域,我国长期奉行无差别、直接性的行政监管,比如存款准备金提取比例制度、现场检查制度等,这也造成了金融公权力排斥社会场域的一面。① 过去金融消费者无权过问金融产品的价格,金融消费需求被严格限定在保证生产、生活必需的狭窄空间内。换言之,居民只负责储蓄,企业只参与信贷,银行按照政府指令计划进行金融资源的配置,民间融资行为理所当然地被视为异端,民间金融活动被极度抑制。迄今为止,我国的金融消费者尚没有能力去决定金融市场上的产品价格,共同决策、利益分享的金融氛围难以形成。但是金融消费者也会选择用脚投票,比如支付宝、微信支付等方式迅速风靡,有力冲击了国有商业银行定价的银行卡支付、网上银行业务等。金融用户端的话语权不够、公私失衡,导致一部分金融风险盛行,不利于整体性金融风险治理体系的成长。我们应当认识到,防治金融风险和犯罪的公共政策要真正落地,使广大金融用户愿意选择、接纳,还需要获得金融参与者的合作,才能使金融圈的规范形成,造就出金融圈的公共福利。

最后,新兴金融问题为社会治理提供了舞台。随着经济全球化、科技化、信息化的加剧,使得金融与互联网、金融与电子通信设备的联系日益紧密,并衍生出金融电子商务、掌上银行、移动支付等新型金融形式,金融已经逐步走出营业机构,迅速无纸化,加快脱实向虚的步伐。虚拟货币、金融人工智能、区块链技术等刷新了人们的认知。在这些热点背后,传统的金融社

---

① 王国刚.新常态下的金融风险防范机制[J].金融研究,2015(2):16-22.

会网络、金融社会组织正在发生分化。以金融机构为核心,围绕着金融机构—经纪人—客户建立的关系逐步解体,转而发展成为以金融用户体验为核心,以围绕金融产品—金融客户以及金融客户—金融客户为链条来组建。① 换言之,借助信息技术手段,每一个手握金融资源的主体都可能成为金融产品和金融服务的提供者。反之,金融服务的需求者也是大有人在,专门金融机构的概念将变得模糊,或者转型成为金融用户进行沟通交互的平台。在这种场景下,金融活动与社会生活将联系得更紧密,人们将足不出户、足不出社区来运作金融。针对金融行为的社会调控和社会治理将与其他类型的社会治理并无异处。

三、金融犯罪风险的社会治理已有一些先行试验者

由于民间金融具有野蛮生长的特性,过去的做法是对民间金融行为进行观察,当其"超限",即超过政策可控的范围时,就将其围困和压制在政策范围内,使其符合体制的要求。但浙江温州地区的民间金融没有完全重复老路子,而是添加了一些新元素。温州等地的钱庄、标会等民间集资由来已久,已经成为半公开现象,不只普通民众,还有一些企事业单位职工、国家机关公务员参与其中,当民间金融组织兑付出现困难而酿成群体性事件时,当地政府出面采取了多种维稳手法来解决。

首先,政府和司法机关协同,力图在法律诉讼框架之外来解决,即不鼓励民众提起民众诉讼,或对已经诉讼的借款纠纷案件组织庭外协商,在政府主持下制定和履行还款方案,把高额利息进行转化。

其次,广泛动员地方金融机构、企业来解决资金借贷和担保连环套现象,寻找有实力的保证人,增加抵押物,延长贷款期限。再次,由公安和检察机关介入,追究恶意欠债人、诈骗分子的刑事责任,扣押、分配其财物,以平息民愤。相比较早前处置吴某等人集资诈骗案件中出资人大多数得不到有效偿付、造成较大社会动荡的被动局面,温州市在处置同样数额巨大的民间融资纠纷案件时社会稳定相对较好。这不是对犯罪行为的放纵,而是一种理性和合作式的处置,但在全局性、全域性的金融风险治理方案设计上,还需要顶层设计和通盘考虑。

---

① 刘旷.从用户金融需求升级看银行的转型[J].大众理财顾问,2017(12):27-29.

第二节　金融犯罪风险治理的基本原则

一、金融犯罪风险治理的核心是确认和保护金融安全红利

金融犯罪的打击必然涉及金融刑法。在刑法中，法益是一个核心范畴。金融犯罪侵犯的法益不但需要用刑法来保护，也需要采取多种社会治理手段来巩固。有学者提出应当将金融信用利益作为金融刑法的核心法益，用来指导刑事立法和司法，以此实现金融法律的革命。我们支持这种观点，并进一步认为在经济转型、社会多元的背景下，金融刑法体系需要实现认识上的革新。我们所面对的是"泛金融"而不仅仅是正规金融，金融信用利益的主要受惠者是金融行业。对于民众而言，最为关切的是能否获得"金融安全红利"。因此，金融刑法的目标应当是捍卫民众对金融安全红利的合理期待，保护金融消费者的利益及信心，维护金融体系稳定的输出金融安全红利，使金融圈内的投资者、用资者、中介者合理分享金融安全红利，使金融安全红利能够惠及实体经济和民众。

第一，金融安全红利的首要价值是交易安全。包括宏观的金融系统安全、微观的金融交易安全以及附带的金融消费者信息安全。金融活动中各种资本的流转，无论是有担保条件还是无先决条件都需要安全。从核查身份到掌握资金流转目的的技术都是为了安全。所谓的秩序也是为了安全。现阶段的金融波动与市场信心、金融社群的参与热情有密切的关系，即流动性安全。作为重要的新兴经济体，我国国内的金融安全和更大范围内的全球金融安全都关系到金融核心利益，是所有金融管理秩序追求和服务的目标。

第二，要维护金融安全红利，应当做好价值选择，使金融效率与金融风险保持平衡。英国《金融服务与市场法》提到了四种金融风险：恶意风险、履行风险、适宜性风险、审慎风险。[①] 金融风险有外在的催化条件和内在的扎根条件。金融资源要素流转过快，过度倾向某一方的金融利益（快赚钱或赚快钱）是一些风险的刺激因子。而道德偏差、监管让位是一些风险的成就

---

① 郭洪俊，张昕.英国《2000 年金融服务与市场法》评介（一）——立法背景、主要内容及影响
　　[J].金融法苑，2001（2）：50-54.

因子,这些恰恰又是金融效率的催化剂。此外,保持金融垄断在一定时空范围内是可以加强金融效率的,但从长远看却又是破坏金融稳定的。金融刑法如果偏向于维护垄断一方之利益,会造就短期安全、但长期不利的局面。

第三,金融安全红利是平等的红利,不应当偏向金融机构,而应当为所有金融参与者公平分享。金融机构本质上是商业机构,但在我国刑法上却获得超规格保护。在很多情形下,金融刑法等同于金融机构(管理)刑法。具体体现在以下方面。

(1)在我国的金融发展历程中,金融抑制的色彩比较浓厚,最大得益者莫过于金融机构,而想从金融行业中牟取溢出效应的组织和个人(设立类金融机构、开展类金融业务)往往成为刑法规制对象。今后,刑法需要考虑让更多的群体公平地参与金融活动的议题,金融准入性犯罪应该限缩。①

(2)金融刑法中一些规定着眼于保护金融机构内部经营秩序,在某些犯罪案件中,例如盗窃金融机构,伪造货币、票据,攻击金融网络等,金融机构是受害者,保护金融机构稳定不存在争议。而在另一些犯罪中,金融机构在运营、交易方面出现的过错对于犯罪的成就具有促进作用,金融机构应当检讨自身的风险,甚至对金融客户做出赔偿。在这种情况下如果再强调保护金融机构的经营秩序会转化成掩盖其过失,有关金融竞争行为、金融不当行为的犯罪应当扩展其外延。金融机构的安全并不代表着国家和市场的金融安全以及金融消费者利益妥当,刑法也不应该对所有金融活动过度管控,有些领域,刑法不应当介入。

第四,金融安全红利应当是渐进的、可控的。一种观点认为,金融行业的发展需要坚持市场的基础性资源配置作用,比如民间资金分配丰沛、互联网金融市场逐渐壮大,应当加以引导,对金融创新减少行政干预。但减少干预的条件是市场足够成熟。在互联网金融市场交易各方的权利义务还没有稳定、市场行为还没得到全面检视、金融监管与实际市场热度还存在"温差"的情况下,急于想使金融市场实现自我调控、使互联网金融释放出正面红利,达到普惠金融的效果是不现实的。也就是说,对于新兴金融市场仍然存

---

① 李娜,赵辉. 防控金融犯罪的刑事政策研究[J]. 北京业大学学报(社会科学版),2011(2):59-65.

在着要安全还是要效率的老问题,以及如何实现金融公平的新问题。另一种观点认为,现在金融法关于物(金融机构)的规定多,关于人的规定少,尤其缺乏对金融信用、金融消费者的规定,未来的金融法不仅只是经济法,而且也应当是社会法,随着金融法目标定位的改变,金融刑法不应该只服务于金融市场管控的需要,还应当成为约束金融从业人员、消费者、利益相关者的法律。

第五,金融安全红利的新兴方向应当是信用红利。一直以来我们都强调金融信用,但在我国指向的是国家信用,例如存款到国有银行,用户不用担心银行倒闭而取不到钱,因此,对银行的攻击和利益侵占就等同于破坏国家信用,必然会受到刑罚的惩处。而随着金融业态的深化发展,商业化、法人化格局形成,存款保险制度、证券交易保护金制度的推出,国家也没有必要对金融机构进行信用兜底,只需要承担国家债务信用。保护公共信用固然重要,而民事(商业)信用尤其是可以记入资本的信用也是非常需要保护的。信用是促成交易的稳定剂,是鼓励交易的催化剂。现在信用本身也是一种资产,可以流通、估值、证券化。未来金融市场配置的主要资源将不再是货币资金,而是信用,因此,有必要扭转宏大的信用观等一些旧观念,将信用看作一种无形财富,以金融交易过程中的当事人契约责任以及附随义务作为信用的核心,以交易能力判断、行为伦理判断、环境判断等为标尺。维护金融安全红利,信用建设应当加强,既需要将前端的金融征信业务和征信机构管理、中端的动态信用管理、后端的金融机构退出机制都纳入进来,也需要配套使用信用基础法规和刑法。

第六,金融安全红利是刑法调适的方向性指标。刑法是维护金融安全的最后一道防线,与金融法规相配合。有一种观点认为刑法是金融法的后盾,但从立法构成方面来看,两者还是有相当大的不对称性,金融法规的集群比较庞大,有相当一部分内容是行政规章、规范性文件,内容涉及准入、内部管理、交易,这些可以作为初步的执法依据(还需要通过具体案件的司法审查),但它们不能作为制定和适用刑法的指挥棒,刑法也不需要为他们提供背书。刑法真正需要规制的,应当是在阻碍市场充分竞争机制下金融安全红利释放的失范行为。学者们认为,违反金融准入规定的越界行为、违反金融运营规范的越权行为,以及违反金融交易公平、交易安全与交易效率的掠夺性行为应该由刑法调整。综观这些行为,都背离了一个"信"字。对具体行为的入罪化应当结合对金融信用的侵害程度来评定。具体而言,越界行为中擅自设立金融机构罪、高利转贷罪、非法吸收公众存款罪等罪名应当考察犯罪程度,看是否严重到足以扰乱金融信用。对于越权行为,违法发放贷款罪,吸收客户资金不入账罪,违规出具金融票证罪,对违法票据承兑、付款、保证罪,有些可以作为转化为侵害公司企业管理秩序犯罪,有些应该由金融机构、监管机关、行业协会进行内部惩戒。而掠夺性行为则需要增设"非法获取个人金融信息罪、金融机构背信交易罪"等。还有一些学者认为目前刑法当中关于侵害公共信用的犯罪有伪造货币罪和伪造有价证券罪;关于具体的商业信用的犯罪有内幕交易罪、操纵市场罪、欺诈罪等,但这些还远远不够,应当将一些侵犯管理秩序的犯罪转化为破坏信用的犯罪。[①] 如果从刑法的客体论来看待,应当将金融信用秩序作为客体,将传统上认为违反金融管理秩序的一些行为进行分离,使"管理归管理、市场归市场"。

总体而言,只要包括金融刑法在内的金融治理手段使用得当,加上我国既有的金融基础需求大、金融动员能力强,就可以产生应有的金融安全红利。一方面,可满足用资者的需求,解决诸如中小企业正规渠道融资难而被迫转向地下融资的现象,并解决企业过度依赖间接融资,争夺资源的现象。另一方面,也能保护出资人的安全,对接好投(融)资渠道,合理配置不同的投资风险级别,解决人民群众理财、投资的渠道单一和风险分配集资扭曲的问题。

在明确金融刑法法益之后,我们可以依此加强刑法的完善。学者们认为,我国已由管制型社会进入风险社会,立法的严谨和保守将受到外部规制对象的巨大挑战,现在很多的学术声音过度地对立法的现在时加以解读和批判,而对立法能否应对未来情势的分析还比较欠缺。[②] 明显的表现是,我们对西方的金融刑法中可借鉴之处进行了移植,但如何适应我国国情应做具体分析和规定。

二、金融犯罪风险社会治理是多主体联合治理

党的十八大以来,我们对社会治理有了更深刻、更具体的理解。《中共

---

① 顾肖荣. 论我国刑法中的背信类犯罪及其立法完善[J]. 社会科学,2008(10): 95 - 104.
② 李林. 我国风险社会刑法观与风险治理[J]. 华中科技大学学报(社会科学版),2013(1): 78 - 84.

中央关于全面深化改革若干重大问题的决定》《中共中央关于全面推进依法治国若干重大问题的决定》就社会治理的主体结构进行了阐述，将党委、政府、社会组织、群众四种类型主体的核心角色、链接方式表述得更加清楚，并区分了社会治理的运行主体、保障主体、协同主体等身份，[1]这使我们的视角不再局限于非此即彼，从而打破了一些过去的认识，比如认为党和政府是政治路线和行政执行的主体，而不是社会治理的主体；又如社会治理是单一中心化的。同理，金融公共事务和金融犯罪风险的社会治理需要有一个良好的风险治理队伍，需要在治理观念的倡导下提高政府、行业、民众的理性认同和治理能力，需要也应当实施跨部门、跨行业的共治，由单纯的线性传导关系升级为多元耦合，实现体制内和体制外的安全协同。在治理手段上，不同主体应将分别擅长的法律、制度、道德、惯例、协商、行业自我调节等运用起来，通过参与治理来增强对金融监管过程和结果合法性的认同。

（一）对各类治理主体的认知

第一，开展金融领域各类风险的治理要充分依靠我国的制度优势，即由党总揽全局，将立法机关、政府部门、司法机关、监察机关及所属的金融监管部门。经济部门、社会组织、人民团体等动员起来，形成党委领导下的多主体协调一致行动。在一些没有建立党组织的金融部门，虽然不能直接指挥，但发挥上级组织的影响力和党员的引领力是必不可少的。

第二，就政府版块而言，政府权力和制度操作渗透到金融领域的过程也是一种为治理体系大量赋能的过程。政府具有作出强制性决定的权力，金融圈中的经济行为的选择反映了金融参与者主观上对政府权力接纳或者拒绝的态度。因此，政府权力介入金融圈的深度是由上述权力和态度共同决定的。亚当·斯密曾提出著名的"看不见的手（the Invisible Hand）"的理论，强调重视市场机能（Market Mechanism），限制政府的人为干预，让市场实现自然均衡。凯恩斯主义重视国家的经济职能，要求政府制定财政与货币政策介入自由市场，但市场显然并不完全买账。奥鲁姆等学者认为政府权力应当转化为一种"社会能力"，[2]而不仅仅是行政能力。这种能力的行使以法律规章、商业惯例、领导者个人魅力为基础，正如马克斯·韦伯所总结

---

① 曾维和，贺连辉.社会治理体制创新：主体结构及其运行机制[J].理论探索，2015(5)：82-87.
② Orum，M. Anthony：Political Sociology，the Social Anatomy of the Body Politic[M]. Prentice-hall Inc. Press，1983.

的法理型权威、传统型权威与魅力型权威。我国是经济和金融大国,政府对金融的规制是全国性、战略性的,也应当是集权型、权威性的。中央全面深化改革领导小组提出改进我国金融监管体制,将分散在中国人民银行、银监会、证监会、保监会的监管职能有机整合起来,将中央和地方的监管职权合理地配置起来,保证相当长一段时间内金融管理的可靠性和金融改革的可控性。党的十九大和十三届全国人大确定的党和国家机构改革方案中,对金融管理体制做出了及时调整,形成了新的金融稳定发展委员会顶层设计和一行两会的具体监管格局。相比之前分治模式的结构性风险更小,保证了外界对我国金融稳定性的期望。在机构层面则加强了金融监管协调体制,减少了金融监管的操作交叉。在功能监管层面,明确了金融监管政策制定和政策执行之间的分工,意图将金融监管贯穿至现有的所有金融服务活动中,克服了权力腐败的问题,能够应对金融可持续发展基础不稳固,以及局部性、区域性金融风险积累的不利局面。中央政府规制的重点是政策统筹协调、风险根源分析、金融全域监测,以促进金融市场公开透明。地方政府规制重心则放在行为监管上,经常性地开展现场检查、接受金融欺诈和不正当竞争投诉、披露道德风险,如果不背上促进经济发展的额外使命,则监管效果会更好。这些都充分体现了社会治理体系中政府领导者角色的要求。

第三,在参与者层面。金融从根本上说还是人与人的活动,而不是资金、机器策动的活动。金融也不能简单地定位为精英从事的活动,还存在着大量的草根式金融。无论是政府主导的金融风险防控还是市场主导的金融秩序自我调控,金融风险的治理都不能有旁观者。因此,在金融生态圈中发现、发展和扶持乐于参与风险治理的组织和力量符合现代公民社会的成长规律。

首先,金融机构及其职员是深入市场内部的金融风险治理的触角,发挥着信息收集和即时监控的作用,是稳定金融的一线治理网络。金融风险治理体系的设计要紧紧依靠他们,而不是高度依赖执法部门。作为金融业的精英力量,他们不能脱序,但将金融犯罪风险社会治理的部分职能授予他们也要考虑到一些触动其经济利益的方面如何调和的问题。① 比如,中国人民

① 张虎祥,仇立平. 中国社会治理的转型及其三大逻辑[J]. 探索与争鸣,2016(10):57-63.

银行为规范个人账户开户行为,规定每一个客户只能在一家银行类金融机构开具一个一类账户,其他的银行卡只能作为二类账户,这必然会导致银行之间,甚至是同一家银行不同分支机构之间的竞争,吸引客户把一类金融账户开设到本行。但无论如何,金融犯罪风险治理对于金融机构而言是一种公益与自益的结合,控制金融风险所获得的长期利好比短期内的爆发性收益更值得追求,此外对风险的遏制亦是金融机构履行企业社会责任承诺的重要体现。

其次,类似的金融风险联合治理主体还包括行业中介组织。历史上民间工商业比较活跃的一些地区,比如浙江温州地区、福建闽南地区,民间金融资产比较丰厚,企业商户选择游离于政治之外,对官府治理的关注度和参与度不高,这种传统也迁延到当代。但是,通过会馆、商约等形式的社会管理对这些商业组织日常行为、整合更新和危机处置还是非常频繁的,一些商业士绅的倡导发挥着稳定商业秩序的作用。尤其是会馆组织,除了利用发挥血缘、亲缘关系的约束外,还将业缘、地缘作为纽带,将商业领袖的影响力作为依靠,当时的政府也将部分权力下方给行会组织,实行自我管理。在浙江宁波地区就出现过钱业会馆,成为本土金融业的职业性与道义性合一的"精神家园",在会馆的统领下实现行业的有序化、效率化。虽然会馆体制因为政治环境、经营方式等原因已经终止,但在影响深远的一些地方,仍可对经济秩序发挥一定的补强作用。我国证券业协会、银行业协会等行业性组织的主管部门是国家金融管理机关,过去它们主要从事行业内部服务,例如从业资格认证、统一行业经营标准等,较少独立对外开展活动。近年来,银行业协会开始积极参与金融环境整治活动,联合了全国各地 41 家银行法人金融机构整理出 140 名(家)严重失信债务人的资料,并在银行业协会网站和成员银行内部进行公示。银行业协会选择的失信债务人比较有典型性,均为脱逃债务情节比较恶劣、经过银行多次催讨仍不积极偿还的,这些债务人共计拖欠多家银行贷款本金 181.5 亿元,利息 68.1 亿元。银行业协会要求被公示的债务人以及其他连带债务人诚信履行债务。银行业协会提出了几项倡议,要求各家成员银行在这些被公示的债务人自动履行债务前不得为他们办理授信业务,不得为这些债务人开立新结算账户,并对债务负有主要责任的企业法定代表人信用卡业务设定限制。同时,银行业协会业鼓励各家成员银行积极向法院提供线索,帮助债权银行实施诉讼、财产保全、申请强制执行等司法活动。以往银行之间为了争取客户资源，对在某间银行有未偿还债务而在本行还存有资产，或者债务人旗下的关联公司、控股公司、保证方在本行有业务关系的债务人，这些银行不会主动联络债权银行去提供线索，它们这么做主要是考虑如何确保自身的债权利益，并不得罪客户。现在建立这种联合行动机制开展有助于形成银行业整体性应对债务人的局面，可以加快查清债务人的银行业务状况和财产底数，也有助于其他银行准确判断客户的资质和信用状况，避免一些银行被不良债务人所蒙蔽。虽然这当中还存在着集体行动的传统难题，例如一些地方的银行业协会分支机构组织能力不够，无法有效鼓动辖区内银行共同参与此类事务；有些银行则会抱着事不关己、高高挂起的态度，不积极清查信息。但这是一个好的开端。

再次，在传统金融体系中，中央银行以出资人和监管者的核心身份来管制金融秩序，统辖各个金融业务功能系统的运作，由内向外辐射，并请求立法机关、司法机关来参与保护金融安全。而现代金融则衍生成为多个功能系统，各个系统有各自的运作逻辑及操作方式，中央银行不再是金融的唯一核心，虽然金融监管部门的地位越发重要，但也远远不能满足监管之需。以证券业为例，我国目前有近 3 000 家各类股票挂牌上市交易的公司，证券监管者的力量明显是不足的，必须吸收证券公司、中介组织、投资人代表、聘请独立人士来参与治理，比如对开户客户身份进行核验的证券公司员工、对拟申请上市的公司进行尽职调查的会计机构，等等。这些接受委托的机构和准公共组织所履行的职责是半正式性的监管职责，若它们不积极履行职责，抑或是错误行事，则有很大可能被"内卷化"到金融风险群体中去，故应当约束它们遵从金融审慎监管与风险治理的目标，并在这一目标下开展主体活动。

最后，目前全国专门从事法律服务类工作的机构和人员已经具有一定规模，2017 年年底，司法部统计我国有律师事务所 2.8 万家，职业律师 36 万余人，还有一些属于取得法律职业资格但没有执业的后备律师，在政府和企业中还有一批法律顾问。我国各地有公证处 2 942 个，经过考核上岗的公证员有 1.3 万余人；我国建设有各类法律援助中心 3 200 多个，登记在册的法律援助工作者有 1.4 万余人，还有一大批法律援助志愿者；我国各级社区和行业建立的人民调解组织 77 万个，聘任人民调解员 367 万余人；我国司法部门批准的司法鉴定机构 4 300 多个，具有资质的司法鉴定人有 4.9 万余人；此外，我国还注册有社区矫正社会工作者近 10 万人，普法工作者 199 万余人。[①] 这些群体加上公安司法机关干警、法官、检察官，构成了金融犯罪防控和治理的核心力量。

第四，金融消费者将在金融风险治理中扮演更为重要的角色。现代科技的迅猛发展使知识技能的更新速度越来越快。过去我们高度依赖专家系统（Expert Systems）和大众媒体来接收信息、建议、警告和知识的技能。而现在，金融参与者不再完全遵循传统的知识技能，而是会去总结、收集及积累更多的知识，[②]将这些知识应用到金融活动中，最典型的例子是互联网上一些网友总结的方法。例如当发现银行卡密码被持卡人自己无意泄露给违法犯罪分子，而使银行卡内的存款有可能被划走时，应马上赶到最近的 ATM 自动取款机处在取款机上故意输错三次密码，主动使银行卡交易冻结，然后再向公安机关报案，要求银行停止支付。还有网友总结出，如果发现信用卡莫名其妙地出现在外地且被消费的记录，很可能是银行卡信息已被犯罪分子所复制，此时最佳方式是在本地的 ATM 取款机上进行取款或转账操作，并录像拍照作为证据，以证明银行卡和持卡人本人并没有分离，不是本人疏忽丢失银行卡，以利于今后处理与银行的纠纷诉讼。因此，利用知识管理和技能运用有助于避免降低金融风险发生的可能性。

金融消费者的背后还有相当庞大的家庭、组织、社群，他们会发现一些金融不稳定、不理性现象。在金融风险治理中不但要尊重他们的话语权，而且更重要的是要吸纳他们参与金融法规和监管政策的制定和执行。

（二）各类治理主体的有机整合

第一，金融市场中既有经济性主体，也有社会性主体；既有直接利益关联的主体，也有间接影响主体。各方主体在金融犯罪和金融风险的社会治理问题上价值是互益且共益的，但也需要进行充分的利益整合。金融犯罪治理在某种程度上尚处在当为而又难为的阶段，关键的制约因素是不同类型的社会治理参与者之间的关联和共进机制。在现代市场经济和社会氛围下，公众一方面对经济社会事务的参与意识增强，但另一方面社会阶层、人际关系的疏离化、对立化也有所加重，存在着一些社会心理不正常、社会冲

---

① http://www.moj.gov.cn/government_public/content/2018-03/14/141_17040.html.
② 郑唯唯，杨娅芳.专家系统在过程质量控制中的应用[J].情报杂志，2007(1)：8-11.

突频繁爆发等问题,社会治理的难度也在增加。究其根源,专家们认为是传承的社会资本被消耗,而新型社会资本又难以补充,导致治理的结构难以闭合、治理的功能难以充分发挥。在金融犯罪社会治理的现实语境下,没有办法严格区分哪些治理事务是由市场消化,哪些治理事务应由政府解决,哪些事务应由社会主体来推动。减少犯罪数量和破坏程度,保护好金融体系的安全预期是监管者们首要考虑的目标,各类金融市场主体考虑更多的是减少本系统内金融犯罪发生的数量和犯罪损失数额。金融中介组织者对金融犯罪的敏感度更小一些,更多的希望是犯罪行为不要牵连本行业、本机构的营业。以上几个金融部类的治理子目标能够形成一定的支撑,但也有缺漏,例如在配置金融犯罪防火墙时,各类主体更多的是考虑围绕自身来构建,而不会考虑风险溢出效应。加上各类金融主体拥有的治理资源和治理能力有差异,有时一些资源尚没有得到有效运用,有时也发生政府失灵或市场失灵的窘境,多元主体难以实现在风险防控上的共进和互济。[1] 尽管有一些困难或者梗阻,但只要社会治理主体和金融业务主体有双重的视野、双向职责机制,抓经济和金融发展的主管部门抽出精力去构思社会治理,在抓金融发展的同时也应培育金融社会环境和风险治理机制。而开展社会建设的部门也应学会号准金融安全需求的脉搏,拿出合乎金融实际的措施或方案,并顺利推行,既不包揽也不卸责,就能够比较圆满地实现金融发展和涉及金融的社会稳定二者兼顾、统筹协调(见图 6-1)。[2]

第二,在我国金融体系中,国有资本占据着主导的地位,在大体上能够服从经济建设的大局,与国家的金融安全调控意志同向而行,但由于安全诉求和盈利诉求不能兼得,任何属性的金融资本都会有投机性的一面,国有金融业概莫能免,也会出现膨胀冲动和风险意识淡化的问题。为此,有些观点认为要避免政府对金融市场的挤出效应,应当调控金融机构的数量和金融机构的资产,减少政府在金融机构中的持股,将混合所有制改造推广到各类金融机构,不允许政府为金融机构背书。这些看法有一定道理,但从全球视野来看,金融风险的罪魁祸首并不是因为某一类资本做大、作祟,无论是金融规模扩大还是金融创新都不足以冲抵金融风险,只有使金融参与者更加

---

① 薛澜. 国家治理框架下的社会治理——问题、挑战与机遇[J]. 社会治理,2015(2):31-35.
② 刘家强,彭家瑞,柴方国,詹成付. 推进社会治理要把握好六个关系[N]. 学习时报,2018-07-20.

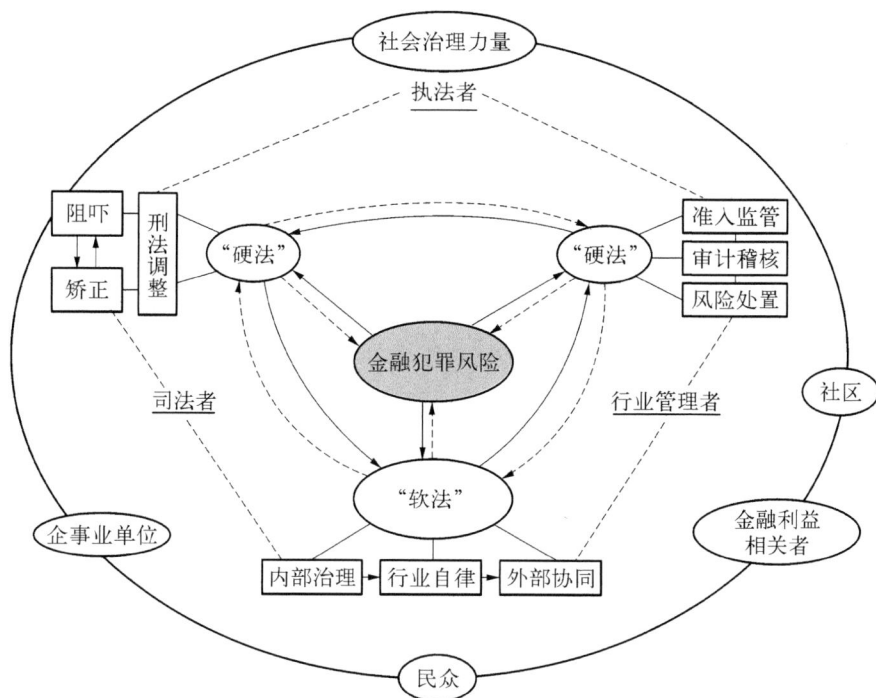

图 6-1　社会治理——金融犯罪风险防控网络结构图

理性、审慎才能帮助金融市场消化、压缩一些金融风险空间。解决我国发展
中的金融问题主要依靠民间或市场的资源和资金是不现实的,国有金融力
量还是应当发挥"压舱石"的作用。同时,如果完全按照市场规律进行金融
机构间的优胜劣汰,政策性金融机构和一些小微惠农性金融机构是难以支
撑的,这也不符合帕累托最优。而更重要的是选对人、管好事,实现多种所
有制主体在金融治理中的联动,防止金融机构实际资本增长不快,但名义资
产增长迅速的怪象,把泡沫挤出来,让金融机构在抗风险能力上而不是在
"块头"上更胜一筹。同时应响应中央的号召,做实实体经济,坚持金融为实
体经济服务,不能挤占实体经济空间,摊薄实体经济的利润。

　　第三,金融犯罪风险的治理主体应当是多功能型的。微观层面的金融
犯罪风险治理主体应当实现专业化、互动化,而宏观层面的治理主体的发展
重心则是网络化、弹性化、合作化。[①] 具体而言,要营造各个金融治理主体之

① 吴松江,刘锋,米正华.社会治理组织结构创新:网络化、互动化与弹性化[J].江西社会科学,
　　2017(4):214-220.

间的开放结构,避免自上而下和机械性控制,应扩大治理主体的覆盖面,避免层级固化、头重脚轻。要以任务导向塑造治理主体的回应性,能够适应各种金融安全需求。在金融与互联网高度融合的环境下,金融犯罪风险的治理主体也应当适应网络空间布局,将线上和线下的力量合理配置,采取适合网络特点的治理行为方式。监管机构要与治理组织形成良好的互动以及必要的指导干预,帮助治理主体增强合法性、培育权威性、保障独立性、赢得公信力。同时也要避免各类治理主体出现体质僵化、类政府化的倾向。政府部门需要为参与金融犯罪风险治理的各类社会组织进行政策上的推动、财务上的补助和购买服务,例如北京市政府就通过竞争性磋商采购法律服务和会计服务,以优惠价格定向提供给P2P平台,需要这些专业机构评估审查的可以凭法律和审计意见获得验收通过。

三、金融犯罪风险治理是全球治理

在全球化趋势下,国际金融往来日益增多,对于金融安全的防护、金融犯罪风险的治理必定要了解、借鉴、联合国际组织,以及各个国家和地区的金融发展政策、金融监管体制、金融风险治理措施,并相向而行。

在金融发展政策方面,有些国家的金融垄断程度较高,对于金融业准入有着较多的限制。有些国家为了壮大本国金融实力,吸引全球资本,增强本国对外来投资的吸引力,倡导金融自由化,减少对金融发展的法律限制,鼓励金融机构灵活经营。还有些国家和地区对金融实施特殊政策,形成离岸金融市场和离岸金融中心。在伦敦、巴黎、法兰克福、苏黎世、卢森堡、新加坡、美洲的巴拿马、巴哈马、开曼群岛等地的金融市场高度国际化,开设金融机构较为便利,对金融活动税收优惠,在资本流动、外汇、公司注册、会计等方面的法令管制非常宽松,得到了一些风险经营机构和金融控股公司的青睐。从金融监管政策方面来看,全球大多数国家的金融监管基本按照内部监管加外部监管的模式来构建,一方面,通过金融机构内部设置的风险控制系统、信用评级系统、内部稽核系统、案件调查系统、股东会、监事会、独立董事等进行风险防控,政府对金融机构的风险管理机构组建会提出一些指导意见或规则指引;另一方面,是政府主导或支持的金融监管窗口,包括政府的金融主管当局、与政府相对独立但关系紧密的中央银行、证券监管委员会以及类似美联储的机构,它们有权颁布金融法令、进行处罚甚至关闭金融机构,对金融机构从业人员也可以进行资格审查。同时,市场经济体系下还可以通过会计机构、审计机构、信用评级机构、金融行业协会、金融工会等非官方机构对金融机构实施评估和调查,提示金融机构注意金融风险。在监管改革上,各国都没有停止脚步,美国积极进行金融监管立法修订,解决分业监管的漏洞。英国加强监管体制,在英格兰银行之外又重新设立金融政策委员会、审慎监管局和金融行为监管局。我们应深刻研究国外在金融危机爆发后采取的处置和补救措施,并将这些措施借鉴运用来解决我国当前的金融问题,优化金融环境,稳定金融机构,教育金融主体。西方国家的金融监管治理体系与我国相比有成熟之处,也有一定的局限,因为再强大的监管部门也无法全盘把握金融发展的趋势,也会出现市场失灵和监管失灵,西方国家的金融体系也存在着法治建设慢半拍、监管不足拖后腿的情况,也会有监管机制僵化、监管机构之间相互踢皮球的现象。资本力量、市场结构与政府之间的行事逻辑和利益博弈随处可见。

随着市场经济改革,我国的金融业已变大、变强,但金融组织体系、市场体系同时也出现了一些问题。[①] 从 1997 年开始,中央先后召开 5 次全国金融工作会议,国务院还专门成立了金融危机应对领导小组、金融稳定发展委员会等工作机构,解决从上而下的监管问题。在构建本国金融监管体系与风险治理路径方面,我国在某些方面已与国际体系接轨。在金融发展方面,我国通过不断扩大金融对外开放和放宽外资准入,制定了合格的境外机构投资者(QFII)、合格境内投资者制度(QDII)、人民币合格境外投资者制度(RQFII)、外商控股证券公司、沪深港通、创新企业存托凭证发行交易试点(CDR)等制度。我国香港地区和上海等地也提出了建设国际金融中心的目标。首先,在监管主体方面,我国开始由中国人民银行行使金融监管权,随后将主要的监管职能划转到证监会、保监会和银监会。其次,在监管内容上,我国按照历次的巴塞尔协议精神,先是抓宏观,例如银行业被要求充实资本、施行贷款分级考核;证券、保险业要求分业经营。然后重视微观行为监管,查办金融机构违法违规案件,进而发展到宏观审慎和微观审慎监管协调推进、系统性风险和机构性风险同时抓的步调。[②] 再次,在监管合作方面,

① 王洪章.防范风险:银行经营工作的永恒主题[N].金融时报,2018-06-25.
② 黄益平.中国金融监管可以考虑"双峰"模式[EB/OL].[2018-02-26].https://www.thepaper.cn/newsDetail_forward_1494459.

从 20 世纪 90 年代开始,中国证监会开始与境外证券交易所、监管机构开展合作,签署谅解备忘录,共同监管在境外发行股票和上市的中国公司,开展区际和国际执法合作。2007 年,中国证监会与国际证监会组织签署《磋商、合作及信息交换多边谅解备忘录》,形成双边、多边并行的监管合作框架。

我国的金融监管与风险治理中有直接借鉴国际条约和西方发达国家立法的内容的一面,也有自成体系的一面。我国负有顺应全球金融发展规律、协同实现金融管控、共同营造国际金融新秩序的使命。在未来的金融发展中,我国还需要吸收与我国的金融市场情形与国情基本匹配的国际监管、治理理念,在一些涉及跨境、跨国金融风险治理合作的事项,例如防范洗钱、虚拟货币、境外融资等方面,应当也有引入国外成熟经验的空间,并根据我国的行业特点合理吸收使用,以此来提高金融治理的技术化、智能化水平。而在一些体制差异性较大的金融领域,就必须考虑国外立法与我国国情、社情的适应性问题,例如关于外汇管制的法规、个人数据保护法规等。这些差异需要从行为规范的限度和价值平衡的角度去评价。

四、金融犯罪风险治理是梯次推进的

金融犯罪风险社会治理的直接成效是金融稳定。金融风险社会治理所追求的金融稳定水平应当是与经济社会发展格局相匹配的、与时俱进的、梯级动态的稳定,这就需要不断进行治理调节,将一些新的金融行为和金融需求综合吸收到金融治理供给框架中,为金融增长赢得一种稳定的环境。例如对于民间私下换汇的行为,过去的做法是打击换汇的"黄牛党",但对持有外币到银行存款的个人并没有彻底追查其外汇来源是否合法合规。随着外汇管制作用和意义的改变,现在的做法更倾向于开源和吸收,即允许民间藏汇,宽容对待来自金融机构外的外汇兑换,使外汇成为一种理财手段,甚至述特许成立了外币兑换机构,这体现了金融治理政策的进步性和参与性。

在金融稳定顶层治理架构下,还存在中型和微型的治理环境,需要形成由多方参与的金融风险"看守细胞",需要考虑各种金融风险的治理开展情况,逐步促成在不同地方之间实现治理的同一尺度、同等强度。由此衍生出两个话题:一是现在我国金融机构总部和主要运营部门扎堆设置在首都北京以及上海、深圳等地区,这主要是历史原因和经济中心优势造成的,故这些地区的金融风险治理力量和水平要首先应加强配置,但过度的金融集中

也会难以应对各种金融安全变量。从治理效果的角度讲,未来金融机构会自觉选择在区域金融规制程度较高、区域金融安全系数较高的地方"安营扎寨",金融机构的区域布局和组织机构将会对社会治理的实践水平有更高的敏感性。二是我国的金融机构及金融组织应当依次进入金融治理圈。金融机构无论规模大小、名气强弱,都必须做好两方面:风险防控和金融创新。前者能保证其稳健经营,不受金融整体波动的影响,后者能带来稳定的利润和客户群体。当然,对新的金融业务和盈利模式而言,风险管理总是会相对落后,初期只能开展部分范围的风险控制,还难以顾及全局。随后要开展风险战略的设计和治理模型的建构,如果再裹足于小修小补就不能看作是梯次推进了。例如对于互联网金融,现在宏观审慎监管还没有提上日程,但互联网金融如果不能够很好地服务于实体经济,而是卷入证券信托资产类、房地产类资本游戏,竞相增加杠杆,则一定不会生存得好。作为监管者,不能容许某个金融领域的投资者总是处于高风险、低收益的境地,对互联网金融严格市场准入、实施穿透监管势在必行。

同时,还必须界定好金融机构的外延。根据新出台的《最高人民法院关于上海金融法院案件管辖的规定》,司法机关对金融机构的外延进行了释明,文件采取了行为学说的观点,即经金融监管部门批准、有资质开展金融相关交易的机构都属于金融机构。除了人们公知的银行、保险公司、证券公司、基金公司、信托公司、融资租赁公司、企业财务集团、各类交易所外,传统的典当行、新出现的担保公司、小额贷款公司、保理公司、汽车金融公司、私募基金投资公司、资产管理公司等都被纳入金融机构的范围,这些机构中大多已获得金融监管部门的金融业务许可证,但像担保公司、小额贷款公司等并没有金融牌照。① 过去,相关部门规定小额贷款公司可以经营小额贷款业务,是一类工商企业,不是正式金融机构,其主管部门是政府的金融办。现在将所有从事金融业务的企业全部视为金融机构,逐步执行通用的金融风险控制标准和金融监管规则,分梯次解决行政监管上的"多龙治水",并与刑法关于金融机构、金融机构工作人员的相关犯罪规定进行对接,将有利于整个金融行业的治理。

---

① 丛娜.浅论金融机构概念中银行延伸业务的界定——对《刑法》第 264 条规定中盗窃金融机构的理解[J].经济研究导刊,2008(12):74-76.

针对不同金融品种发展的不同步性,应根据不同情况进行渐次调节。例如对于存款、贷款、外汇等基础性金融业务应当将职责交给金融机构和民众来互治,而对于证券、期货、金融衍生产品、互联网金融创新业务等就较为复杂,对于出资人处于弱势的金融业务,不能轻易放松政府的规制力度而交给市场和金融机构去自由发展,否则将带来无穷的风险后患。实践证明,越是与参与者的利益息息相关的金融事务,民众越有意愿参与,例如反假币;而有些间接性的金融业务,参与者的认知能力则不高,无法提出和采取切实的风险治理举措,需要监管部门加大宣传和引导,例如新型电子金融产品、互联网金融等。

五、金融犯罪风险社会治理应当刚柔并济,发挥较低成本优势

治理、监管和规制具有相似性。规制是严格按照法律和政策目标,实施可度量的行动,监管和规制一样,注重程序和操作。规制更具有法律意义,监管更突出行政职能。同时,监管中包含着管理技术与管理艺术,需要与商业环境、社会文化、公民意识相结合,发挥其多元影响力,第三方也可以接受委托参加监管。[①] 因此,治理有刚性的特征,更有柔软的一面。有些群体对金融犯罪风险社会治理的看法是:"说得多,做得少";"正面宣传多,动真格少"。这种看法虽然偏颇,但也从一定程度上反映出当前这类治理活动中偏"软"的现象。与维护社会治安、打击犯罪等专题的社会治理相比,虽然金融犯罪风险治理手段的强制性、严厉性方面不宜处于同一层次,但是单靠宣传普法、发布黑名单、提供线索等手段也难以达到防控目的,需要在治理的工具、手法、文化、意识、网络等方面下工夫,在软硬手段搭配的时点上、法律和社会经济手段的配伍上、传统的人防和金融科技技防手段的衔接上做好文章。既保证金融"生产力",又保证金融平稳,而不是将金融矛盾一概犯罪标签化、严厉压制。

一般认为,治理应当比管制更节约成本。治理所具有的联动性会带来成本的下降和效率的提升。金融犯罪风险的社会治理也应当在成本优势上多下工夫,例如通过金融风险治理补齐在金融信息采集和使用上的短板,通过风险治理缩小高度投机金融行为的适用空间,促进金融收益较合理的分

---

① 杨团,施育晓. 治理与规管[J]. 江苏社会科学,2006(5):82-88.

配,解决一部分实现难度较大的金融需求,使金融风险预警服务发挥效用,就是降成本的方式。与此同时,金融监管部门不再增加人力物力,不再大包大揽、单边行动,本身就能节约大量的行政成本。金融风险的治理虽然带有一定程度的自治色彩,但也绝不代表会弱化监管,只是政府会以更加整体化、定向化的管理提供金融安全的基础性环境,给予金融市场主体和社会主体充足的活动空间,使他们共同参与管理,改善管理绩效。这当中需要把握好尺度,既不能收缩监管,减少服务,也不能过度汲取资源,诱发利益博弈,而应当形成强监管、强自治、守住本位、共司其职的格局。具体而言,金融监管以及风险治理不应当完全采取方便政府管理的导向。当前我国金融监管体制正在进行结构性与功能性兼顾的深度改革,对以往的一些政策、机制、措施会有一定的清理和延续,针对原有管理部门以及金融监管的分置面临着更改和调整,既然要变动就应当变更为更贴近市场、更符合形势要求、更体现整体治理的政策工具,也就是能够满足有效治理的要求。原来被上收的金融许可、调查等管制权力在治理环节舒展开来,原来被下压的金融稳定职责和义务被相对均匀地分摊到所有的治理主体当中,而不是仅仅成为强化监管的工具,形成一种恒久治理的定力,而不再是碎片化、本位化。在金融治理手段的实施程序方面,也应当本着公开、交互、便民、平衡的思路,便于治理者善治、参与者共治。

第三节　金融犯罪风险社会治理中的技术运用

金融犯罪风险波及不同的社会阶层、财富群体,需要准确锁定高发和多发领域的金融矛盾,结合不同的社会治理手段和技术来消解风险,目前可以考虑以下几个方面。

一、运用好信任和包容元素

金融受益于近现代的经济文明和科技文明,但从根基上说,金融是社会文明、法律文明发展到一定阶段的产物,因为金融的核心是"信用",这是一个非常富有社会意义的词汇。在社会群体的交往规则中,不仅在金钱物质关系中存在信用,而且在其他类型关系中也需要建立信用、储备信用、交换信用,信用已成为市场中无声的法则。在计划经济体制下,最高的信用来自国家和政治体制,用国家信用、政府信用、单位信用可以替代一些经济核算,简化一些人际关系,但也僵化了一些经济往来。在信用关系单一的情况下,背信的风险极高,背信的空间也被压缩,相应的金融违法犯罪活动也比较少见。从计划经济向市场经济转型以及伴生的过程中,单位信用发生萎缩,国家和政府减少了包办,并从一些领域退出,使得过去延续的一些信用运转机制出现失灵。① 而一些新生的经济和社会领域其实是缺乏信用支持、信用评判机制的,这种"短板"效应和"破窗"效应加剧了部分金融、经济领域的混乱,轻则酿成"三角债"现象,迟滞金融流通,加重金融机构负担;重则导致各种欺诈类、伪造类金融活动频发,金融体系内外部人员勾结作案将金融机构变成"提款机",或者金融从业人员自肥自利,使得金融经济犯罪数量迅速增长,甚至导致金融机构面临倒闭,让政府、经济界和社会深受困扰。国家一方面严密法网,加强市场监管和职能管理建设,利用行政强制力来弥补信用不足的窘境。利用刑事手段打击犯罪,威慑金融不法人员。另一方面,国家也着手加强社会公平建设,修补和重建一部分信用社会关系,以减少失信的诱因。但应当看到,在各种金融元素在市场配置中还未做到公平分配,社会阶层收入差距呈现扩大化趋势,经济自由化和政府管制之间冲突依旧存在、执法严密程度尚待加强的情形下,来自经济领域的信用基础还不够牢固,信用产出和积累也不会在短期内大幅度改观,背信活动的空间仍然存在,背信成本尚无法让行为人止步,金融领域践踏信用的现象和人员的治理还有很大的难度。

应当看到,再严密、再严峻的法律和金融监管也不能从根本上代替信用,在金融总量规模扩张的同时,如果不能给金融体系提供足够的信用氛围,金融脆弱性将不请而至,金融风险的警报将提前拉响。而解决信用不足、信用不牢的问题靠的是社会调节机制,走的是政府公权力与社会互动互济的路线,这是之所以要引入金融风险社会治理的更深层次原因所在。古往今来,信任始终是金融稳定的支柱。英国社会学家吉登斯指出,信任是个人建构自我及身份认同的基本条件,在信任他人的情形下,个人生存的安全感获得保障,进而能够发展稳定的自我身份认同。② 吉登斯区分两种"信任

① 党秀云. 重建社会信任:中国社会建设的心灵之旅[J]. 中国行政管理,2013(7):60-65.
② Anthony Giddens. The Consequences of Modernity[M]. Cambridge Polity Press,1990.

感"：一是对熟识的人、事、物；另一是对彼此陌生的人、事、物。在前者所建立的信任关系中，存在相当低的未知因素；而后者的信任关系基础则是建立在相当高的未知因素之上，是对某种制度和系统的信任。例如我们信任专家，尽管专家不是生活中熟识的人。① 随着社会发展，人际互动的圈子不断扩大，社会结构依据不同的功能加快分化，人类行动与思考的主要原则变得理性化，更加注重效率与效能。人们以集体遵守社会规则，排斥暴力、欺骗的原则进行交往，对系统的信任已经超越对人的信任。我们对金融体系的信任主要是一种系统的信任，即我们对金融系统的实力和活力有信心。但是，对系统的信任或者以专家为媒介的陌生人信任所建立的信任关系相比血缘、私人感情所建立起的信任关系，基础较为脆弱，连接不够稳定，容易发生破裂。不确定风险社会环境和相对弱化的信任关系两者又相互影响。尤其是在全球化状态下，本地区的生活方式和生存环境越来越受到来自外地的因素的影响，本地的社会结构和社会运动与外地的社会结构和社会运动形成紧密连接，一些现象或问题包括危险因子在全球的范围发生和发作，然后传导到本地。全球化的巨大力量打乱了传统社会的时间空间和安排秩序，削弱了本地的社会制度、社会组织的掌控能力。养成风险意识与加强风险管理能力与建立持久与稳定的信任关系是现代社会面临的两大难题。

　　金融犯罪风险社会治理的进步是国家治理体系和治理能力进步的一部分，必须要吸收各种治理和善治的经验。在金融犯罪风险治理领域，要推行包容性治理的观念。包容性代表着持各种利益诉求的主体都能参加治理过程，从而影响治理结果，享受治理的正面产出。在一些金融风险治理中会出现限制自由实施金融行为，影响或然性收益的决策，例如为证券交易设置熔断点，对于合法但激进的投资者而言，这种结果并不是其乐见的，但出于整体安全观的考虑，一方面需保障有能力的投资者能从证券市场获得风险收益；另一方面也需要为其他风险承受能力较差的投资者"止血"。只有采取风险治理的手段，才能将两个方面统合起来。

　　包容性还意味着增强了治理主体的平等性和普惠性，部分修正了行政机关主体的强势性，不再一概强调谁主谁辅，而是把治理资源分散出去，使

---

① Anthony Giddens. Modernity and Self-Idendtity: Self and Society in the Late Modern Age [M]. Cambridge Polity Press, 1991.

治理过程透明起来,将治理愿景与治理主体利益联结起来,营造互相信任,减少治理产品的排他性,保障底线安全。

包容性治理具有的意义是让更多的治理参与者能够感知和享有。① 在金融场域,以往的教训是将广大的储户、证券投资者、保险客户过度的保护,过于强调以公权力来保护中小型金融客户,而忽视了他们本身也是金融安全维护的义务人和能动者。在金融风险危机管理过程中,需要将这类庞大的群体调动好、疏导好、协作好,防止失衡、失序,提高社会治理过程的民主性。

二、善于借助市场化手段和力量

市场经济的发展、市场机制的形成对社会治理的主体、思路、方式带来了深刻变化。有了合理的市场规制架构和明确授权的范围,无论是专业机构实施监管,还是社会主体参与治理都会有更好的效果。在金融犯罪风险的社会治理中,市场要素和反应是不可忽视的,市场主体之间的信用基础和协作机制是必须重视的,可以通过市场的内部强化与外部安排共同形成金融犯罪治理新秩序,就像中央提出的要通过市场化手段处置金融风险。因此,需要密切关注市场的形势、市场的情绪、市场的承受能力等因素,将其落实到社会治理体系中。例如针对房地产金融及其关联不良资产的治理,就必须充分考虑市场的表现和态度。在房地产过热阶段曾出现房屋交易中介机构撮合办理"首付贷"、配资炒房、出借购房资格、替他人办理购房抵押贷款、抢购与房地产相关的理财产品、P2P 融资标的等金融现象,加上房地产抵押贷款中的欺诈行为,牵扯出一定数量的金融违法案件。当前房地产市场中经历着供求关系的变化、房地产调控政策实施的重大政策过程,也会带来强烈的金融联动效应。在此类风险的治理中,应当引导企业和民众个体遵从市场供求规律,不将全部或大部分资产押在房地产投资上,与房地产金融活动保持好距离,以免被房地产金融违法犯罪所影响。

三、重视发挥金融科技、信息、数据的作用

金融现代化使远距离金融变成了现实,传统的金融终端是金融机构的

---

① 徐倩.包容性治理:社会治理的新思路[J].江苏社会科学,2015(4):17-25.

门店,例如银行营业厅和证券交易所等金融机构职员与客户实现面对面服务,而信息技术的发展将大大改变这种局面,今后的金融终端将和金融用户合一,微缩到一部电脑甚至移动电话中。在电子设备上,金融消费者能够办理手机银行、手机证券、手机保险、手机理财等绝大多数业务,而金融机构则隐藏于网络通信信号之后提供远程服务,等到人工智能和芯片识别技术再发展到一定程度,人类甚至可以通过体内植入金融芯片,摆脱手机,直接发出各种金融服务需求指令。纸币、银行卡等金融媒介将陆续退出历史舞台。一些传统的金融安全防护器具和经验受到高科技犯罪的挑战,还将会有一些无法知晓的风险和技术来冲击金融安全的基础。

随着金融信息化建设的提速,以及民众金融行为习惯的改变,大量的金融活动,例如支付行为、投资行为、理财行为都将在互联网上进行,依托各种银行、保险、证券类传统金融机构和新型的移动支付平台可以产生和保存大量的使用者金融信息,[①]相应的,金融信息犯罪和数据犯罪会增加。一是随着非金融主业的公司企业在金融科技上拔得头筹,使科技人员能够借助自身技术优势和掌握的信息主动权来策动金融犯罪,这些市场"闯人者"多隐藏在互联网、数据库深处,通过敲击键盘或者手机扫码,把电子计算机程序植入或运行起来就可以实施犯罪,他们的物理位置反而变得不重要。二是随着金融和商业、金融和消费的深度融合,社交平台、零售链终端等场域成为金融犯罪新的温床,这些领域的资金流转很多都已经不需要通过银行等传统金融机构渠道,只是依靠金融网点设置防护已无法阻止犯罪。三是各类金融消费者借助金融负债条件宽松的时机热衷于尝试金融创新,在无法控制负债风险或者寻找到制度漏洞时,容易陷入犯罪。我们经常遭遇的第三方支付犯罪、互联网借贷中的犯罪行为、电商交易中的犯罪都属于这些类型。这类金融犯罪数额更为惊人,犯罪扩散更为迅速。

如果说对传统金融犯罪的预防主要是把好金融机构的现金安全和金融从业人员的行为关,那么,现在对科技化、数字化金融犯罪的预防就要牢牢掌握技术流、信息流的安全主动权,将信息系统风险管理放在与支付管理、资产质量管理同等重要的地位。在金融犯罪治理过程中,要建设好金融技

---

① 刘静.关于公众对金融知识、产品及消费习惯的调查报告[J].长春金融高等专科学校学报,2014(4):65-70.

术基础设施。现在的短板是金融机构的金融业务创新和风险防护创新并没有同步规划、同步建设、同步实施,现有的客户信息核查、交易数字密钥等数字化金融保障系统只是安全建设的前端。而从根基上看,金融机构对新客户的交易特点、消费习惯还不适应,金融风险治理方面的科技服务商数量少,开发出的风险控制软件和数据库对客户异常信息的收集和识别比较差,对占比70%以上的电子化金融业务还保留着碎片化、人工化的风险监察老办法,业务漏洞堵不住。这意味着还要在金融客户流量管理、金融交易载体防控技术、风险管理信息共享、风险防控合作等方面下功夫,形成一个基于信息化、数字化的金融风险防治体系。在金融犯罪风险治理过程中,还要掌控好重要的金融数据。目前的金融数据主要用于金融信用体系的建设以及与金融有关的司法活动,例如掌握资金流向、查证可疑线索、协助判决执行等。其实大数据对金融风险治理具有非凡的意义,每个治理议题都应当有数据支撑,每一项政策的出台和评估都可以通过数据技术收集行业的反映。治理者应当有数据意识,通过运用大数据来提高工作效率,精准发现问题。

四、审慎运用自由裁量

自由裁量是一种自主判断空间的构建和对应采取何种行动的决定实践,在推理过程中隐含着论辩式语境。[1] 自由裁量不仅只限于司法裁判中,赋予金融监管机构以外的一些治理主体相应幅度的自由裁量权力,以利于对金融犯罪风险采取即时性的应对措施实有必要。时至今日,金融风险的发生已不囿于依照统计学中的机械概率来确定哪些风险是极有可能发生的,以及哪些风险是可以排除的。因为它涉及复杂的社会、经济系统,是非线性的,更遑论蝴蝶效应所隐含的系统风险。这就意味着,即便对概率小的风险因子,监管部门也有权力采取行动将其阻断,不能任由风险搭上便车。为此,应当允许金融监管部门适度扩张行政权力,有权采取多层审批、信息规制、临时禁令、预先处罚措施等手段,例如向金融机构发布止付令,向不动产登记部门发布冻结令,压缩一些不正当金融现象的机会空间,适当牺牲一些金融自由。

---

① 安德斯·墨兰德,哈罗德·格里门:理解专业自由裁量[J].童乙,译,思想与文化,2012(1):94-110.

在金融犯罪风险的治理中,金融监管机关对一些金融业务的审批和检查和对金融机构的巡查是自由裁量。首先,自由裁量需要有一定的前提,即存在某些非制度化的特殊情境,与现有的法律规则有一定的距离。其次,自由裁量者获得一定程度的豁免保障,允许其进行推理,正规金融机构可以依照其经验和信息采取一些自由裁量行为,例如对可疑的资金交易进行冻结,对可疑票据进行联网协查、对资金划拨指令予以拒绝。而金融消费者相应采取一些自助保护的行为,例如中止履行可疑的债务,对一些金融凭证私下进行保全等也可以视为自由裁量。在自由裁量的结果中有一些是规训性、惩罚性结果,能否做出这种结果取决于法律规则给予的空间和官僚体制的压力。另一部分自由裁量可能做出协商、诱导性的结果,这是一种对规则强硬性的改良。

不同的自由裁量会出现差异,因为自由裁量是一种非简单复制的类比推理,从决疑推理到支持某种行动的过程只是经验层面的规则演绎,可能会出现某些相近相关性或因果联系,当然也会出现不确定的推理。而且每一个事由都是经过描述或转译才进入裁量者视野的,期待不同的裁量者得出完全相同的结论是不现实的。在金融活动中,有些金融机构的裁量结果不一定是偏向于控制风险,甚至还可能会做出趋向风险的一些裁量,比如被人们诟病的银行与一些 P2P 金融平台共同开发的产品、证券公司与一些“空手道”式的上市公司的合作,而监管机关没有限制一些金融机构的高风险展业行为更是引发热议。国外研究者认为,自由裁量的结果往往是向个体的经验靠拢,所做出的判断具有跨时间、跨空间和跨个体的一致性。但其成立的前提首先必须是贯彻形式正义原则,并且具有可复制性。其次才是它的特定化色彩。[①] 要使自由裁量受到尊重就必须保障其专业性,并保障自由裁量者的学识、情感、责任心、经验等因素少产生偏移。在金融风险治理中,要警惕金融监管部门、金融机构的高层决策者恣意决断,放松风险管控的立场。同时,强大的自由裁量权也不排除一些合作治理形式,例如举行听证会、征求行业和社会意见、进行问卷调查、官方微博微信沟通、邀请人大代表和政协委员参政等。

① 于永宁. 论开放结构背景下的法官自由裁量[J]. 法制与社会发展,2015(4):13 - 27.

第四节　金融法律体系与金融犯罪风险治理体系的有机搭配

一、金融法律体系的建设和运行

（一）金融法律体系的整体运行

金融法制是金融活动的制度化安排,反映了金融秩序的发展水平和完善程度,是金融体系成熟的必要指标。没有金融法制,金融运行和金融安全就会失控。相比国外在防治系统性金融风险方面主要重视经济手段的做法,我国将利用法律手段来保护金融安全提升到相当高的位置,并积极增加金融稳定可以动用的合法性资源。我国在 1997 年以后在较短时间内出台了《证券法》《信托投资基金法》《外汇管理条例》《期货交易管理条例》等法律规范,为金融机构和金融市场提供了基本的监管内容、监管方式、监管手段等方面的法律规则。随着中国特色社会主义法律体系的形成,我国金融领域的一些基本法律已经较为齐全,包括多部法律、近百部行政法规以及一些地方性法规,基本实现了有法可依。

金融形势的复杂多变势必还需要更多、更新的金融法律,以良法善治来提高金融风险的系统治理能力,在此需要考虑几种情势。

第一,金融法制中必然还有短板,但这种短板不应短于金融发展的平均水准。例如我国尚没有基于期货的复杂衍生金融产品,因此,期货方面还没有形成法律层级的立法,但期货基本规则应当有法制规范,必要的期货安全宣示条款不能短少,并需要进行前瞻性的立法探索,为未来的金融改革创新提供法制支撑。

第二,在金融法治建设过程中要总结以往修补性法律的经验教训,保障立法质量。党的十九大报告归纳的中国特色社会主义法治建设中提到了应科学立法的要求。最高人民法院副院长江必新阐释过科学立法,认为它是立法过程科学性和立法结果科学性的结合。科学立法意味着科学的理念、程序、手段,在金融立法过程中抓住金融风险问题的根基,凝聚金融活动各方参与者的共识。目前对立法科学性造成比较突出困扰的主要有两方面问题。

一是"等不等得起"的问题。例如针对互联网金融的指导性法规,对于已经形成影子银行怪胎的银行资产管理业务,立法动议提出较早,也发出了征求意见稿,但整个立法过程耗费了三年以上的时间。而针对民间借贷的放贷人条例,酝酿时间已接近十年,还没有形成定稿。从全面把握此类金融业务的规律角度看,耗费这些时间可能是必要的,但从需要调节脆弱的金融关系来说,立法时间越长久,卷入其中的金融消费者就越多,待定的法律关系就越积压,公平正义的实现感就会削弱,而且有些法规出台不久就被再度修改,显示出这些法规在解决现实法律纠纷的操作性和有效性上的短板。因此,对于金融风险的管制立法,总体上说,是有比没有好,出台快比出台慢好,即便有些适用范围很窄也属有必要。没有正式管制手段的也要尽可能通过相关政策、行业规则、诚信道德等工具来调整。①

二是"管不管得住"的问题。金融法规中监管的成分最重,但从目前来看,立法造成的最有力度的监管是针对金融机构的管理,而不是对金融业务的管理。根据金融法律法规,监管部门能管住金融机构的负责人,但无法全面管理金融机构的业务。比如针对业务风险的审慎监管主要还停留在理念上,对一些金融扩张现象也没有进行限制。在表现最为突出的保险行业,原保监会在很长一段时间内放任保险机构脱离保险主业,到房地产市场、资本市场等领域挺进,并吸引很多实体企业进入保险市场,无心于本业经营。从表面上看,保险业取得了超速发展,但这种发展已经出现了以牺牲实体经济整体利益为代表的倾向。因此,针对监管的法律规定要夯实,不能给法律关系对象们一种法律飘在半空中不能落地的感觉。不能时松时紧,当然也不能一刀切,要在任何时候都保持同步尺度,避免震荡,动摇金融稳定预期。同时,金融法制要妥善代表好金融各方参与者的利益共识。党的十六大报告提出要扩大公民有序的政治参与,党的十七大报告进一步提出:"增强决策透明度和公众参与度,制定与群众利益密切相关的法律法规和公共政策原则上要公开听取意见。"在部分金融法制的制定中已经开始吸收民间、行业、学界的意见。例如关于外汇兑换管理的行政规章与群众利益紧密相关,故中国人民银行在出台这项规章时进行了调查和听取意见,多次邀请经济金融专家论证放宽外汇兑换的垄断性经营的可行性,最终形成了整体外汇

管制不放开,但大胆放开小额外汇兑换的法律框架,体现了治理的智慧。尽管由于国家管制的因素,金融法制并不一定是最大公约数,但对于已经形成的共识,金融法制在大多数情况下可以强制性规范加以固定,同时也有一些任意性规范,如信托法规范留待今后有强共识或者强需求时再行商议。①

对已有的金融法制资源进行充分的运用也非常重要。金融法制运行要同时体现我国乃至全球范围的金融需求和价值观。我们强调和坚持金融法制与国情相适应,让金融参与者受益于法律、受制于法律。比如一些金融部门呼吁放宽对于资金使用的限制,但金融法制对此并没有做出明确回应。因为我国金融体系的弹性和管理能力决定了这种限制只能逐步放开,只适合逐步允许保险资金投资证券市场,逐步放开境内资金投资境外金融市场。而且,其他国家出于金融安全的需要也采取类似操作手法。因此,不能过分指责我国金融法制的不灵活。

第三,金融法制运行应体现出利益倾向性。不能将金融活动中的所有参与者假设为同质性的人,要注重他们之间的差异。换言之,金融活动中有弱势群体,法律要格外注意保护他们,并将一些金融惯例经过治理理念的权衡调节,使其更公允、更合理。比如现在利用通信工具实施的金融诈骗,受害人误信骗子的言语透露银行卡信息,使犯罪分子轻松划走储户资金,然后迅速化整为零提走现金。受害人明显处于弱势,虽然他们出于疏忽将取款密码等关键信息告诉了犯罪分子,但他们的身份信息、银行卡信息、通信资料的泄露使他们成为标准的信息弱势者,谁来保护和弥补他们信息泄露的风险? 金融机构、相关个人信息使用单位对此有没有责任? 金融法制应当对此做出倾斜性保护,即便是有可能影响金融交易的效率也是值得的。近年来,通信管理部门规定手机等通信工具必须采取实名制登记,中国人民银行规定通过网络给他人银行卡账户转账必须 24 小时后才能在自动取款机上提取现金,这些规定的效果如何还需要检验,但起码是做出了有利于金融弱势群体的规定,而不是固守金融产品使用者自负其责的惯例。

第四,金融法制的运行要安排好公法与私法的竞合问题。"公共选择理论"认为,每一个公共选择的参加人都在根据自己的动机、愿望、偏好等判断,实施最有利于自己的行动。运用到金融领域,金融消费者在遭遇财产损

---

① 张淳. 信托法哲学初论[M]. 北京:法律出版社,2014.

失风险时,是求助监管部门或者公安机关,还是寻求民事救济手段,实际上是在"私法责任"和政府规制上做抉择。比如一些银行卡密码泄露被盗刷事件,有些持卡人选择向公安机关报案或向监管部门反映,或者与商业银行及其上级进行交涉。有些持卡人则选择提起民事诉讼。投资人在面对P2P网贷平台兑付难题过程中的行动也是在两者之间做出选择。政府规制是一种事先示警,设定了行为标准,执行规则的是公共主体。私法责任是一种事后机制,明确了责任配置,既可以是填补性的,也可以是惩罚性的损害赔偿,执行规则的既可以是公共主体,也可以是私主体,但实现周期会很长。[①] 从法律经济学上的财产规则角度看,当事者认为哪一种方式获取信息的成本低、代偿水平高、决策安全性强、社会互信氛围好就倾向于采取。以当前的金融不良资产上升速度和涉众性金融纠纷发生数量看,必定会造成金融法律需求大于政府规制供给,而且短期内难以解决的问题。必须要利用私法责任机制来消化一部分纠纷。同时,如果能将私法责任中的一些机制,如将侵权禁令方式引入金融纠纷的处理以补充甚至替代行政救济,能够有效应对新风险和高风险。

(二)金融刑法的运行

金融安全法制中的刑事法版块特别引人注目,过去全国人大常委会曾专门针对金融犯罪出台过单行刑法,在1997年刑法修订过程中,金融犯罪罪刑规定得到了进一步加强。

第一,在整体性的金融风险治理方案中不能缺少刑法,但刑法并非万能,需要审慎、辩证地看待:首先,金融刑法够不够用是一个见仁见智的问题。在立法方面,一些新金融犯罪罪名是渐进式出台,不是体系化设计,一般是缺哪儿补哪儿,这说明对于金融犯罪立法,我国并没有建立起立法规划和评估体系,一些国外的成熟经验和专家提出的建议和警告,立法机关没有马上加以转化。在这样的状态下,新罪名推出的时机就比较尴尬,往往是舆论和民意涌起,立法机关才拿出"猛药"。当然,对于金融市场上已出现的犯罪苗头,现有金融风险防线已经被突破的一些行为,刑法如果马上作出规定会陷入过度扩张的势头,但刑法的慎重不代表着凡事慢半拍,如果我们将金

---

① 杨彪. 侵权禁令与执法替代:风险社会公共治理的新思路[J]. 法制与社会发展,2017(4):7-22.

融行为规则设置、金融监管和金融刑法作为一个整体加以考虑和论证,设计一些概括性的金融刑法罪名,例如背信罪、非法使用金融信息罪,然后再通过合法方式进行法律解释,并加强金融监管、金融执法中的信息协调,我国的金融刑法将在打击金融犯罪的战场上则会表现得更为主动、更为有力。

第二,要辩证地看待刑法功能中优势和劣势的部分。刑法有其积极的一面,它能保护的法益很多,而且擅长保护集体性法益。通过将一些行政违法行为犯罪化,将一些抽象危险行为进行管制以后,将来就可能不发生或少发生损害。[①] 在有些情况下,刑法对金融风险的干预越早、干预手段越多元,效果就可能更好。例如非法设置金融机构,行为人一经设置就应当考虑入刑;还有如组织非法的证券、期货交易,无论是对交易设计者,还是对出借账户、提供配资、提供网络支持的协同者都应该用刑法规制。但有学者曾指出,刑法不擅长事前预防,强化刑法的预防功能会导致执法机关的权力扩大,吞噬掉部分的个人自由,也意味着司法对权力机关限制的削弱。同时,刑法在不确定因果关系的情况下,也容易沦为责任不明、法不责众的境地。例如假币在人群中流通,无法追查出哪一个环节的使用者明知是假币。从风险的处置过程看,刑法所参与的是最后一个环节的处置,而在源头清理、中端消化阶段功能并不明显,但对金融风险危害性的评估过度主观,因为厌恶风险而放大风险,将金融的管制希望过度寄托于刑法之上也是不理性的。作为一个有限理性产物,刑法的立法者也不可能做到全面探查风险、准确地预见风险、稳妥地评估风险,保证立法作品能够防得住风险。就像 P2P 网贷平台风险事件,民众都将注意力集中在公安机关上,希望刑事司法马上介入,立即追回损失。不介入就代表着政府不重视、不负责。

第三,应当理性看待金融刑法的阻吓效应。当前,整个社会都对金融安全问题报以焦虑态度,希望国家和法律采取行动来降低风险,也有很多人寄希望于刑法。但刑法不应当是一个象征物和安慰剂,而应当实实在在用来防范风险。判断金融刑法是松是紧最简单的尺度只有一个,即金融从业者有没有紧张感,这体现了刑法的控制力和刑法干预风险所能达到的直接目的。从另一个层面看,金融用户有没有安全感则不一定是刑法能够实现的,这好比酒驾入刑,会使驾驶员感到紧张,但并不会立即使道路交通安全水平

---

① 劳东燕. 风险社会与功能主义的刑法立法观[J]. 法学评论,2017(6):12-27.

直线提升。笔者认为,金融刑法的立意就应该是帮助金融消费者增强安全感,并有实实在在的安全获得。当然,也有人担心金融行政法规的频繁调整会使一些法定犯处罚的边界不明,出入罪比较随意,例如涉嫌非法经营罪、非法吸收公众存款罪等金融活动。有些人也担心金融刑法会过多地限制金融创新浪潮,影响金融活力,甚至影响我国金融的国际竞争力。事物需要辩证看待。立法者的自省、刑事诉讼程序的良性自限机制能够部分调适这些趋向。

第四,金融刑法素来有宽严之辩、入罪与出罪之争。对金融风险的科学观测和定性定量分析,权其害者、择其重者而规制是刑法一贯的立场。金融风险因子有技术性、市场化因素,也有人为的环境性因素,既是可控性的,也是随机性的。不应该一直站在某个利益团体(金融监管者、金融消费者)的角度来看待,应该换位观察。应当由金融行业管理者、从业者、消费者共同、公开的讨论和辩论风险,既不能支持风险都容忍,也不能支持风险零容忍,而是应找到需要最优先规制的风险和防范效果比较佳的风险。

二、金融风险社会治理与金融法律体系竞合分析

(一)金融立法与社会治理

金融立法、金融执法与金融风险社会治理的机理有所差别。金融风险治理是动态化的、细微化的;而金融法律体系是稳定化的、宏观化的,可以通过治理将金融法律的诉求嵌入到金融活动中,行使规范、训诫、评判、预防、监督功能。金融执法措施是针对金融违法"适应症"的,要求公开、准确;而金融风险治理既针对病症,更着眼于"治未病",强调前瞻、审慎。金融犯罪风险社会治理与前述两者之间也存在着相互影响,也可以联合发挥作用。可以将此种功能概括为"立"和"破"两方面。

首先是立,即金融犯罪社会治理对金融刑法有促进和补强作用。金融立法通常有两种路径:一种是国际做法(国际条约、国外立法)—本土需求(监管需求、市场需求)—立法;另一种是个案认定—政策应对(含司法解释)—立法。① 在两种路径中,前一种路径占优势。前一种路径是实用主义,但拿来的立法不能确保都有很好的司法操作性,难免沦为"花瓶立法"。后

---

① 尹中卿.金融监管立法路径选择[J].瞭望,2013(8):24-26.

一种路径的立法,对于金融行为约束的宽严尺度不好把握,会被批评为过多体现监管机关的意志。况且,两种路径的立法产品不能完全占领金融市场的空间,还是会有一些监管的空白。金融治理应当能及时填补这些真空,与金融执法、金融监管形成竞合效应。例如我国现在还没有制定期货交易法,我们不能坐等立法的完成,一些新出现的期货产品已经在试探金融监管容忍的底线,部分期货金融产品或多或少存在着隐患,只是一时没有发现,需要边运行、边治理。此外,目前一些涉嫌金融违法犯罪行为存在证据收集难度大、定案处罚难的问题,但不代表着这些行为是可容忍的,需要用金融治理的一些威力去处置它,例如我国已经遇到比特币等虚拟货币方面的诈骗问题,行为人以比特币非常稀缺,将来会有高额的收藏价值和流通价值为诱饵,以筹资开动机器搜寻比特币、盈利后分配比特币等说辞为手段来诱使电脑爱好者提供资金,然后未认真管控比特币生产程序,还将资金用于其他方面的网络消费活动,导致最终未能为电脑爱好者搜寻到比特币,引起出资者的愤怒和控告。依现行的治理非法集资、追究集资诈骗刑事责任分析,虚拟货币"挖掘"和"交易"活动的主要参与者是较为狂热的电脑爱好者,他们明知这种物品不是真实货币,所谓的标值也只是小范围电脑爱好者之间的约定,行为人也没有编造集资用途、虚构证明文件、隐瞒真相等情节,虽然行为人所收取资金没有全数用于比特币搜索,但还是用于网络消费。基于此,对前述行为人认定集资诈骗罪是有疑义的,只能利用既有治理的思维,利用一些非诉讼的纠纷解决方式,来平摊出资人的资金风险,衡量比特币挖掘人的赔偿责任。

其次是"破",即社会治理用来诠释金融刑法,推进金融刑法进步。在现代刑法发展过程中,贯彻着制约刑罚权滥用、监督执法机关宽幅度裁量等运动。除了罪刑法定原则催生出的正式规范以及谨慎的解释来推动这一目标,以问题导向、多元立场来进行法益诠释,判断刑事罚的必要性和合理性也有利于限权,而后者往往运用了社会、文化等非正式制度,因此带有社会治理的色彩。与此同时,也可以依据社会治理取得的进展和获取的信息对现有的金融刑法进行清理和评估,剔除一些落后于技术发展的规定,例如会计结算、信用证管理、外汇管理等方面的罪名。由于电子单证的普及,一些犯罪行为从核心构成到外在表现都发生了很大变化,其中难以处理的问题是金融犯罪的出罪方面的抉择。陈兴良教授曾撰写过一篇文章,比较了

2008 年对黄某某将境内资金私自转到境外兑换成港币来偿还赌博债务的行为以及刘某实施的类似行为,[①]提出随着时代变迁和外汇管制开闸,前者被视为有罪,后者行为经历两审最终认定为无罪。一些金融监管所配套的金融犯罪(行政犯)会随着法规政策的调整而使得行为性质的认定发生变化,需要有依据来为这些过时规定开启退场机制,以确保刑法的威力不伤及罪不至刑的人士,减少刑法对金融市场的过多干预,保持刑法独立的品质。

(二)金融执法与社会治理

在我国,用社会治理手段来襄助刑事犯罪防控先天有利条件是可以结合我国的本土传统,诸如强调礼的教化价值,注重用家庭、社区、社会调解来化解冲突、转化事件性质等,同时,社会治理体系背靠的不仅仅是心理学、社会学的理论成果,还有其专门知识,例如风险治理、集体行动等,尤其是在非正式控制方面不再单依靠秩序、权威这些元素,有些观念和技术已经被现代刑事政策理论所吸收并用来审视一些制度的正当合理性。[②] 基于此,一方面需要运用社会治理来排除以往施行的一些不利于遏制犯罪的政策措施,例如为对抗伪造变造货币类型的犯罪,除了规定对专门纸张、印刷油墨、制版设备等实施特殊管制,还不允许高质量的彩色复印设备自由销售。如今,随着电子计算机图片扫描、处理技术等方面的进步,制版、印刷等工作不再需要专门的机构和人员来完成,同时还有一些电子支付手段逐渐替代了货币。因此,只考虑对设备、原材料实施流通禁令是无效的,反而应当发挥网警职能,多关注网络上有没有出现讨论交流如何制币的言行、软件程序等潜在犯罪倾向,联合印刷行业技术力量考虑如何提高假币识别和防伪破解等能力,甚至应当根据犯罪风险精算结果考虑在一些假币高发地区的流通货币上加印防伪的二维码标志等方式,并在流通密集场所增设扫码防伪机具。同时,应动员各种社会力量对伪造货币犯罪的流程、犯罪实施的难度、追查犯罪的路径、犯罪的负面成本等方面做大力的社区宣传,以淡化犯罪意念。另一方面,要吸收国内外一些新的刑事政策举措来丰富金融犯罪社会治理手段,例如针对孳生金融犯罪风险导火索的自启动型线索监控,实施对治理主体和参与人员的特别授权和问责机制,加快犯罪线索调查的特别侦查程序和协

---

① 陈兴良.非法买卖外汇行为的刑法评价——黄光裕与刘汉案对比[J].刑事法判解,2015(1): 98-104.
② 周少华.社会治理视野下的刑事政策[J].法学论坛,2013(6): 62-73.

查义务配合要求,并增加由监管部门、司法机关认可的金融信息调查专员等。

当然,加强社会治理在金融犯罪防控中的地位并不代表着冲击有罪必罚的刑法基石,或无原则地进行从宽处罚,以行政、商事罚代替刑罚。也就是说,社会治理手段不等同于"宽",而刑事程序也不等同于"严",量刑轻缓的背后不应当是社会治理考量,严厉处刑亦不代表着这一领域的社会治理失灵,而是应当在宽严相济的刑事政策全程中嵌入社会治理元素。^① 在严重金融犯罪刑事案件中运用社会治理来消除恶性影响、挽回间接损失,在较轻微的金融犯罪刑事案件中运用社会治理来补强金融安全防护层,重新确立信用基础,减少对立对抗,对于因民间纠纷引起的侵犯财产类案件,可能被判处三年以下有期徒刑的,可以导向刑事和解方向。更关键的是,通过社会治理价值的宣扬,使得金融法律和刑事法得到更好的尊重和更普遍的服从。此外,社会治理对习惯法的依赖性较强,自然也包括金融领域的一些惯例,但也会随时突破或修正一些惯例,例如将风险自担延展成风险共担,将本金与利息的同等保护协商成为主要保护受害方的本金损失等,这种将金融现实场景带入到刑法运行过程中的实践可能还要面临诸多适法性的检视,但在不同金融犯罪程度的地区或金融场域,应当对不同的处置方式保持宽容。在操作层面上,应该采取"一体多元"的制度资源,即需要做实"一体",扩大合法性资源,又需要搞活"多元",以"多元"之"治效"补"一体"之"治道"。

---

① 齐文远.社会治理现代化与刑法观的调整——兼评苏永生教授新著《区域刑事法治的经验与逻辑》[J].法商研究,2014(3):32-44.

第七章 金融犯罪风险高发场域
社会治理方略（上）

第一节　正规金融机构治理

一、针对金融监管活动的社会治理

（一）社会治理的引入

正式化的金融监管的覆盖面、尽职性对金融犯罪风险的发现和处置具有关键意义，除了在法制建设、人力资源、监察监督方面加强金融监管供给外，也可以运用治理技术来优化金融监管活动。因为监管部门主要通过行政规制力、政策红利来影响金融市场。而社会治理虽没有先赋能量，但可以通过改变行为模式，建立心理契约，形成自律压力来改变金融主体的价值观、行为观，覆盖监管空白，修复市场秩序。通过社会治理可以优化监管效果，减少监管成本。因此，金融监管部门不应当因为力量不足才去引入社会治理手段，而应当积极拥抱社会治理。国外研究者还提出了"金融监管治理"的概念，认为这种治理不是单纯指监管部门的行为，而是横跨政府治理、企业治理和社会治理等多个维度。[1] 金融监管治理是紧随着金融产品创新、金融市场创新的迫切任务，是金融市场体系的定海神针。它的出发点是防治金融风险、配合金融改革，在金融市场化、国际化和安全有序化之间构建防火墙。[2] 作为一种机构化的治理，它既强调在金融法规和金融制度上突出

---

① 张晓朴,杜蕾娜. 金融监管治理的定义、要素和评估[J]. 中国金融,2005(4)：45－46.
② 本刊编辑部. 依法惩治非法金融活动理论与实践研讨会综述[J]. 犯罪研究,2012(5)：106－110.

监管的价值,同时也看重操作层面上的监管有效性。国外的金融监管治理首先是在统一化监管和总体信用监管方面取得进展,进而开始在治理方式优化以及治理有效性评价方面攻坚。这一理念值得我国学习和引入。目前,在金融监管中引入社会治理,应重点包括以下方面。

第一,金融监管机关是直接金融立法者或者立法参与者,各地的分支机构是金融法律执行者。在金融法规制定和金融法规、政策执行过程中,监管机关需要考虑如何从成本—效益角度能有效接入社会治理,即预估法规政策执行的各类情景模式、设计法规政策顺利推广的动力、研究法规政策实施面临的障碍时,将社会治理理念技术导入,例如针对银行卡发卡限制、防治一人多卡的法规,不能简单要求客户到金融机构去主动注销银行卡,也不能单纯划定期限,将民众手中多余的银行卡功能冻结,更应当考虑其他建设性方式。比如对主动注销多余银行卡的用户给予奖励,或者通过大数据优势进行客户的智能识别,通过在线操作方式让持卡人便捷地停止多余银行卡的金融功能。

第二,根据金融犯罪治理的需要,金融监管机关中的各种力量有必要进行功能整合,例如"一行两会"的一些直属单位都属于公益性事业单位。根据事业单位分类管理改革和法人治理结构完善的需要,应当进行职能优化、职责协同、资源共享、人员整合。目前在一些省份进行改革的思路是一家行政机关(参公管理事业单位)下面只保留一家事业单位。对中央级单位而言,由于中央层面的工作任务更繁重,可以打破原来的隶属关系,将上述机构联合组建为金融消费者服务与保护中心、金融科技与培训中心、金融联合监管执法中心、金融发展业务协同中心等机构。[①]

第三,由于政府机构改革的限制,金融监管部门的人力资源没有和金融机构实现同步增长,金融监管者要全面掌握金融服务的数量、质量和价格,需要大量的信息,没有人员和信息就无法实行科学的行政控制。垂直监管、派驻监管也很难实现,加深了金融监管的滞后。为应对我国快速增长的金融业务规模,需要构思成本较低的监管制度,吸收社会中介组织专业人员参

[①] 目前中国人民银行下设有机关服务中心、集中采购中心、中国反洗钱监测分析中心、征信中心、外汇交易中心、中国金融出版社、金融时报社、清算总中心、印钞造币总公司、金币总公司、金融电子化公司、党校、中国金融培训中心、中国钱币博物馆。中国证监会下设有稽查总队、研究中心、信息中心、行政中心。原中国保监会下属有培训中心、机关服务中心、中国保险报业股份公司。原中国银监会下设有机关服务中心和中国农村金融杂志社。

与金融监管是一个可行的办法。

第四,现在有一些银保监、证监系统的高级干部辞去公职,然后到银行、证券公司、保险公司任职,这种现象亟须治理。尽管这不是兼职行为,也没有竞业限制方面的法规,但这种交叉任职现象必然会伴随着一些政府资源和信息的转移,也可能导致监管的妥协或厚此薄彼。我国香港地区一般是从金融行业中延揽高级管理人员充实到金融监管队伍,如曾任香港证监会营运总裁、中国证监会副主席的查史美伦女士来自私营机构,而金融监管机构高级官员离职加入金融机构一般是充当顾问,而不是作为实际经营者。金融市场当然希望监管机构和人员清清白白,在行政审批和监管中不受到干扰、不徇私情,同时也希望监管人员有充足的产业行业知识储备和更新,具有丰富经验,不因过时的专业知识和盲目行动的监管手法而影响金融业务的开展。

(二)社会化评估

要全面掌握我国金融监管的治理水平,了解监管政策包的执行效果,可以进行专门化和社会化相结合的评估。专门化评估方面,国际货币基金组织与世界银行联合推出了金融部门评估规划(FSAP)项目,通过量化指标来测评成员国金融监管部门的治理结构是否合适,也有研究者通过问卷调查来衡量监管部门是否具备独立性、清晰化、参与性、透明性、问责化等必备要素。[①] 而社会化的治理评估至少应包括金融监管部门的自我评价、金融机构的评价以及第三方评价,再引进抽象化的测量评估工具。首先,金融监管部门的自我评价应主要集中于监管是否具有独立性,即机构、人员、预算是否得到充分保障,监管政策的制定是否完全出于金融安全的考虑,在行使监管权时是否受到地方政府或其他力量的干扰等层面。其次,金融机构(被监管对象)对金融监管部门的评价主要应集中于监管制度的公平性和监管人员的职业操守,关注监管决策的做出以及实施是否能公平传导到所有对监管对象,是否对市场预期产生侧面影响。对监管人员的职业操守评价可细分为监管人事安排和人员履职是否做到忠诚、勤勉,以监管目标为中心。再次,独立的第三方评价应主要着眼于监管的透明度、监管问责是否落实等方

① https://www. imf. org/zh/about/factsheets/sheets/2016/08/01/16/14/financial-sector-assessment-program.

面。这当中的问责不仅仅是监管部门对金融机构问责,还包括股东向金融机构问责、民众向金融机构问责、客户向金融机构问责,以及金融机构内部员工向雇主问责。此外,还有监管民主的问题,即监管法规和监管决策的制定有没有经过广泛调研,听取行业、智库和社会各界的声音,尤其是涉及敏感投资的证券监管规定。

二、金融机构法人治理若干建议

我国有些金融机构受内部人控制、大股东独大的现象比较突出,以往在证券公司曾发生多宗实际控制人恶意经营导致证券公司被关闭、接管的事件。可见金融机构股东的资质相当重要,毕竟金融机构不能成为风险对冲者的工具,不能肆意让控股者搞关联交易。但金融法规不能直接对金融机构股东作出甄别性、差别化规定,这就需要多部门、多主体来联合过问金融机构公司治理机制是否健全。

(一)小微金融机构法人治理

目前小微金融机构发展健康指标并不乐观,例如一些代表性的村镇银行在创立之初引入一些大中型金融机构的管理制度和人员,在风险管理上有一些预先考虑。但在经营过程中,由于业务投向上的不谨慎以及沾染了一些民间性金融色彩,而且由于独立法人体制造成的外部监管不及时、内部监管不严格,导致不良贷款普遍较高,银行工作人员犯罪现象多发。

对于小微金融机构犯罪风险的社会治理,首先,应当要求这类金融机构的股东不单行使出资责任,还要承担管理支持、道德风险防范辅导等方面的社会责任,而且应当要求股东做出特别股权的限制性承诺,即当小微金融机构在一定营业期限内未能扭转亏损状态,或者业务不良率高于控制线时,不许可该机构股东进行股权质押、转让以及减资。对一些股东数量较多、内部管理纷争多的小微金融机构,需通过引入外部董事等途径,来加强董事会表决的科学性,提高议案的通过率和执行率,避免一盘散沙的局面。对于小微金融机构股东与高层管理人员之间关系,应当保持较高比例的分离性任职,防止身份重叠交叉,形成少数人控制的局面。

其次,可以实行小微金融机构风险管理指数化管理,根据注册资本、业务规模、不良资产笔数和金额、业务签批人员过错笔数、从业人员资格考试和持续培训表现、不良资产收回率等数据进行整合,将经营指标完成情况考评与风险防范过程考核结合起来,进一步评定小微金融机构的安全经营等级,督促小微金融机构进行内部整改。[①]

再次,设置业务风险防护墙,小微金融设立的初衷是普惠,促进农业、工业、副业,缓解居民融资难的问题,但这些小型经济主体中也存在一些专门的信用套利者,将小微金融机构视作"唐僧肉"。对于经营状况不稳、负债率较高、所在产业属于高污染和高耗能,且剩余落后产能突出、在还款意愿和还款信用方面有较低评分的借款人,尤其是注册多家法人单位,以集团公司、关联企业群等名义活动的借款申请人,可以实行信贷总额封顶、资产负债率重估等风险管理措施,并对银行票据业务、债权业务等进行风险加权,以免小微金融机构陷入连环债务。

最后,对小微金融机构的表外业务从严管理,防止这类机构在信用卡发行、票据业务、债券业务中因为竞争不过大型金融机构而"剑走偏锋"、钻捷径、突破监管底线。同时,也应提示小微金融机构在这类业务方面不宜占用过多的人手和流动资金,影响主营业务。

(二)大中型金融机构法人治理

对于大中型金融机构,要通过公司治理和法人治理来减少内部金融风险,主要着眼点如下:第一,由金融监管部门、国资管理部门、纪检监察部门联合选任和派驻独立董事,加强董事会的履职能力。第二,监事会构成中要加大一线风险管理人员,例如会计师、律师等外部专家的比例,实现监事遴选与高层管理人员非同一人。第三,稽核审计部门、合规管理部门、资产保全部门要同时保持法律类、财务类、金融类专业人员同等比例,而且财务人员应当精通管理和会计业务,负责审慎经营评估。第四,股权结构的优化。股东身份都要保持一定时间的稳定性,股东之间不应存有关联关系,股东公司的经营和债务水平处于正常范围,对出现不良信用记录的股东应劝其退出或回购其股份。第五,金融机构的发展规划和绩效考核应当坚持党的领导,发挥职工主体地位,综合考虑股东、监管部门、工会、职工等方面的意见,改变业绩至上、利润至上的观念,将重安全与重发展结合起来,将薪酬回报与风险管理建树挂钩。第六,对金融机构中的高级管理人员,在进行背景调

---

① 刘小玄,王冀宁.新兴小型金融机构的产权和法人治理机制[J].经济学动态,2011(2):31-38.

查时要注重守法合规修养意识的考查,在选任考察时既注重业绩,也注重稳健经营、处置风险的能力,并通过各专门委员会来协助并监督高级管理人员履职。第七,发挥金融机构的社会责任,对最可能制造风险的业务客户进行警示、通报,对蓄意制造风险的客户进行联合抵制。

（三）超大型金融机构法人治理

超大型化的金融控股公司的法人治理也应当多管齐下,由国务院金融稳定发展委员会牵头,专门监管机构实施功能监管,并委托地方监管机关做好行为监管,由出资方、股东主管部门配合进行综合监管。在银监会、保监会合并之前,对设有银行和保险两种业态的金融控股公司的监管就有交集,例如银行是保险险种销售的窗口之一,人寿保险公司也开发了类似存款的定存储蓄寿险。银监会和保监会合并后,有助于将保险资金合理纳入金融体系,将以保险为主业,兼营其他金融业务的金融控股集团纳入银行化监管,避免出现高杠杆。① 目前的当务之急是要从公司法维度加强金融控股集团出资真实性、资本充足性的监管,解决外强中干、兑付能力不足的问题。金融法领域要对金融控股集团发展规模进行调控,掌握其财务情况,计算其风险水平,保证核心经营指标属于正常范围。短时间内完成金融控股公司的专门立法比较困难,一方面,需要靠出台密集的政策来规定金融控股公司的人员任职资格、业务边界、信息披露、公平交易和风险管理,设立防火墙。另一方面,要通过司法治理来解决同业竞争、金融消费者保护（隐私保护和反欺诈）、资产保全等纠纷,树立司法先例。未来还要对问题金融集团退出市场有预防性措施。

近年来,外资金融机构除了在我国境内申请开业,也吸引了一些我国客户到境外参与金融活动,例如我国有一些民众到境外去购买保险产品、参与境外投资银行业务等,造成了一些纠纷和损失,但本国的金融监管部门无法加以救济。因此,对经营触角伸入我国的域外金融业务,在加强监管的同时,也要构思对其从业人员、金融产品、金融合同等方面的治理措施。同时,我们也要善于从外资金融机构中获取治理方面的信息,服务于我国的金融风险治理。

---

① 顾永昆.金融杠杆、金融制度与经济增长——理论及日本的经验分析[J].财经科学,2017(9):1-11.

三、金融从业人员的治理

(一)对金融分支机构经营管理者的治理

金融机构的分支机构处于金融机构管理链的末端,是绝大多数金融业务的实际操作者,容易实施金融犯罪行为,对此,应当强化治理。首先,对金融机构工作人员尤其是分支机构负责人的薪酬进行调控。比如现行的银行薪酬体系中分支行行长的业绩报酬能达到上百万元,甚至更多,这促使他们去追逐存款、创造利润,也有可能诱惑他们违规经营。

其次,对金融分支机构负责人的职业背景进行详细调查,对其任职资格进行严格审查,分支机构负责人应当是资深的金融从业人员,而不仅仅是能够拉来资金、熟悉业务的能人。对一些有企业背景、民间投资公司的人员担任金融机构管理人员,要承诺与原所在单位划清利害关系,并对其关联业务设置防火墙。

再次,在制定金融分支机构负责人绩效考核评价指标时,要注重风险管理指标与业务增长指标的平衡关系,不宜单纯要求风险管理一票否决,而应当全面评价该机构风险控制的程度。比如现在一些银行规定,一旦有坏账出现,分支行行长、信贷主管、客户经理等都拿不到业绩奖励,也不得晋升,这种零风险管理考核经常会掩饰风险。

最后,对金融分支机构的业务授权、合规、风控、审计岗位人员的管理体制进行检讨。对资金收付审核权、业务额度受理权、业务变更权的设置多进行考虑,适当上收权力,或者通过电子化手段实现上下级同时在线审批,线下业务实行重要业务双人签批制度、轮岗制度,配备齐全的合规和审计人员,嵌入各个业务环节,对风险管理有足够的投入。

(二)延伸资格罚的威力

金融法规中的资格罚比经济处罚更有效。[①] 在银行从业人员方面,1995 年颁布的《商业银行法》没有规定禁止从业。2004 年颁布的《银行业监督管理法》第 48 条规定,对在违法、违规银行业金融机构中担任直接负责的董事、高级管理人员和其他直接责任人员可以施以一定期限禁止从业直至终身不得从事银行业工作的处罚。《中国银监会行政处罚办法》也做了类似

---

① 刘宪权. 论我国金融犯罪的刑罚配置[J]. 政治与法律,2011(1): 10 - 18.

规定。2015年,原银监会对《中国银行业监督管理委员会行政处罚办法》进行修订,规定了从警告到终身禁止从事银行业工作的个人行政处罚体系。在保险从业人员方面,1995年首度颁布的《保险法》没有此类规定,2010年保监会出台的《中国保险监督管理委员会行政处罚程序规定》首次规定了不得终身进入保险业的处罚,但没有具体列明违法、违规的类型。2013年《人身保险客户信息真实性管理暂行办法》中规定,对倒卖客户信息者可终身禁止从事保险业务活动。修订后的《保险法》第177条规定,对违法、违规情节严重的保险从业人员,保监会可做出禁止有关责任人员一定期限直至终身进入保险业等处罚。在证券从业人员方面,1998年首次颁布的《证券法》第181条规定,对在证券交易所、证券公司、证券登记结算机构、证券交易服务机构的从业人员、证券业协会或者证券监督管理机构的工作人员可以处以取消从业资格的处罚。修订后的《证券法》第233条规定,违法、违规情节严重的,证监会可对有关责任人员处以一定期限内直至终身不得从事证券业务,或者不得担任上市公司董事、监事、高级管理人员的处罚。

1997年出台的《证券市场禁入暂行规定》对上市公司董事、监事、经理及其他高级管理人员、证券经营机构高级管理人员、内设业务部门负责人,证券登记、托管、清算机构高级管理人员及其内设业务部门负责人,从事证券业务的律师、注册会计师以及资产评估人员、投资基金管理机构、投资基金托管机构的高级管理人员及其内设业务部门负责人、证券投资咨询机构的高级管理人员及其投资咨询人员、中国证监会认定的其他人员规定了市场禁入措施。主要包括两类禁止:一是禁止"从事证券业务",包括为证券发行人和投资者进行证券发行、交易及相关活动提供中介服务或者专业服务的行为。二是不得担任上市公司董事、监事、高级管理人员。2006年出台的《证券市场禁入规定》没有沿用上述关于证券业务包括哪些的解释,而是增加了任职限制范围,即禁止被处罚人担任非上市公司的董事、监事、高级管理人员。可见证券领域的竞业禁止较为特殊,一方面,它对证券经营机构的高级管理人员有更具体的行业禁入、任职褫夺规定;另一方面,它还针对外部的通过证券发行、交易盈利的人员。

根据上述法规,2017年银监部门共决定对130名银行高级管理人员处以任职资格限制和终身禁止的处罚,对49人处以剥夺银行从业资格的处罚,①但对防止这些人员变相进入金融领域、介入金融活动还需要有更细致的措施,例如民间性金融机构、类金融机构能否比照监管部门的决定,不吸纳被处罚人员,对这些人员同步实行投资者资格限制;金融机构对尚未达到监管部门处罚标准的违规工作人员能否严格比照监管规定进行问责、调岗、解聘等;在金融控股公司业态出现以后,是否有必要对违法、违规的行为人同时处以两种以上从业资格的禁止;当出现某种严重违规事件并禁止从业的,能不能将其扩展到其他金融行业。这些都可以进行制度上的再设计。

四、发挥会计、审计等内外部监督主体作用

(一)会计师审计师的作用

财务会计信息是金融行业经营和金融监管的至关重要的信息,也是影响金融产品价格的秘密武器。会计中介机构既可以是金融监管部门和投资者了解金融主体经营状况的重要途径,也可能是违背职业准则、成为掩饰金融风险的"化妆师"。根据当前我国金融市场中中介服务机构数量较少且主要处于卖方市场的状况,我国可以考虑采取更严厉的预防性措施,执行黑名单和白名单制度,限制或禁止有执业瑕疵的会计师、审计师事务所参与部分中介业务,或规定在审计业务招投标评标中,对有处罚记录的中介机构进行扣分,以警示中介机构不能以低质量服务来应付监管机构和投资人。

(二)审计机关、执纪监督机关的作用

审计机关的职责是监督国家的财政活动。根据我国《审计法》规定,审计机关有权监督本级和下级政府、金融机构、国有企事业单位的资产、财务收支和经济活动。审计机关不仅需关注上述活动的合法性、合规性,而且还要关注其效益性。以往认为审计机关主要是财务监督职能,实际上也可以充分发挥审计机关对金融安全公共实务的履职监督和各部门、各单位自身经济行为的监督,成为维护金融安全,防范金融犯罪的共同治理主体。

2017年,全国各级审计机关对地方政府、国有银行进行了专项审计,发

---

① 任刚.亿级罚单也有可能! 银行业千万级罚单密集出现,还有 17 人被终身禁业⋯⋯银行这些行为要小心了[EB/OL].[2017 - 12 - 01]. http://bank. hexun. com/2017-12-01/191829101. html.

现不少的金融风险线索。在地方政府方面,发现一些地方不按照地方财政不能编列赤字的原则,依旧向银行借款,或者由政府出面为地方国资机构的贷款提供担保,两者累计金额有 42 亿多元。在金融机构方面暴露出很多问题:一是贷款发放方向不符。9 家被审计的金融机构给房地产行业违规放贷,金额达到 360 多亿元。还有违反中央宏观调控有保有压方针,向高污染、高耗能产业以及产能过剩产业贷款的银行也不在少数,说明银行的贷款审批权受到了外在干扰。二是银行内部管理存在漏洞。在部分银行发放的个人消费贷款检查中,发现借款人名为消费,实为炒楼、炒股。三是银行故意踩红线。比如发售的理财产品目的不纯。有些是为了冲存款任务;有些将短期理财产品募集资金投向长期项目;有些银行为虚增存款规模,在信贷理财业务上做手脚,金额达到近千亿元;有些银行则是虚增利润。这表明银行的内控制度执行并不严格,在决策环节出现的问题并不比执行环节暴露的问题少。审计机构还专门针对地方政府金融办公室对民间金融机构管理工作的效能进行了审计,在一些地方检查出了网络小额贷款公司利用一些中西部地区的宽松政策进行注册,但却将主要业务投到东部发达的地区,而注册地监管部门对网贷公司的真实经营情况不清楚,对公司的客户信用识别记录掌握不全面,导致借款人冒用他人身份在网贷公司获得贷款的风险事件。在另一些地方审计部门查出"现金贷"机构活动失控的情况,在审计署抽查的 60 家现金贷机构中,有的没有从业资质,有的主要业务是中央已经禁止的校园贷。存在问题的现金贷金共有 40 家,占到检查总数的三分之二。[①]

　　一般审计部门的审计和整改意见能够起到一定效果。对审计中发现的问题,有的国有银行进行了自查和改正,而金融市场监管部门也对民间金融机构进行立案清查,尽管这是从执法者和金融经营者的角度来促进金融管理活动和业务活动合法合规,不是专门针对金融风险开展的工作,但中央已经提出将确保不发生系统性金融风险作为工作中心任务之一,审计部门以及其他部门有职权也有责任紧盯金融风险,通过侧面和外围发力来强化金融安全。

---

① 《国务院关于 2017 年度中央预算执行和其他财政收支的审计工作报告》。

第二节　金融机构日常业务中突出的犯罪风险社会治理

一、商业银行信贷业务犯罪风险的治理

商业银行是企业和居民融资的主渠道,目前的商业银行存量企业借款额度已达到了120万亿元。银行背靠着市场,任何拒绝市场机制选择的金融活动都可能遭到市场的惩罚。尤其是银行存在的次级贷、滥贷、骗贷行为以及委托贷款的不规范是金融犯罪风险温床,需要从内外部做好一些信贷风险管控的基础性工作,尽可能地剜除这些毒瘤。

(一) 次级贷的治理

次级贷,即向次优甚至劣质借款人提供贷款。起因是一些金融机构未能很好地审核借款人的资质,以及借款人自身的"质变"。前期房地产行业炙手可热,房地产企业营利能力可观,金融机构竞相追逐给房地产公司提供大额的授信,但随着部分房地产企业经营迅速恶化,贷款风险迅速增加,与次级贷款的特征越来越相符。这类例子提醒银行要深刻剖析市场,真正用审慎原则来衡量市场效应。事实上,以往房地产行业的确有很高的增长率,但在那个时候房地产行业的负债水平也已经非常惊人,房地产经营者的行为丝毫谈不上审慎,在财务运行方面已暴露出不健康迹象。再结合国家的政策导向,是可以判断出房地产行业正处在前期政策扭曲带来的"马太效应"。因此,首先,银行的贷款不应当过多支持房地产行业这种单一行业需求,银行信贷业务也不能变相成为居民炒房的工具。在中央提出的"房子是用来住的,不是用来炒的"的长效调控机制下,银行应当对保障性、租赁性住房建设和个人住房租赁金融需求加以优先考虑,应该对有切实购房需求和实际购房能力者严加甄别,统一执行符合国家政策期望的购房首付比例,不在这方面降低门槛,搞不正当竞争,并且探索混合所有制产权住房金融支持方式。对接受土地、住房作为抵押品的行为应当加以控制,充分预计到低房价贬值和折现风险。① 其次,商业银行应当充分认识到房地产贷款的调控治

---

① 《中国金融风险报告(2017)》:商业银行不良贷款率上升势头放缓[N].上海证券报,2017 - 12 - 03.

理比预期会更困难,它会带来严重的破窗效应。比如近期市场上传言国家开发银行决定从严审核棚户区改造贷款项目,将贷款审批权上收到总部,并得到了国家开发银行有关部门的默认,这一措施本是为了纠正各地方的国家开发银行分支机构在审批棚户区改造贷款上的尺度不一致、贷款被挪用、贷款后项目迟迟不开工等问题,但是却引起了证券市场上以房地产开发企业股票整体下跌的情况。再次,商业银行获得债务人信息比较困难,影响了金融资产质量的判断。单纯依靠中国人民银行建立的社会信用体系远远不够,还需要从立法和金融合约上进一步要求债务人(企业)披露自身信息,全面通报经营状况,以提早避免贷款逾期等恶性事件的发生。

(二)滥贷的治理

对于贷款发放标准,商业银行法、贷款通则以及商业银行自身的贷款审批标准化程序都给予了指引。商业银行也有贷款审核流程,但是贷款用途是否属于合理、担保物的抵押质押率评估能否做到公允、借款人信用状况审核能否做到准确,不单取决于银行信贷人员的业务能力,还取决于信贷人员的商业道德水平。由于贷款属于低成本和稀缺的商业资源,企业对贷款的竞争十分激烈,信贷人员的判断倾向也非常重要,一些类似"关系人贷款"和熟人牵线介绍的贷款在银行信贷中难以禁绝。这需要金融机构围绕信贷人员的关系网、朋友圈以及业务操守进行治理,守住底线。[①] 一方面,要采取不定期交流任职、轮岗、进行客户与银行工作人员关系声明、关系审查等方式,减少信贷人员被权力关系和人情关系所牵扯或围猎的现象,也可以采取贷款多人联合审批、银行上级业务管理机构和经营网点间交叉审批、电子化审批前置和人工审批后置等方式,减少人情因素干扰。另一方面,要划清信贷业务与债券业务、票据业务、资产管理业务、证券业务的界限,防止银行承担超信用风险,尤其是防止银行成为最后风险承受者。

第一,要按照风险联合管理的方针,所有对企业提供金融服务的金融机构、中介性机构应当在监管部门主持、协调下,在银行征信系统的基础上形成信息交换、紧急处置措施协同,控制风险敞口,而不能各自为政、隔岸观火。银行间要加强合作,对融资额较高的企业实施联合授信,设置封顶。对

---

① 杨军,姜彦福.银行贷款审批中的道德风险及其防范[J].清华大学学报(哲学社会科学版),2001(3):49-53.

出现风险的借款企业通过成立债权人委员会、多家银行共同参与处置。

第二,银行在吸纳上市公司股份作为质押品时,应征求证券交易所意见,并尝试召开听证会,邀请上市公司管理层、公众投资者、持有公司股份的证券投资基金公司、证券公司对借款人经营状况、贷款用途、还款方案和来源、对公司未来股票价格可能的走势进行研讨,促使信贷投放更加透明、准确。

第三,证券监管部门在审批企业发行债券、新增股票发行时,要综合考虑企业的债务构成和负债率,并听取债权银行的意见,对股份质押率较高的企业应当慎重审批新增债务以及开展股票质押回购交易。

第四,证券公司在协助客户开展资产证券化工作中,对于以小额贷款债权等基础资产包要建立尽职调查,防止个别银行机构不尽力催收贷款,而以甩包袱的方式来剥离不良贷款。

（三）骗贷的治理

对于企业骗贷行为,主要应利用刑事手段打击。而对于个人贷款中的骗贷,比如伪造一些收入和消费能力证明来申请住房贷款,以各类消费贷款名义申请贷款但实际用于购房、炒股等现象,需先找到问题的症结,再对症下药。现在,放款银行应监管部门规定要求申请人提供资信证明,但银行也没有花费精力和渠道去逐笔查明这些单据的真伪,形成真假单据混杂、蒙混过关的局面。银行方面的解释主要是,银行流水单是反映借款人在现时以及未来时段的收入和偿还能力,与征信报告有类似之处。而由于住房按揭贷款都办理了抵押手续,而且房地产价格比较稳定,因此,贷款的安全性比较有保证,故不会因银行流水单造假而不发放贷款,或者向公安司法机关报案追究行为人骗取贷款的刑事责任。另外,公安部门和监管部门对此种伪造信用记录以及私刻私用银行印章的行为也没有采取严厉的打击措施。总之,银行对此类造假行为"睁一只眼闭一只眼",不把它们作为掠夺性骗贷,但站在金融风险视角上看,贷款有抵押保障并不代表着借款人有还款能力和还款意愿,贷款审核环节弱化会造成后续的贷款不良率上升,影响银行流动性。

（四）商业银行经手的委托贷款治理

一些信托机构、政府投(融)资平台乐意同银行合作,使用间接金融手段形成委托贷款,目前信托规模超过 1 000 亿元的信托投资公司已有近十家。

传统委托贷款和银行自营贷款的管理流程和要求基本一致,但在不良资产统计和风险准备计提等方面却有很大的不同,前期还有一些银行暴露出的存款不进柜台不入账、存贷挂钩等问题,有些是委托方、经办银行和用款人之间达成的委托贷款、过桥贷款等方面的默契。[①] 要治理类似现象,首先,是监管部门发力,对委托贷款的业务定位进行严格限定,对信托投资公司的资本充足性、连带偿还能力进行监管,对承办银行的委托贷款规模进行调控,对贷款利率和银行收取的过高委托费用进行查处。其次,是要约束委托方,杜绝以加杠杆、套取银行信用等方式来筹集委托贷款资金,并对委托资金流向、委托过程中的风险承担必要责任。最后,要强化委托银行对贷款资金用途管理的义务。最后,对委托贷款逾期或出现其他偿付风险的,受托银行和用款方应当有预案,逐步建立应急延贷、补充偿还等方面的制度。

(五) 与信贷相关的商业银行揽存冲动的治理

由于资产多元化和消费观变化,商业银行的储蓄存款出现下降倾向,商业银行在组织存款时不免要开展竞争。在遵循合规的同时,商业银行也要怀有社会共治的意识。对于一些投机性客户的存款要求需要进行甄别,例如提出以存换贷或以存换兑的行为。对于账户资产变动异常、账户开户资料反映的企业实力与资金流水明显不符的,与民间投资机构、证券期货经营机构、国外银行证券账户有频发资金往来的存款账户要加强核查。对商业银行存款重要来源之一的国有企事业单位的大额存款要严格执行招标存放制度,使其不能成为诸多银行争抢的对象。对企业的大额存单也有必要加强管理,没有合理理由不能在不同银行之间"漂移"。

(六) 商业银行个人信用卡贷款债务风险的治理

为了减少个人信用卡透支拖欠引发的法律秩序不安定,下一步应当延伸治理触角,重点从以下几个方面着手。首先,银行应当增强对持卡客户财务状况的动态了解,在信用卡有效期内应许可银行向人力资源和社会保障部门、税务部门申请查询持卡人的社会保险缴纳状态、纳税情况,以判断持卡人是否在职、是否有连续收入。如果持卡人声明开设了公司企业,银行也可以向工商管理部门查询关联公司的存续情况。其次,持卡人的雇主单位

---

① 钱雪松,李晓阳. 委托贷款操作机理与金融风险防范:源自 2004—2013 年上市公司公告数据 [J]. 改革,2013(10):125 – 134.

可以与银行建立信息传递渠道。一方面,银行可以了解更多持卡人的就业状况。另一方面,银行也可以将用卡记录异常的持卡人情况通报给雇主,请雇主对持卡人加以提醒,同时也可帮助雇主预防持卡人因手头拮据而可能产生的挪用资金、竞业禁止等行为。再次,开展信用卡收单业务的各类消费机构与银行之间也应当建立金融风险防范伙伴关系,而不能仅仅是业务代理身份,对于消费金额、次数异常的持卡人以及有信用卡套现要求的持卡人,收单机构应当与银行保持畅通的信息报送机制,对于个别协助持卡人违法、违例使用信用卡的刷单、套现机构,银行可以提请行业协会、监管部门进行联合的业务禁入,阻断违法犯罪的助力。最后,在监管部门和公安司法机关进行调查取证时,信用卡发卡行、接单流通机构应进行配合,尽力提供所掌握的资金账户信息、交易记录等证据线索,在办案机关介入前,银行应加强自我甄别,防止资金转移或证据抹除事件的发生。

对于信用卡套现问题,其行为属性国家还没有明确给予界定。以非法占有为目的,不打算归还的,可以视为信用卡诈骗;而以营利为目的,将信用卡款项套取出来,投入回报率更高的领域周转一段时间后再还上,应视作持卡人违约。① 也有部分持卡人主观上愿意归还,但因为投机失败而归还不上,在定性方面面临争议。同时信用卡套现也常见于一些复制银行卡信息、窃取银行卡密码实施金融盗窃的行为。要消除这种违法、违约行为还需要加大交易核查力度,解决好用户端的问题。对各种商户的 POS 机,尤其是商品批发零售业、房地产行业、信息咨询业的 POS 机要加强监控,对可疑交易,例如一次性刷掉信用卡额度,刷卡金额与商户经营规模、商品价格不符的;频繁出现或在同一处商户大额度交易、刷卡金额总是为整数的行为,更要直接联系持卡人,问询消费时间、地点、内容等事项加以核实。

二、证券业务犯罪风险的治理

证券犯罪的危害首先在于会令不特定的证券投资人产生损失,然后这种损失额很快会超越投资者的原始投入,进而损害国家的信用体系和金融资本体系,使得全民承担损失。例如在 2001 年美国安然能源公司因会计丑闻倒闭的案件中,公司的破产不仅使几千名员工失去工作,而且退休保障投

① 郭雳.信用卡套现责任体系之完善[J].法学,2010(12):120-127.

资计划也损失惨重。据估计,作为全美排名前十名的上市公司,安然公司的破产使美国半数投资于股市的家庭受到波及。如果进一步计算因应对金融风险而进行的财政、货币政策调整带来的经济损失,那更是一场"少数人对集体的侵占"。证券市场的风险底线是难以探明的,因此,对证券犯罪风险的治理要更为细化。

(一)对证券发行欺诈的治理

目前法律法规对证券发行环节的违规行为所列出的清单并不全面。比如擅自发行股票债券,对发行的解释应当更加全面,除了包括首次发行、增发,也应当包括承销、保荐、申请阶段。欺诈发行股票、债券,除了虚假陈述、隐瞒事实、伪造资料,还应当包括重大误导性陈述、遗漏重要信息、选择性披露等。[①] 编造、传播虚假信息可以是全部捏造的,也可以是部分真实但存在重大失实,以及真假难辨但有重大误导性的信息。对此需要人工力量去识别、揭露。证监会现已强化股票发行审核(IPO)队伍的履职要求,确保在核准制度框架下尽可能发现和否决不符合上市条件的企业,避免投资者受损失,同时专门成立了发行与并购重组审核监察委员会,对股票发行许可实施内部监督。在证券发行还处于审核制度的条件下,这将是一项长期性的工作,丝毫不能松懈。

(二)对证券交易犯罪的治理

第一,对于证券交易中的单独或联合坐庄、操纵市场的现象,我国已推行完善投资人账目信息、统一证券期货账户代码等措施,利用交易所的计算机系统来收集关注账户的交易数据,并打算建成中央证券监管信息平台来加强监控。而对于具体案件的调查则需要实施穿透式审查,即监管机关或办案部门要越过证券经纪商,直接了解投资人账户上的资金进出、交易明细。由于这种调查有时需要得到投资者的同意,让监管部门获得他们的交易数据。因此,要借助社会治理的柔性和沟通优势来实现。同时,调查部门也要保护好客户的交易秘密,不能向外泄露。近期,交易中介机构就发生过窃取客户交易信息的事件,故这种调查面临着投资者解释权的问题,即当监管部门盘问投资者某宗异常证券交易行为的缘由时,投资者是否有义务向

---

① 吴小平. 大数据揪出腐败基金经理,反贪局新系统能几分钟锁定人![EB/OL].[2018 - 01 - 04]. https://www.toutiao.com/a6506544561618158088/.

监管部门解释其投资行为。

第二，对危害甚大的"老鼠仓"的治理，不但需要制度警示，还需要技术控制，形成防火墙。首先，是关联账户的识别问题。现在证券市场上存在着大量的投资账户，根据中国证券登记结算公司 2017 年 12 月 22 日的统计数据显示，目前我国证券市场上共有 1.337 5 亿个在用账户，还有一批账户处于休眠状态。由于证券经营业的历史原因，一些账户没有能够进行有效的实名登记和身份识别，不排除其中有借用、出让账户的行为，这使得不法金融人员可以拥有或调动多个证券投资账户，在吸纳股份和转移资金时能够得心应手。防范多账户一致行动，需要通过补齐源头开户信息、捋顺账户变更转让过程、严格保障证券从业人员竞业禁止性规定。同时也要加强投资者教育，明确出借证券账户的危害性，告诫投资者跟风从事内幕交易的可处罚性。

其次，察觉老鼠仓行动，需要利用先进的数据分析和挖掘技术支持，对看似没有关联关系的账户进行监控。证券执法部门曾发现，在一些证券投资人员在金融机构内操作证券业务时，有时会有一批可疑账户跟进买卖、同进同出，也会有一些可疑账户实施逆向操作。利用历史交易回溯、同时段交易数据对比、成交数据拟合分析等技术可以将一些无关的交易行为排除，而精确锁定一些高度疑似的内幕交易活动还有赖于超级计算技术的运用，使其能够在较短时间内从海量交易信息中捕捉到这类线索。广东佛山市南海区组建数据统筹局，建成区一级的政务数据资源目录平台，整合了 47 个区级部门的 400 多个数据库，①这种平台是可实际运用的政务大数据库，可以通过这种数据库收集某些被调查对象的金融信息、消费信息、社区信息、社会网络信息等，使资金的来源、流动、转移转化等有了更实际的证据线索，但从发现案件线索到违法事实的确证还需要大量的工作。② 证券监管执法机构和公安侦查部门可能面对的是复杂的账户信息、无纸化交易的低度信息量和资金游走转移的无规律性。在这种情形下，有必要借助各种内外部治理的渠道优势。在内部治理方面，对金融机构重点岗位的从业人员进行资质审核、背景调查、从业法规知识考核、签订合法从业承诺书、开展保密制度

---

① 石茹. 政府如何利用大数据？[N]. 南方周末, 2017-11-06.
② 王都鹏, 刘慧. 构筑"老鼠仓"防火墙, 守住市场秩序底线[N]. 中国新闻, 2017-07-09.

教育。对其在岗、在职期间的行为实行合法监控、双岗双控、后台端复核等内控措施，消除制度控制的盲区，减少非法金融活动。在外部治理方面也有一些方法，例如，听取投资者的议论，找到有哪些股票近期价格和成交数量走势异常、市场上有传闻哪些股票被"坐庄"；同证券从业人员展开谈话，了解哪些热门的金融信息在市场上流传、哪些资产管理人员最近有反常行为、哪一派资金势力近期有动作；从证券金融研究机构、研究者、会计审计机构处获得一些信息线索。如此一来，既通过数据流也通过信息流；既借助机器智能也动用人力优势，从而更全面地监控，使老鼠仓不敢露头。

再次，对于明知故犯的老鼠仓的金融从业人员，除了进行经济处罚、实施市场禁入、追究刑事责任之外，还可以利用行业治理的手段，不容许其直接或间接参与金融行业，或对其行为进行曝光，使其在金融从业圈中被孤立、被监控。同时，也可以将实施老鼠仓的人员记录到个人信用采集系统中，限制其开办公司、从事经济管理工作等，使得金融从业人员产生忌惮心理，不敢为追求一时利益而赌上自己的职业生涯。

（三）证券舆论立场的引导

近年来，当证券市场发展出现低迷状况时，新华社、人民日报、中国证券报、上海证券报等官方财经媒体，以及中国社科院、国家发改委研究所等官方智库会发表一些疏导性、论证市场成长性的评论。当证券市场有发烧、过热倾向时，官方媒体会适时提出警告。而证券监管机构一般会沉默应对，不会发出导向性言论，只有极个别组织和个人会发表乐观性言论，这体现了金融监管的谨慎性。与此相反，各路财经媒体、知名金融从业人士、经济学家却占据了证券舆论的主流。有些看法振聋发聩，有些做法则带有误导性、赌博性等因素。① 总的来看，风险警示性言论的力度和传播广度是不足的，有一些风险警示虽发表但属于无的放矢，信者甚少。我国证券市场还不成熟，而且投资者结构中中小股民占比甚大，对证券投资者的舆论过滤和耐受能力比较有限，而且有一定选择性偏好，对悖于其期望的言论不会做出正向反馈。因此，通过证券监管机构的官员来发表提示风险的言论，让股民体味其权威性，实现另一种羊群效应实有必要。这种行为应当列入证券监管机构

---

① 周家琮. 股市里的"第四种权力"［EB/OL］.［2015 - 07 - 27］. http://news. ifeng. com/a/20150727/44258096_0. shtml.

的义务清单。同时,不管是谈话者还是旁听者更需要有规矩意识,即要按照主管部门和监管机关的要求,对不能公开或未到合适公开时机的政策动向、证券期货信息、市场信息不能作为谈资,更不能出于贪念以身试法。

（四）支持证券投资者行使索赔权利

由发行证券的公司企业或证券业务代理机构造成的发行和交易欺诈,给投资者带来的损失相当惨重,在追究金融违规者行政和刑事责任的同时,也存在民事侵权赔偿诉讼的提出和诉讼成功率的问题。现在司法机关已陆续受理上市公司股民提出的系列证券欺诈侵权赔偿诉讼,有些案件收到了较好的司法效果和社会效果。例如在创业板上市的北京无线天利移动信息技术股份公司连续三次因为存在关联交易未对外如实披露被证监会处以警告、罚款 60 万元的行政处罚,并引发投资者的侵权诉讼,法院二审判处北京天利公司赔偿 88 名投资者 2 200 万元。慑于证券交易所有暂停或取消其交易资格的威力,北京天利公司迅速履行了判决,并做出了赔偿。但目前这类索赔案件诉讼难度较大,拖延时间较长,有些人士呼吁需要通过公益诉讼和消费者团体诉讼等新诉讼模式来推动,用民事诉讼来策应证券犯罪风险的治理。我们认为,我国不仅需要公益诉讼,而且还可以试行英美法中的"罚金诉讼",即允许检察机关、部分公民或组织以金融监管的名义对侵害金融利益的行为提起诉讼,胜诉后,一部分罚金归于原告,另一部分归于政府,以提高诉讼动力,避免受害者当看客。①

对于证券侵权诉讼过程应争取公开,扩大其传播面,使民众全面感受诉讼理由陈述、证据交换、质证辩论、鉴定等每一个环节,真实还原金融事件的全过程,让投资者去面对一些关键信息,不再对风险采取回避的态度,并将个案判决的结果到诉讼效果的公共化运用梗阻打通,以矫正投资行为。

对证券纠纷诉讼中的和解要全面分析,一些作为原告的投资者难以承受漫长的诉讼和证券经营机构、上市公司的强势代理团队而被迫接受和解,但这种结果并没有能够厘清金融风险责任,也不能给其他金融投资提供警示,对类似金融纠纷案件的处理无益。因此,建议司法机关不能轻率同意这种遮掩金融风险的和解,当然,也不能支持金融投资者"敲诈"金融机构。根据能动司法的理念,法院应当对公共热点事件表明态度。因此,法院可以积

① 章武生. 我国证券集团诉讼的模式选择与制度重构[J]. 中国法学,2017(2)：276-302.

极提出司法建议,这也是一种参与金融风险治理的行为。

(五)开展证券风险治理国际合作

当前,一些中外合作的基金管理公司和国外资本参股的证券公司与我国本土的证券经营机构开展了业务竞争、人才竞争,同时也进行着风险管理的竞争。一些中外合资的基金管理公司从业人员暴露出的"老鼠仓"案件,说明对有国外资本背景的证券经营机构的管理也存在漏洞。在证券市场中外经营机构并存的环境下,存在着遵守中国金融法规和行业本土化的问题。一些证券、期货类欺诈犯罪案件需要从多个国家地区开展调查、收集证据,目前无论是在立法深度还是执法能力上,我国的证券监管机构需要更加活跃、更加有权威,以适应打击犯罪的要求。具体而言,我国证券机关机构的调查和执法权限需要扩充,根据国际证券监管组织 2017 年通过的新《磋商、合作及信息交换多边谅解备忘录》显示,各国证券监管机构应当努力获得并为合作方行使获取审计底稿、获取留存在电信公司的电话和传真通话记录、获取留存在互联网服务提供商处的网络使用记录、强制问询、冻结资产等方面的权力提供便利,但我国《证券法》《刑事诉讼法》并没有赋予证券监管部门调取电话和网络记录的权力,这些只能请求公安机关和法院行使。[①] 在证据效力方面,我国《刑事诉讼法》没有详细规定中国证监会向境外监管机构提供的协查材料在国内刑事诉讼中的证据效力问题,如果协查材料中有些属于非公开信息还不能直接认定为诉讼证据。此外,在跨境监管合作方面还面临着一些问题,跨境执法合作的法律基础还要进一步夯实。同时,证券经营机构的监管和调查还存在着法律冲突问题,例如,中国一些民营企业选择在离岸金融中心注册公司,然后对国内资产进行收购,进而在境外证券交易所申请上市。由于境外证券交易所的审批比较宽松,注重后续监管,故对于这类企业,我国的证券监管机构基本上无法监管。而中国的一些国有企业选择在港交所、新加坡或美国直接上市,虽然事先得到了我国经贸主管部门和证券监管机构的批准,但在日常监管中主要听命于上市地的金融监管部门和证券交易所,所以,我国证券监管机构在执法时可能会出现管辖权冲突现象。在我国完善证券法的过程中,需要对这些问题加强制度设计。

---

① 方星海.夯实跨境监管合作法律基础,切实防范系统性风险[EB/OL].[2018 - 06 - 13]. http://www. sac. net. cn/hyfw/hydt/201806/t20180614_135672. html.

三、新型支付违规犯罪风险的治理

网络支付是难得的金融创新,但如果要减少新型支付渠道被诈骗者所利用骗取受害者刷卡或扣款等犯罪风险,还需要额外采取一些治理措施。

第一,在 200 多家支付机构中,淘宝公司的支付宝、腾讯公司的财付通占到了总支付份额的 90％以上,形成了市场的过度集中,故有必要鼓励发展一定数量的其他支付方式,在固定电话支付、数字电视支付等领域扩大市场份额,与移动电话(电脑)领域共同发展。

第二,要防止支付牌照被恶意收购的现象。第三方支付资格是一种金融资质,中国人民银行采取特许制,并且放缓了审批速度,一些互联网站希望获得第三方支付业务资格以帮助其扩大客户源,沉淀住客户资金,于是花费高达十几亿元的价格去购买牌照,并以此为基础开展一些理财业务、消费信贷业务。目前,有些第三方支付平台由于客流量小、交易金额少仍处在微利或亏损状态,如果被一些恶意从业者控制,利用第三方支付为掩护进行非法集资、洗钱业务,将会造成很大的风险,因此,有必要保留牌照定期审核和不定期检查等基础性监管,并对牌照转让进行受让方背景审查。对于长期陷入亏损以及业务严重萎缩的第三方支付平台要向对待僵尸企业一样,及时令其退出市场。迄今为止,中国人民银行已宣告取消 29 家支付机构的营业许可,但从总体数量上看,还应该会有至少一半的支付机构退出市场才能比较合理地确保支付市场规模和效益的平衡。

第三,要遏制支付端客户信息泄露、买卖等恶性事件。支付平台掌握着客户的身份信息、金融账户开户情况、资金存量、联系方式、客户和家庭成员、亲属同事之间的金融关系、消费购物喜好等方面的信息,当前经常出现的个人金融信息被滥用、倒卖以及金融骚扰现象,有些就是因为支付平台工作人员违法违规操作,丧失操守而流出的,这些已然构成金融信息违法犯罪。同时,支付平台为了商业利益,也可能和其他网站建立支付链接,趁消费者未察觉之机,在消费者上网时偷偷将消费者转到特定网站,或者诱惑消费者未看清服务合同的情形下点击授权同意按钮,使一些网站能够自动扣费,从而侵犯消费者知情权,涉嫌非法经营,因此,需要将这些情形置入信息安全治理、经营环境净化等专项治理活动中,进行持续整治。

第四,要做好公益平台和商业平台的分隔以及建设必要的利益分享机制。现行的第三方支付平台是商业机构。而中国人民银行牵头的网联清算有限公司平台也是商业公司,有 45 家股东,分为几大类:一是中国人民银行下设机构,包括清算总中心、银行间市场清算所、上海黄金交易所。二是行业协会,包括中国银行间市场交易商协会、中国支付清算协会。三是第三方支付平台,包括支付宝公司、财付通公司、网银在线公司等。四是其他单位,例如国家外汇管理局下属梧桐树外汇投资平台等,其主要承担公益性、安全性业务。值得注意的是网联公司并没有吸收商业银行作为股东。与以往的支付方式相比,现行的网联模式是四方间联模式,大型支付平台,如支付宝将不能再将客户账户上资金进行内部走账,而必须全部接入网联系统,沉淀在平台的资金流可能会减少。对于商业银行而言,收受的第三方支付机构代理费可能因统一标准而降低。第三方支付平台对商业银行的依赖性减少。未来网联公司在完成金融基础设施建设后必然会盈利,其盈利分配方式以及是否需要向规模较小的第三方平台给予额外补贴需要进一步研究。

第五,要最终实现对支付平台的业务全监管,根据中国人民银行下发的《关于将非银行支付机构网络支付业务由直连模式迁移至网联平台处理的通知》,2018 年第一季度开始试行各家支付机构的网络收付业务统一接入"非银行支付机构网络支付清算平台"(网联系统),当季网联平台已经接受了 57.75 亿笔支付请求,金额为 2.02 万亿元。[①] 每天的业务量达到了6 400 万笔,经手金额有 224.68 亿元。此项技术有效提高了网络安全水平,有助于减少消费者被骗的概率。中国人民银行要求 2018 年 6 月 30 日后,所有的第三方支付业务都必须经过网联平台,统一进行身份核对,并可以有效追溯、撤回业务。但还有一些不经银行通道的支付业务由第三方支付平台自行办理,例如用户将现金交给支付平台,然后再由支付平台付给商户,或者资金在同一支付平台用户间相互划转。对于这个业务,有必要要求支付平台向监管部门报送数据备案,以防止一些无因性支付或者洗钱行为。2017 年年底,中国人民银行推出移动支付安全技术标准,并发布《条码支付业务规范(试行)》,规定每年 70 多亿笔条码支付业务,每天静态条码支付最

---

① 李玮佳. 央行:网联平台试运行正常,成功交易金额近 3 万亿[EB/OL]. [2018 - 05 - 25]. http://cq.ifeng.com/a/20180525/6604253_0.shtml.

高限额是 500 元,有条件的支付机构才可以实施无限额支付。一些商业机构和支付平台提出异议,认为这种限制妨碍了他们的业务发展。而人民银行要求支付机构应当提高技术等级,推广动态支付码,控制好资金风险和信息风险。[①] 基于企业社会责任的约束,支付机构即便在无过错情况下也应该关注客户蒙受欺诈的案件,给予必要援助,最有力的援助就是减少犯罪成功的机会,在此前提下,对业务进行调整和限制,平衡市场规模和安全是企业的道德义务。

四、金融机构资产管理业务领域风险的预防性治理

2018 年 3 月 28 日,中央全面深化改革委员会第一次会议通过了《关于规范金融机构资产管理业务的指导意见》(简称《指导意见》),并决定由四部委联合发布,说明金融体系的不规范经营问题引起了国家决策层的关注。

首先,从总体上看,该《指导意见》是在十三届全国人大一次会议决定国家机构进行改革,新组建中国银行保险监督管理委员会后,金融监管部门出台的一项重要文件。它是由国务院指定,由中国人民银行牵头,中国银保监会、中国证监会、国家外汇管理局共同出台的文件,昭示着"一行两会"的新金融监管模式已经做好了初步磨合,确定了中国人民银行主管金融政策,银保监会、证监会负责具体执行的分工模式。同时,该意见的出台是适时的。中国人民银行、中国银监会在两三年前就开始筹备制定资产管理的专门规范,但由于职权、职能等方面的考虑,虽然提出过征求意见稿,但一直没能通过。此次这个意见正式出台,显示了新监管体系的风格和优势。

其次,从导向上看,此次发出的核心信号是令资产委托人自担风险,这为风险治理指明了方向。金融机构在当中主要发挥资金管理中介和投资服务作用,但这一目标不可能一蹴而就。比如当前,银行类金融机构推出了大量供储户闲余资金购买理财产品的业务,在销售时,银行本应有义务提醒和判断客户出资者的风险喜好倾向和承受能力,并建议储户是否合适购买此款理财产品。但在现实中,银行主要是对客户进行例行资格审查,很少有银行去劝说客户不要去购买此种产品。客户也冲着这类产品是银行发行、资产管理(理财)协议也是与银行签订的这两点而笃信资产管理(理财)产品与

---

① 杨晨,杨建军.移动支付安全保障技术体系研究[J].信息技术与标准化,2010(7):17 - 20.

存款并无二致,从而推定为银行在产品到期后会无条件兑付。有的投资者甚至冲着当前金融体系中的存款与理财产品的大额息差,先通过贷款、信用卡融资、应缴未缴款项、股份债券销售冻结资金来参加理财,这些资金不是投资者自有的资金,而是一种灰色地带的资金。银行如果把这种资金吸收到资产管理账户中,实际上是帮助委托人消化了资金占用成本。

银行作为受托人将筹集的资金二次投资于货币市场、债券市场等相对安全领域时,资金损失风险相对较小。而当将资金投放到大型工程项目建设、贸易结算、流动资金补充等类型时,资产减值、不能按期回收、不可抗力等方面的风险就会大于前者,银行就可能因客户的兑付预期而无法解套,会被迫拿出自有的资金去填补资产管理业务的损失。今后监管部门要求银行的同业投资应当限定投资载体,银行的理财业务应当区分为结构性存款和其他类业务,资金向信托渠道流通要受控。① 对于保险资金委外管理,要禁止转委托和流入高风险产业,或者回流到金融体系形成嵌套,要在风险可控的情况下进行境外投资。金融机构在资管产品中不得以任何形式以自身资金垫资兑付,这就意味着,金融机构一旦在某笔资产管理业务中出现了风险控制失灵,不能自我消化和粉饰业绩,必须如实向监管部门和委托人报告,在清盘资产管理产品时要为委托者记提损失,这也要求资产管理产品委托人(储户、出资人)和金融机构之间达成新型契约,出资人要信赖金融机构的整体业绩实现能力和风险控制水准,要客观地接受市场风险可能给自身带来的损失影响,分散配置金融投资方向和产品。金融机构则要建立不良资产管理系统,重新设置资产管理产品费率精算系统,考虑建立资产管理风险分摊模式,建立客户沟通网络和危机对策体系。

再次,这份文件体现了监管新思路。对资产管理活动是绝对严格监管还是相对严格监管,是一件极其考验监管政策制定者的大事,绝对严管意味着不会承担政治责任和业务责任,但这对活跃金融市场、服务实体经济会带来一定的影响。相对严管则体现了金融改革、金融试验的要求,也符合多种所有制主体在市场上平等对待、充分竞争的精神,但会让控制金融风险,守住不发生系统性金融风险的底线承压。同时,在金融监管上一旦存在部际监管的差异,就会让金融风险喜好者抓住空档,制造金融监管"套利"空间。

---

① 李国峰.银行资管业务的未来[J].中国金融,2017(22):89-91.

对金融消费者而言,监管的好坏意味着消费者能否获得安全、充分的金融公共产品。在以往的资产管理业务活动中,金融机构和其他资产管理机构不可谓不"勤勉",在一定程度上扮演了超市场化回报者的角色,因为竞争的需要,很多金融机构承诺给予金融消费者刚性兑付的待遇,而这与资产管理业务的本质是相违背的,也混淆了资产管理业务与存款业务之间的区别,引起消费者的误解和误信。金融机构为了兑现对消费者的承诺,在有些情况下只能"硬着头皮"开展业务,在资产管理品种设计和募集方式上打"擦边球",实施模糊性、选择性信息披露。在投资趋向上将资产管理业务和信贷业务通道混同起来,放大信贷规模,高配置杠杆,追求高回报率,明知有高风险还趋而往之,刻意规避监管。

在制度设计周密性的同时,笔者认为,《指导意见》在社会治理方面也体现出较鲜明的特色,那就是联合、嵌合和叠加治理。第一重成效是联合治理。这不仅仅是前述几个职权部门之间的联合,而是动员了资产管理活动的一些流程主体一起主动或被动参与监管行动。在银行、保险、证券、信托、期货等不同的市场活动中,金融产品的复杂性是不同的。资产管理项下的资金所流向的地区、行业也有所不同。例如在银行领域,资金从银行类资产管理机构流入到实际用资方手中,银行尚可以通过用资方的金融结算账户的变化情况来了解资金使用的合规性。而从证券、金融投资公司等领域流出的资产管理项下资金,相关的证券公司、保险、期货公司不一定有渠道了解其使用状况,需要从证券登记机构、交易结算机构、交易中介撮合机构等渠道才能获取较完整的资金流动信息。此次出台的资产管理业务规范的意见中就提到,国债登记结算机构、证券登记结算机构、银行间市场清算系统、票据清算系统、黄金交易所、保险交易所、保险资产登记交易系统有义务定期向中国人民银行和金融监督管理部门报送所掌握的资产管理产品金融工具信息,这种做法部分类似于国际法领域的长臂管辖。

第二重成效是嵌合治理。这是对资产管理活动在金融市场和宏观经济中发挥的效应而专门设置的,其用意在于既保持在金融业务领域的基本监管,同时也充分考虑将资产管理活动给实体经济带来的影响纳入监控和处置之中,中国人民银行确认了金融机构今后可以继续设计和推出固定收益类资管产品、股权权益类资管产品和商品、金融衍生品类资管产品和混合类资管产品,但是反对在资产管理产品中设置多层嵌套和较高杠杆,因为这样将会导致一部分融资演变成为用资人自导自演的上市公司股权收购、参股金融机构的"弹药"。①

第三重成效是叠加治理。它体现了对资产管理主体、资产管理活动的双重监管,也就是通常提到的机构监管和功能监管相叠加,这涉及资产管理活动监管标准的设置。银行、保险、证券监管部门如果能同步盯住一笔资产管理资金的流向,就能在很大程度上可以避免这笔资金在现有金融体系内部自我循环,制造泡沫资产。同理,上述监管部门同步监控资产管理产品受益者的行为,了解其将资金真实使用到哪个领域,以及在不同金融领域的信用水平和风控能力如何会使这些金融主体谨慎行事。

五、不良资产管理行业风险的预防性治理

要促进不良资产管理行业的发展,首先,需要建立不良资产管理信息数据库,并探索不良资产估值定价模型和分层评级标准。其次,要提高从业机构的不良资产处理能力。影响不良资产处置能力的有:资产质量因素、地域因素、人才因素。相比之下,来自银行的不良资产包处置难度较低,因为银行信贷环节的合同订立、担保方式选择、贷后管理比较完整规范,而地方政府的投(融)资平台、信托公司、P2P借贷平台的不良资产包处置效果不好。在发达地区,不良资产包的交易和处置较为活跃,中西部地区一些不良资产率较高的省份没有形成运营规模。从事不良资产管理的公司只有靠业务数据、估值定价人才等方面优势才能在发展上取得领先。再次,要在不良资产管理公司与会计师事务所、律师事务所、征信公司、评估公司、证券交易所之间建立起合作。最后,在金融犯罪案件侦查处理中,要结合不良资产管理,一方面找到一些违规发放贷款、套取银行信用的证据线索,另一方面精准计算损失额,同时还要防治渎职和腐败。

六、地方政府投(融)资活动的引导

政府要推动经济政策,促进公共建设,需要从金融市场汲取资源。除了重组、上市等途径,地方政府对地方国有资本的投资运作手段并不丰富,在金融形势日趋复杂的情况下也不适于放开地方国有资本的多元运营。现在

---

① 曾刚.银行资管业务:从"高速"发展到"规范"发展[J].当代金融家,2017(5):103-105.

面临的大问题是,对地方政府投(融)资平台沉淀的存量地方政府债务如何消化,笔者认为,一方面,应创造条件尽可能如期偿还。对政府确有偿还责任的,要制定还款计划,安排资金来源,引入债务预警,实施业务审计。另一方面,要加强过程监管,防止金融犯罪的发生。例如,坚决防止资金流入高风险领域或者加杠杆包装成其他投资,以便减少财务风险。借款给地方政府投(融)资平台的商业银行要加强贷后管理,了解项目进展和资金使用情况,关注投(融)资平台资产负债表表外事项以及其他事项的动态,评估政策变化和突发事件对借款安全的影响,以便动态调整授信计划的执行。① 未来,地方性政府投(融)资平台还将继续保留,但应该限缩范围,主要承担公益性的项目,比如保障房项目。现在中央正在考虑允许地方政府发行债券,来分担从银行借款的方式。地方性政府投(融)资平台也要建立内部风险控制机制,将其作为准金融机构进行监管。要推出投(融)资平台信用评级制度和动态信息公布,认可第三方的信用评级。银行业协会可以建立投(融)资平台信息库,制定项目预警。一些混合型项目应尽量采取政府和社会资本合作(PPP)市场化模式,和财政资金进行切割,不允许地方政府提供担保。

第三节　民间金融犯罪风险的社会治理

一、非法集资犯罪风险的治理

根据非法集资部际联席会议通报的情况显示,当前集资犯罪的高发地区为东部沿海地区以及河南、四川、陕西等中西部人口大省。新集资形式逐渐增多,例如互联网金融、虚拟货币、消费卡等。传统集资领域的违法行为主要集中在房地产业、商品批发业、农业经济合作组织等。② 相应的,非法集资从恶性方面也分为两个层次:一是有资金需求,并有一定的商业模式,能形成还款能力,但利息虚高、不符合融资规定的做法,这是长期以来民间金融的惯常做法。二是"庞氏骗局",表现为虚构经营模式,或经营模式根本无法支撑承诺收益,先入局者压榨新进者。

---

① 迟晓燕.地方政府投(融)资平台的风险及治理对策[J].宏观经济管理,2012(4):58-60.
② 周炎炎.处置非法集资联席会议:尽快出台处非条例,坚决打击庞氏骗局[EB/OL].[2018-02-26].https://www.thepaper.cn/newsDetail_forward_2009737.

从治理的角度而言,对待前一种用资需求,正面的回应是金融监管部门牵头,大力发展小微金融、普惠金融,同时也需要各行业主管部门、市场监管部门及时了解本地区、本行业的资金供应情况,确保正常的民间借贷秩序,就像温州、宁波等地区成立民间借贷办公室,进行借贷的鉴证。对待第二种经营陷阱,或者由第一种借贷方式演变出的骗局的治理,一方面要拿出令行禁止的"尚方宝剑"。《放贷人条例》《处置非法集资条例》均研拟多时,并不存在专门的出台时机,只要成熟即可推出。这些类型的条例除了可以约束民间集资活动的当事方,同时也可以赋予一些行政主管部门、中介组织执法检查权力及配合义务,划定好责权,不需要以部际协商的方式来推进处置工作。另一方面,需要各部门联动,除了根据《关于进一步做好防范和处置非法集资工作的意见》的规定之外,各个部门还可以丰富手段,积极作为。例如在市场监管部门重点查核资金负荷较重企业的年度经营报告时,可以发现其经营规模、主营业务方向、盈利状况中的信息,并从股东背景、控制人变化情况看这个企业是不是在正常经营,有没有偏离本业或者"金蝉脱壳"。开户银行对开户企业资金流转可加以关注,对账户中出现多头同时入款,而固定时期内又分拆回流的现象应重点分析,掌握企业是否在吸存、付息。对企业账户现金流变少,长期流向某些固定账户、只出不进的现象加以锁定,判断资金是否被挪走。电信企业可以对一些可疑企业的网站内容、网络客户访问流量、网络广告投放频率、计算机服务器的设置变动、数据保存等情况加以关注,利用大数据寻找风险,阻拦一些非法集资宣传短信、邮件、聊天信息,删除一些可以开展集资的手机应用程序(App),形成线下线上同时治理。民众可以对周边社区、企业的一些营业机构活动情况、业务宣传方式、可疑人员事件等加以留心,相互提醒并告知社区居委会、行政机关,以帮助识破骗局。宣传部门、广电机构应当通过各种公益宣传的形式,让人民群众认清非法集资危害,讲明法律和政策不能保护高息,提醒民众抵制诱惑。地方人民银行可以综合各商业银行的数据,了解本地区的资金总体供应情况,对流出金融体系的资金进行监控。各级政府可以设置合适的奖励制度,举报非法吸存行为,打击骗局。教育研究机构、法律服务机构也可以参与到社会化援助工作中。各个企事业单位、社区应当无遗漏地宣传播放非法集资危害和防范的广播、电视影片,张贴标语,同时做好对退休群体、外来群体等重点人群的关注、知识普及工作,给予其特殊保护。中央和省级政府对跨境、跨省域非法集资案件可以统一指挥、调配力量，加快办案速度。

近期大型、恶性的非法集资案件多发于网络，例如"云联惠""e租宝"案件，今后以互联网为隐藏地的集资现象还会增多，一些防范手段也需要更新。人民银行曾规定，对参与非法集资人员要纳入金融失信人员名单，但对网络上以微信/QQ名等参与集资的，人民银行却"鞭长莫及"，故需要设置网络服务商的相关义务，配合监管部门冻结、屏蔽这类网络账户的活动，协助整理网络资金的流向情况，在必要限制和关闭某些网络账户的转账权限，帮助民众减少损失。

二、针对高利贷及套路贷的风险治理

针对高利贷，有不少人士的观点是采取刑法规制，部分全国人大代表曾经提案呼吁在刑法中增设"非法放贷罪"，与违法发放贷款罪并列，专门打击民间借贷中的严重违背金融监管，尤其是使用暴力或者以借款人隐私相威胁，侵害借款人人身权利的放贷行为。学界的看法是，如果确需新增此类罪名，可以通过全国人大以制定专门决定的方式来实现，也可以对非法经营罪、敲诈勒索罪、非法拘禁罪、绑架罪等罪的规制范围加以扩充，但需要解决的关键问题是此罪的罪状是否能够平衡案件中各方当事人的权利、义务，是否符合谦抑之理。[①] 比如对追贷情节非常恶劣，造成债务人死亡、重伤或者出现严重心理障碍的，应追究刑事责任。在这一点上，社会各界取得了共识。而对于高利贷、套路贷收取高额利息的行为能否入刑，可能会面临较激烈的争论。支持者的见解前文已述，同时他们还认为应当拓宽对金融的理解，所有以资金为媒介的市场行为都是金融行为，资金流转过程和营利的原理都是一致的，没有必要专门区分正式金融和民间金融。对金融机构有违法发放贷款的刑事罚则，对民间的高利贷、套路贷也可以照此进行处罚。[②] 尤其是当前套路贷对社会秩序、道德风俗、债务人人身财产安全造成了直接冲击，如果任由其泛滥会对正常的金融信贷活动造成干扰，加大金融风险的压力。

反对者的意见包括：高利贷及套路贷从属性上等同于现金贷，和消费

---

① 胡启忠，秦正发.民间高利贷入罪的合法性论辩与司法边界厘定[J].社会科学研究，2014(1)：79-85.
② 闵达."套路贷"案认定分歧的审查判断[J].中国检察官，2017(22)：43-46.

类贷款、信用卡等有相似的功能,贷款发放者应该具有风险意识,借款人也应该从事与自身民事行为能力相匹配的活动。如果是正常的消费需求,则现金贷是一种理性选择,但是过度的信贷需求,以及以降低门槛、以不可作价的个人隐私等方式诱使借款人借款,可以以经济伦理来批判,以民事法律手段来救济。同时,反对者对于现金贷这种民间负债行为能否引发金融风险有不确定的看法。如果从整个社会的资产负债表来看,现金贷现象会加重债务负担,但现在现金贷基本是点对点式发放的,即放贷者没有通过吸收社会资金来形成资金池放贷,借款人也主要是小额的、单个的,在多数情况下不会将所借款项再用作金融目的,这就不至于造成信用套叠和加杠杆,对金融稳定局势的破坏性有限。

除了最严厉的刑事规制外,对泛滥的高利现金贷以及套路贷的治理路径可以从以下方面进行设计。

第一,监管前移,切断来源,防止金融体系的资金和已经具有一定风险度的资金流入高利贷领域,造成信用套用和风险叠加。这需要金融监管部门借鉴穿透式监管的手段,对借款人从银行体系获得的资金,从证券、债券市场募集来的资金进行严密监控,掌握其动向,防止其流入地下钱庄或网络渠道,防止其化整为零。即便是个人或企业留存在银行结算账户中的资金,如果出现大额现金存取,在资金流出前先进行一定比例扣除的现象也应当加强警觉。在民间金融活动比较发达的地区或者借款放款行为比较隐蔽的情况下,单纯依靠金融监管部门和工商管理部门封堵非法放贷行为,难以做到及时和有力。可以考虑执法部门和行业协会组织进行合作,将调查、听证等权利交由行业协会,并支持行业协会提出初步的管理和处罚建议,最后由执法部门采纳实施。市场监管部门、社会治安综合治理部门应警示各类金融组织、中介机构合法经营、注重声誉,不应为了追求手续费、服务费等项目而成为非法放贷者的帮凶,还可以从办案机关、行业协会、中介组织、受害民众等渠道收集一些非法放贷机构和放贷捐客的黑名单,掌握他们的动向,警示他们不要逾越法律禁区。

第二,社会各部门信息的收集和交流。从整体层面上净化民间金融环境需要有真实的信息和数据。这些信息部分来自监管机关的日常收集的信息,另一部分可能来自金融部门掌握的信息和民众的举报。信息来源渠道越多,执法部门的反应才能更灵敏,对违法违规者的震慑力才足够大。各个地方政府部门要通过金融行业统计、商事登记、税务登记、会计审计师事务所、不动产登记、行业协会、商会等各种渠道掌握从事各类放贷活动的机构、组织的基本情况,进行数据整合,建立数据库,掌握动态趋势,从而进行甄别。同时也要挖掘法定登记资料以外的信息。高利贷、套路贷行为虽然有其隐秘性,但也会有不少蛛丝马迹,比如放贷者与借款人之间有没有经济、社会联系;借款人在某段时间的经济状况、消费习惯的改变,突然增多的电话、短信,陌生人出现在借款人所在单位、社区、家庭等情形,应尽可能地将放贷人和借款人的异常行为都考虑进去,将上述各方有可能接触的人际、物际圈都网罗进去,形成立体化、日常化的关注。银行等金融机构在接受民众咨询、应执法部门要求协助调查和调取转账记录、出具银行流水时,应当格外注意关联账户之间的关系,把资金的准确发放时间和金额锁定,并将套路贷中先行扣收利息、利息滚存为本金、垫资平账转贷等线索挖掘出来。

第三,执行金融登记制度。借款行为是否属于个人隐私、能不能将其纳入一种经济统计之中或者与个人信用体系相连接值得进一步研究。无论是办理消费信贷还是现金贷的机构,如果能够合法运营,是没有必要一律取缔的,但他们的行为如何监控,他们有没有义务向社会披露一些经营信息是可以进行相应制度设计。[1] 如果金融机构开展借贷,其业务透明度是很高的,包括贷款金额、贷款利率、还款记录等都会被记录下来,并会被保留很长一段时间。如果是向民间机构借款,则贷款资质、资金来源、贷款投向这些信息也有必要采集起来,这些经营贷款业务的民间机构可以学习当前比较热门的众筹模式,建设一个合作平台,将所开展的业务尤其是涉及业务适法性的借款人信用情况、贷款利息、催收方式等记录下来,供有权机关部门查询,或依照数据保护的要求合理公开,这样将能大幅度遏制非法经营放贷业务的现象。

第四,相应的社会中介机构可以参与到民间金融借贷中,比如委托一些金融、会计、心理、法律等方面的专业机构为借款人做适格性评估,识别借款人有没有还款能力和意愿、有没有不良信用记录、有没有不适合于借款的心理障碍、有没有合理支配借款的自控力等。这类事务的开展有利于放贷人

---

[1] 刘海应,蒲舟军,王含笑.基于登记制度的民间借贷阳光化路径探析[J].浙江金融,2012(6):108 - 110.

的资金安全,同时也可以邀请一些机构作为现金贷的见证方和调解方,以提醒放贷机构不能变相推行高利贷,不能以各种不合法方式催收贷款,消除在贷款运行过程中的信息不清晰,同时借款人也可以向这些机构举报和求助。当然,这些中介性组织应当是以非营利性为主流,可以接受金融监管部门、市场监管部门、公安机关的帮助和行业捐赠,以维持自身正常运营,不会因为经济利益而沦为现金贷机构的帮凶。

第五,因人施策,重点关注。综观套路贷的受害人,部分人确实有较急迫的资金需求,为了借到钱不顾及贷款条件,而另一部分人则是贪图小利,并且不了解金融法规的规定。当前,防范在校大学生、收入不稳定的青年群体卷入套路贷犯罪风险,需要高校、用人单位、教育部门、司法机关、金融监管部门联合起来,通过他们日常密切接触的网络渠道、移动通信工具等方式细致宣传金融法规,分析高利贷及套路贷违法犯罪行为的形式与内容,教育青年人和学生树立正确的理财观、信用观、安全观,不理会、不参与违规和欺诈性金融业务,提醒他们不要轻率地签订空白合同,要警惕不合理的优惠条件后面的骗局,在陷入欺诈时要通过正确渠道来揭露违法犯罪,并注意保全自身安全。对于受害人在贷款过程中发觉被诈骗、被威胁而向公安机关、工商管理部门、消费者协会、法律援助机构、律师报案求助的,接访部门应当做好登记并予以解答,清楚告知其相关的投资公司、小贷公司究竟有没有放贷资格,讲解法律法规关于最高利率水平、本金与利息的转让原则,以及所谓的违约金、保证金等设置是否合法等事项,提醒民众应当索取合同、放款收据等重要凭证。既为民众伸张正义,也要提示民众保存关键证据,注重人身安全,在发现违法犯罪实证时要及时移交给办案机关处理。

第六,实施能动的民事司法。在部分非法放贷案件中,有的放贷人在借款到期前通过失联、停业为借口,使借款人忘记还款或不容易还款,造成债务人违约的假象,并起诉到法院,企图使非法债务合法化。法院在受理相似的民间借贷纠纷案件时,应当加强对当事人的询问和质证,防止虚假诉讼。

第七,与高利贷、套路贷有同种来源的还有民间金融组织的现金贷业务。互联网金融的便利优势和社会闲余资金的大幅增长使得现金贷的经营业绩非常醒目。根据证券市场公开消息显示,赴美国纳斯达克上市的大型现金贷公司"和信贷"在 2018 财政年度净收入达到 1 亿美元,净利润达到

6 550 万美元,盈利能力远远超过传统金融机构,①但这并不代表着公司前景无忧。在对互联网金融清查整顿的过程中,一些和 P2P 平台关系紧密的现金贷机构就暴露出真实面目。银监会互联网金融风险专项整治工作领导小组办公室和 P2P 网贷风险专项整治工作领导小组办公室在 2007 年 12 月联合下发了《关于规范整顿"现金贷"业务的通知》,要求开展全国性的网络小额贷款清理整顿,要求现金贷平台暂停发放无特定场景依托、无指定用途的网络小额贷款,逐步压缩存量业务,限期完成整改。面对整顿,经营情况维持正常的现金贷机构也受到了影响,故必须加快转型,改变盈利模式,才可能生存下去。今后的现金贷业务可能将转变为互联网商业平台进行辅助消费融资,这样能够确保贷出的资金被用于实际消费,贷款用途相对可控。现金贷机构也可与网商机构实现利益捆绑,在发放贷款时更为谨慎,参考网商平台的借款人消费数据来进行经营决策。

三、金融传销诈骗犯罪的治理

金融传销诈骗整治应当加强金融、网络信息管理部门、教育、社区等力量的参与,从金融知识、投资规律、心理等方面加强投资合法安全等问题的正面强化。尤其是近前突然出现了虚拟货币投资热潮,需要引导民众保持头脑冷静,在明确虚拟货币的技术本源、发展趋势之前,不要沉溺于它的增值空间,不被少数人吹嘘的所谓造富神话所迷惑。教育民众对发展会员、缴纳注册费、手续费等看似与虚拟货币销售有关联的事项保持警惕,并明确告知他们卷入传销后可能面对的民事和行政法律责任。

在一些传销案件中,一些传销参与者始终意识不到被卷入金融骗局,还希望公安机关暂时不要追究传销平台的业务是否违法,让平台继续运营,想办法筹钱。有的投资者要求如果传销平台能够主动清退资金,公安机关就不要追究其法律责任,殊为可笑。这说明有相当一部分投资人只重视经济利益,而置国家法度和金融安全于不顾。在事发前,他们贪图高额回报,在事发后又不愿积极承担投资风险,将责任全部推给金融行骗者,而没有检讨自身的疏忽和主动犯险。类投资者不仅应当加强金融风险意识的学习和教

---

① 王潘. 和信贷 2018 财年净利 6 550 万美元 出借人数超 13 万[EB/OL]. [2018 - 06 - 16]. https://tech. sina. com. cn/roll/2018-06-16/doc-ihcyszsa1848661. shtml.

育,而且还应当被适度限制参与一些投机性较强、风险性较大的金融业务活动。

针对当前社会上出现的虚拟货币狂热追捧,要进行理性引导和治理。一部分信息技术爱好者和金融业者坚信比特币等数字货币是稀缺的,将成为未来互联网的统治性产物,需要提早进行投资布局,因此愿意冒险去争购。作为个人的民事行为和风险决策,虽然相关部门没有必要硬性去禁止,但需要科技与金融的双重引导。① 此外,对正在发生的虚拟货币买卖活动应当着眼于从三方面进行规制:一是定性。应当明示比特币等虚拟货币是一种来源于互联网的可销售物,坚持比特币等币种是商品而不是流通中介物的性质,其作为商品可收藏、可估价、可转让以及质押,但是不应具有金融属性。二是注重流通环节的真实意思表达。现在国内外都有投资者在网络上竞价销售比特币等虚拟货币,依照我国合同法规定,采取直接销售、代理销售、中介居间销售、包销等方式均是合法的,但在进行销售权有偿转让、发展代理机构过程中应当依法依规。行为人可以给代理方提供货源、经营场地、销售培训、技术支持等方面的便利,但不能任由代理商私下再发展多个层级,将销售佣金与吸引客户数量和销售额等捆绑起来,每个销售代理商都应当准确披露可销售数量、销售退回方式等信息,不能编造销售数据和制造抢购的假象,不能以不退费或者延期退费等作为"粘牢"销售代理人的条件。三是项目运营方式要清楚,合同各方要明确身份。销售者就是销售方,投资者就是购买方。投资者预期可得的回报不能来源于销售方,投资者的下一步经济行为(收藏或转售)不能受制于销售方,销售方也不能越过投资者再给予下一手购买者任何承诺或回报性约束。

四、堵死电信网络诈骗犯罪侵害金融体系之门

对于网络电信金融诈骗的多部门治理已经取得了一些效果,自2017年至今,北京、上海等地诈骗发案数量和受骗人数都出现了下降,一些有效的做法可以供其他地区借鉴。

第一,增加诈骗犯罪的难度。由最高人民法院、最高人民检察院、公安

① 谢永江.网络虚拟货币的法律分析与监管建议[J].北京邮电大学学报(社会科学版),2010(1):29-35.

部牵头,工信部督办,各大电信企业经办,全国各类电话基本实现了几亿用户的真实身份信息登记,一些老用户进行了补登记,并且在来电中采用了用户信息自动显示和记忆功能,一些电话号码被明确标注为诈骗电话、可疑电话。而来自政府机关、司法部门、金融机构、医院、学校等易被诈骗分子冒用的电话也被清晰标示为专有的单位电话,这样,诈骗分子在电话的另一端声称自己是某单位的谎言就不容易成功。2018 年 5 月,工信部继续发布《关于纵深推进防范打击通信信息诈骗工作的通知》,部署开展人像比对,使电话实名信息更加真实,对不执行实名制的电信企业倒追责任,并封锁屏蔽了1.16 亿次从境外拨打的诈骗电话。① 银行卡、存折和网上银行账户、手机银行等是转走和收受资金的必备之物,也是行骗者瞄准的对象。过去一些诈骗分子利用虚假身份或者收购他人的银行卡,在骗取钱物后,即使公安部门追查到受骗款项打入哪个银行卡,也难以找到真正的行为人。根据这一打击犯罪断点,银监会作出规定,限制自然人办理多张银行卡,一个客户在一家商业银行开卡量不超过 4 张,而且规定其中一张银行卡可以开通全功能账户,其他的银行卡业务功能要加以限定。禁止单位和个人出租、出借银行卡和其他支付账户给诈骗分子,全面实行存款人和用款人实名制。商业银行根据监管部门要求对超出持卡限额的存量银行卡进行了冻结处理,切断了诈骗分子办新卡的渠道,使得无论是线下诈骗还是线上诈骗,最终被骗款项即便进了银行卡也不能转走。

第二,信息联动。当电信企业发现群众接收到诈骗电话后,会将有关信息通报给公安部门和金融机构,由他们出面对群众进行劝说、劝阻。据统计,被成功劝阻对受害客户有 2.2 万余人,避免经济损失 9 800 余万元。

第三,快速阻断犯罪。2016 年,北京市公安局成立了治理电信网络新型违法犯罪查控中心,这个中心的办案系统可以与全国 1 000 多家银行和第三方支付平台进行联系,一旦收到受害人报案,只要受害人说清付款银行或者收款方,公安部门就可以迅速向银行和支付平台发出协查和协助冻结、止付通知。系统还可以跟踪一些资金往来异常的账户,锁定诈骗收入,进行资金追缴。

① 王莹. 工信部密集出拳打击电信乱象　运营商需向用户发短信对账单[EB/OL]. [2017 - 07 - 14]. http://www.xinhuanet.com//info/2017-07/14/c_136443896.htm.

第四,使用技术手段。金融机构的营业场所是金融诈骗发生的第一线,尤其是一些中老年储户习惯到柜台去办理业务。现在,商业银行纷纷加强存取款机具和柜台的视频监控,记录受害人转款时间和转款对象,也使得诈骗者不敢亲自露面陪同受骗者到银行网点取钱或转账。同时商业银行和支付结算系统系统也根据监管部门的要求,进行了技术调整,在自助取款机和网上银行上转款的用户,转走的资金可以设定为在 24 小时后到账,这样就给了受骗者反思的时间,减少了因临时性头脑冲动而被骗的可能,也给公安机关和银行拦截被骗款项赢得了时间。对于金融机构网站被仿冒或被设置为诈骗链接、网上银行系统被植入钓鱼程序和密码窃取程序等新型犯罪,工信部门和公安机关网侦部门联合开展了行动,对被举报的钓鱼网站查封互联网协议地址,并通报给金融机构发布通告,以加强防火墙程序。对一些植入插件或监听程序进行了溯源侦查,抓获了一些网络黑客和恶性程序开发者,同时金融机构也升级了网站安全级别和动态密码登录程序,减少了网页被劫持、客户输入信息被窃取的机会。[1] 2018 年,中国人民银行已开始在部分地区和部分商业银行开展失效居民身份证信息核查试点工作,这是对利用丢失身份证、失效身份证、伪造或变造身份证开户或实施其他银行业务的精准应对。它可将公安机关掌管的居民身份证信息与银行系统的客户信息链接起来。相比之下,前者的信息量更全、更新、更准。银行在办理客户业务时,可以对客户所持身份证(国内居民身份证、港澳台居民身份证明、外国人长期居留证明)进行核查,查对其是否曾挂失、是否更新重办,以保护客户身份的准确性。对于身份存疑的客户,银行可以拒绝为其办理业务,并将情况通报给公安机关。同时,这也有利于打击伪造、收购身份证件的民间违法活动。但是目前还存在着一些犯罪团伙借用、租用他人身份证件,然后寻找与证件持有者外形相貌相似的人到银行办理业务,帮助犯罪团伙实施网络诈骗、洗钱,银行职员凭肉眼难以防范,而身份证件持有者本人有时会声称受骗出借或不知真实用途出借。对此,银行有必要加强技术手段,逐步引入指纹识别、虹膜识别等客户识别技术,防范鱼目混珠的现象。

第五,加强国际合作。现在有不少跨境诈骗团伙隐匿在我国周边的东南亚地区,通过电话、恶意网站等方式实施诈骗,并且将诈骗金额划到境外,

---

① 刘英团. 防范电信诈骗须有系统解决方案[J]. 时代金融,2016(4):36 - 37.

使我国抓捕和追赃难度加大。在这些犯罪团伙中,有一些是外籍人士和我国台湾地区的人员,我国公安部门通过开展区际和跨境司法协助,并通过国际刑警组织等渠道将受害人陈述、银行转账记录等比较确凿的证据提供给第三方执法部门,已成功将部分犯罪团伙人员递解回国进行审判。

除此之外,我们还建议加强以下方面的治理。

第一,减少电信网络金融诈骗,保护好个人信息是首要的。因为诈骗分子都是获取和分析金融消费者个人信息的高手,他们利用一些信息来编故事、设圈套。近期,中国银联公司发布了银行卡用卡安全大数据分析报告,发现90%以上的电信诈骗、网络消费诈骗案件是由于个人信息泄露引致。对消费者个人而言,不宜向陌生人过多透露自己的个人金融信息、家庭成员信息,也不要把别人的信息作为谈资。[①] 而作为掌握消费者信息的实体性商业机构和网站,除了严格执行信息保管和保密制度,也有必要加强治理。应将《民法总则》《信息安全法》等法律要求以及行业规范、行业标准等信息禁止度提升,不允许经营者随意收集消费者的身份信息、联系方式、金融账户,不能随意要求消费者留存身份证复印件、银行卡复印件等,严格限制网络经营者收集个人信息和利用个人信息扩大市场份额。

第二,减少电信网络金融诈骗需要彻底铲除银行卡地下交易链。目前一张在有效期内的银行卡在黑市上的交易价格不低于100元,因此,有些人贪图利益,办卡后倒卖,刑法对这种情节轻微的行为规定不构成犯罪,市场监管部门、金融监管部门、公安部门也未能全面实施行政处罚。对此,笔者建议从民事和行政两方面加强对这种诈骗辅助行为进行遏制。例如,对于发现转让自己银行卡的储户,可以授权银行限制直至取消其金融服务,注销他其余的银行账户,甚至可以责令其承担一部分诈骗损失责任,让他们知道倒卖一张银行卡的机会成本远远高于100元。此外,设置非法倒卖银行卡人员黑名单,将其记入个人信用档案。对一些地下交易场所进行取缔,追究场地出租者的管理责任。调整倒卖银行卡违法行为的行政处罚标准,建议进行顶格处罚。

第三,居安思危、个人防范相当重要,对不明电话不接、不听、不信。对

---

① 孟萍.电信诈骗中金融机构的善意提醒义务[J].武汉冶金管理干部学院学报,2017(1):41-43.

有疑问的交易、诉求,应先核实再行动。单位、社区、志愿组织等可以通过不同渠道,提高消费者的防骗意识。制作防骗宣传材料,对重点人群进行面对面帮助、干预。金融机构和监管部门还可以通过政府购买服务或者金融公益基金会等方式,对消费者安全教育进行资金支持。同时,监管部门可以考虑成立金融消费安全保障基金,来帮助受骗者。

第四,针对消费者受骗后认为金融机构有过失而提起的民事诉讼,或者认为监管机关监管失职而提出行政诉讼的处理,要从社会效果和法律效果双重维度来考虑。金融机构一般会主张刑事优于民事,主张先向犯罪分子追赃,并强调金融机构已尽到了一定的保障义务,消费者自身过错是最主要的受骗原因。这些主张的合理性涉及法律价值的判断。笔者认为,不宜将电信网络金融诈骗民事纠纷押后到刑事部门处理完之后再处理,而应当及时处理。如果判定金融机构有一定的责任,则金融机构需承担的部分诈骗损失要及时执行到位。从法律角度而言,对金融消费者的犹豫权、撤销权等还可以进一步研究,以实现利益平衡。

五、针对民间投(融)资关系进行统一治理

民间投(融)资是金融供给的重要来源,从民事主体意思自治的角度推导,资金也是一种资源要素,可以自由地进行配置。根据供给侧结构性改革的精神,适度的集资是活跃资金流动、提高市场效率的手段。当前民间投(融)资关系呈现多点化状况,一方面,合法的投(融)资存在融资难、融资贵的困扰。另一方面,违法的投(融)资活动中大量暴露出融资涉欺诈、涉罪等问题。为此,除了需要帮助市场主体合理选择金融服务伙伴,规划好资金供应渠道之外,还需要在现行的法律政策框架下,帮助债权、债务方更好地通过风险期,避免金融犯罪,为未来赢得稳定和发展空间。具体而言,我国中小企业最青睐的是短期信用融资,例如保证贷款、短期拆借,这种融资不需要严格法律意义上的抵押或质押,放款速度快,但资金提供者大多不是正规的金融机构。有些放贷方是 P2P 平台或者小额贷款公司;有些只是地下钱庄、财务公司、投资公司。同时,这类融资的利率偏高,给用资方带来了利息负担,也削弱了其还款能力。出于满足中小企业多元化融资需求的出发点,不能一味限制和取缔这类草根金融的发展,但应当采取针对性的措施,既防止放贷者因违规、图利而触犯金融犯罪,也要减少因放贷者犯罪而对借款企

业经营活动的冲击。

官方对民间投(融)资行为的治理应当采取摸清底数、分类规范、重点监管、司法保障等措施。[①] ① 在摸清底数方面,监管部门需要做一些基础性工作,使民间投(融)资和银行信贷一样建立起监测统计,掌握民间投(融)资的存量、流量。针对民间投(融)资制定市场形成为主,政府加以指导的浮动利率规则,开展民间投(融)资的保险、再保险试点。针对从事民间融资的机构、组织和个人建立信用体系。② 在重点监控方面,对于依靠民间信用向不特定公众集筹借资金的行为,监管部门需保持较高的警惕,要求这种集资的前提是履行相关的审批手续,就像募集设立股份有限公司那样。另外,监管部门比较注重融资的对价问题,对于采取高额回报为诱饵的融资行为,无论是宣传还是实际支付都极有可能被认定为非法集资。应当说,现行制度为企业内部员工筹资、私募证券投资基金、委托理财等民间金融活动留有生存空间。在司法保障上,浙江省高级人民法院出台了《企业借贷指导意见》,对民营企业涉及的民间借贷进行甄别,确认其合法效力。如果仅仅以合同法和相关司法解释作为审判依据可能难以周全,还需要进一步制定民间借贷的专门法规。③ 对民间融资纠纷的司法处理首先应当坚持先民事、后刑事的原则,以融资双方能够结清债权、债务关系为优先,并对行为人进行教育和引导。其次应考虑行为人的主观恶性,对拒不偿还且数额巨大的,应查证其有没有恶意占有的企图,并通过刑事途径处理。

在刑事领域,应当对民间融资活动与非法吸收公众存款、集资诈骗犯罪等金融犯罪建立识别标志。传统的法律逻辑是,企业及个人向银行类金融机构申请借款是法定融资渠道,法定融资中的失范会触犯贷款诈骗罪。企业及个人向其他民间主体申请借款属于民间借贷,民间借贷存在着非法融资乃至集资诈骗的可能性。但我们认为,两种类型的融资的民事法律构成相差无几,无非是"一对一"式(银行—借款人、借款人—借款人)借贷和向不特定多数人的集合性借贷(合作社—借款人、标会—借款人),有学者将其总结为"借给不特定多数"和"向不特定多数人借款",两者之间的"罪性"差异不应当这么大。再往前端追溯,就是金融借贷产品设计的问题。有学者提出,对于直接融资和间接融资,刑法应确立一个平等保护机制,适用同一套

刑事评价体系,实现融资犯罪主观与客观构成要件证明压力分散与均衡,不应当想当然地认为民间借贷的刑事风险要远大于金融机构借贷。[①] 这种看法非常有见地,但笔者的主张是,不论直接融资还是间接融资,资金能够得到偿还依靠的是金融信用机制,这种信用不是国家信用,而是商事主体的信用,信用受损必会损害出借人的资金安全。无论出借人是金融机构,还是小额贷款公司、民间资金持有人都无法回避,此为共性之一。金融机构的资金来源于存款人,是否对此设置特别保护则应当是另一个议题。此外,各类非法融资方式实际上都是金融信息的遮蔽或者金融信用的滥用,给金融监管带来了阻碍,给背信行为的实施带来了机会,触动金融风险警报,此为共性之二。对于给法定金融机构带来冲击和更大系统性风险这一要素,是否作为更重的情节加以考虑也应当单独作为一个议题,不能因为民间借贷被高额利息所裹挟而加重对它的处罚。因此,各类占用、骗取出借人资金的行为,情节严重的,应当作为一种整体性的商事犯罪,即融资型犯罪。过去针对银行的金融犯罪行为要打击,现在针对新型金融服务机构的犯罪行为同样也应当打击。正如有的学者认为,刑事立法应以融资市场的系统性金融风险为视角重构融资犯罪刑事控制原则与具体法律规范;刑事司法则应以融资市场的类型化风险为核心,从实质解释的视角对融资犯罪定罪量刑标准进行阐释。[②] 此外,民间融资所形成的债务其实与信用卡透支后无法偿还有一定的类似,目前占用银行的信用卡资金额度、恶意不偿还的行为人可被追究刑事责任;而占用其他人的资金、故意不偿还的行为人,应当施以怎样的制裁,法律对此还是空白,需要加以弥补。

这种刑事立法格局的基础是金融监管不能只监管涉及正规金融机构的那部分融资,而应当监控所有的融资行为。对于具体的监管方式方法,笔者的看法是,在金融自由化的精神下,尽管金融机构的设立还需要特许,但金融业务不应当再是行业垄断性,而应当开展去垄断化。例如早期的典当行,以及近期的外币兑换特许机构、小额贷款公司等机构,其资金来源、组建方式、准入条件等与传统金融机构相比有一定的相似性,应成为从事金融服务的正规机构。就像有的国外学者指出,只要是能够减少交易成本及信息不

① 刘新民."非法吸收公众存款罪"去罪论——兼评〈关于审理非法集资刑事案件具体应用法律若干问题的解释〉(法释[2010]18号)第一条[J].江苏社会科学,2012(3):130-135.
② 毛玲玲.集资行为的刑事管制——金融危机背景下的考察[J].政治与法律,2009(9):34-44.

对称的问题、有助于提高资源分配效率的机构和业态都是可行的金融中介。[①] 过去只有银行能做的事情，现在一些非银行机构也可以实施。监管部门如果能将这些机构所从事的金融行为全部列入金融监管的清单范围内则是最佳选择。但从行政权限上看，金融监管机关无法做到这一点，这就需要引入多部门、多主体的金融安全治理。浙江省温州市、宁海县在地方金融办公室的主导下，自 2013 年起开始试行民间借贷登记制度，实际上就体现了从孤立监管到联合治理的思路转变。学者们也提出可以进一步探索将一些混乱的民间借贷行为置于非法经营罪、黑社会性质组织犯罪的框架下加以规范。实施这种金融安全治理方式才能最大限度地杜绝金融行政监管、金融诈骗犯罪立法分而治之的局面。

对于投（融）资关系的治理还需要广泛吸收社会力量。首先，中介组织应加强资金供应者与使用者之间的相互了解，如实介绍用资方的实力和潜力，为提高金融主体向企业融资的积极性建立前提。其次，各种商业咨询机构可以帮助用资者分析融资需求的必要性和时间安排，测算可以承受的融资费率，为用资企业制定合理的融资方案。再次，促成双方建立利益纽带。包括出资方以股权方式投资，形成战略合作，支持出资方接受用资方以应收债权作为抵押或以预期股利来偿付利息或达成项目标的的利益分享方案，以减少不确定性。

第四节　金融犯罪风险治理中的互联网和科技运用

互联网本身就是科技的产物，互联网与科技、金融三者日益结合紧密。互联网改变了人们的各种生活方式，包括金融行为方式。通过互联网可以了解更多的金融信息，与陌生人建立金融社会关系。在产业、企业、个人对互联网经济和金融依赖日益加深的背景下，互联网金融领域势必成为新的金融风险肇源。互联网中蕴含的个案性金融风险乃至行业性金融风险可能比传统金融更致命。在互联网和金融的早期结合中，曾出现第一波网络金融犯罪风潮。一些懂得电子技术的行为人发现银行卡技术支持系统将客户

[①] 刘金全，付卫艳，郝世赫. 我国金融发展与经济增长关系的收入"门限效应"检验[J]. 吉林大学社会科学学报，2014（3）：21 - 27.

信息导入在银行卡磁条中,但磁条保密性很差,于是利用互联网硬件和软件的漏洞以及操作审查不严谨来实施盗取资金、诈骗等金融犯罪活动,常见作案手法是利用非法的机器和软件,在银行卡用户刷卡消费时,私自将银行卡上的磁道信息记录下来,然后非法复制银行卡,到自助取款机上盗取储户资金或者疯狂刷卡消费。第二波、第三波网络金融犯罪以侵入金融系统业务网转移资金、篡改数据和洗钱等为主要手段。如今,网络金融犯罪已蔓延至第三方支付渠道、互联网贷款平台等领域。[①] 它不仅可能造成国家金融稳定的动荡,而且也会造成金融客户的资金损失。

一、寄生于互联网科技的金融犯罪风险的治理

金融科技的发展日新月异,其中一些科技软硬件及设计方法是一般金融消费是难以掌握的,故对金融科技的安全性一直存在着争议。按照一些西方发达国家的推算,利用科技能够将金融驱动到安全的轨道,也可能将金融导入不安全、不稳定的局势,但他们认为大数据、云计算、人工智能、区块链等数字技术将会使金融更安全,在金融科技还没有完全成熟的条件下,绝不能放弃业务、产品挟带风险的治理,尤其是对科技开发者、维护者、使用者这些人员的治理。

首先,要思考并摆正金融与科技的关系,在此基础上构思治理策略。以往金融行业发生的重要技术变革是由一些大型金融机构引导的,例如推广信用卡、使用电子票据等。大型金融机构则依靠它们的广泛网络和雄厚资金沉淀来推广这些新业务类型,并定义行业标准,但这些技术变革将便捷技术引入金融行业内,没有动摇金融行业的基本运行规则。近些年来一些科技创业公司迅速崛起,但它们的主业并非金融业,却通过"互联网十"和大数据进军金融业,造就了一些新的金融科技业态,创造了新业务模式和应用方式,并通过受众群体、产品更新速度方面的优势,将传统金融机构甩开。现代的各种金融科技,其共性特征是跨越了以金融机构为轴心的金融服务方式,而转变为以用户为核心的服务方式,将各种商业资产和金融资产联系起来,突破了业务场所、营业时间方面的局限,扩大了金融市场,加强了用户体验。为此,金融科技的治理必须将科技研发者和金融机构双主体同时纳入,而不能偏废任何一方。

---

① 刘宪权,金华捷. P2P 网络集资行为刑法规制评析[J]. 华东政法大学学报,2014(5): 20-28.

其次,要把安全放在首位,审慎地开展金融科技创新,保证创新是在能够掌控的范围内进行,保证创新投入和安全防范投入同时、同步,保证金融产业链中安全链有足够的份额。对于涉众性强的金融科技,要评估好其外部性效应,确保使用稳定的技术。对金融科技创新要有制度跟进,在《网络安全法》统领下,需建立规范、标准和纪律,实现金融活动全生命周期的安全管理,对内部人员进行约束,绝不允许发生篡改、泄露网络安全信息的事件发生。金融机构在同外部科技机构进行合作时,要符合安全准入标准,监管部门、审计部门要监控金融行业的安全制度执行情况,把非正式金融机构纳入进去,并吸收中介组织参与金融行业的安全等级评定和安全标准认证。

再次,发挥不同层次的金融科技安全防护力量的作用。从金融行业的安全工程师到监管机构的安全办公室以及网监、公安部门的专门安全防护队伍都要调动起来,保持安全力量时刻在线,对网络异常及时预警,对网络攻击进行反击。同时,要将金融科技网络使用者培育成为分布最广泛、防护意识最敏感的一线防护力量,依据他们的思维特点、使用习惯来帮助捋顺金融科技程序流程,将金融科技新方式创制、程序算法改变等方面的投票权充分授予给用户。

二、加强数据治理

当前数字经济、数字金融的理念非常流行,也有意见认为金融机构资产中的数字化资产越来越重要,例如国际知名会计师事务所德勤认为数据是仅次于资产负债表、损益表、现金流量表的"第四张报表"。在金融系统中,来自外部的数据主要是客户信息,内部的数据涉及经营情况、商业秘密等。大数据对金融机构未来的经营和风险防范有着巨大的潜力,数据治理将成为金融机构业务管理和内部管理的重要帮手。[①] 经营风险方面的数据管理要做到全覆盖、全周期、相匹配、标准化,利用数据进行客户识别、风险报告、风险警示。监管机构可以现场获取数据,也可以利用科技手段远程迅速提取到金融机构保存的数据,并能对监管数据进行横向和竖向加工、比对。不同监管机关之间、金融机构之间可以进行数据共享、授权使用,对发生的数据泄露可以迅速查出泄露点,并及时进行整改。2018 年,银监会发布《银行

---

① 杨冰伦.论金融机构金融风险管理中的数据治理[J].辽宁公安司法管理干部学院学报,2012
(3):143-144.

业金融机构数据治理指引》征求意见稿,目的在于引导金融机构重视数据价值,培育数据治理企业文化,加强风险控制能力。明确数据不单单是为了应付监管部门,而是为了更好地服务于金融机构的经营。银行未来有必要建立数据治理架构,设置数据管理部门及职位,例如数据采集员、数据主管、数据高级经理、首席数据官,自下而上地对数据质量负责,将数据嵌入风险管理系统,保证数据在正常状况和应急状态下都能获取和输送,根据数据进行风险整改和问责。监管机关需要对监管数据标准、数据传输、数据安全、数据共享、数据稽核制定制度,实现数据驱动。

三、利用金融科技来破除金融债务执行困难问题

通过科技手段搜索、定位金融案件涉案人员的财产线索,其再想恶意隐匿资产就很难了。例如一些法院在判决执行过程中,在被执行人的银行储蓄账户中查不到资金,但利用支付宝系统中的大数据却查到一些财产线索,法院依法向支付宝网络科技公司调取信息,并要求冻结被执行人的支付宝账户,使得被执行人大为恐慌,害怕其生活和商业活动受到限制,最终主动向债权人偿还资金。近期,经过金融监管部门的撮合,最高人民法院与中国互联网金融协会进行了合作,最高人民法院将向互联网金融协会通报失信被执行人的身份和司法判决信息,互联网金融协会利用网络和科技手段把这些信息及时传送给各类互联网金融机构,让它们防范这些人轻易地获得互联网金融融资。同时,互联网金融协会和成员单位也将合法掌握的一些经营信息、资产信息提供给司法机关,以堵住失信被执行人通过互联网转移、隐匿资产和逃避债务执行等漏洞。

第五节　对金融投资者及金融消费者的社会治理

一、对金融投资者的治理

(一)对合格投资者的审核体系进行重构

首先,要改变由各个金融机构或金融组织自行对投资人进行风险承受能力审核的做法,对其进行联合审核,委托征信机构审核或者由监管机关指

定机构进行专门审核,将不适格的投资者劝离出一些具有较高风险的金融领域。[①]　其次,对投资者进行风险披露的方式、方法要更加全面,不应当只通过文字提示或要求投资人抄录风险警示语的方式来列出风险,而应当引入视频、动画、数据等方式,详细地向他们介绍投资的流程、资金流入的对象、乐观情况下可获得收益、不利情形下将会受到的损失等,供投资人做出选择。再次,对于非即时成交的金融活动,例如针对 P2P 平台的投资者,资产管理业务的个人投资者可以增加犹豫期的规定。对中老年投资者,可以设置其与子女或近亲属联名签署投资确认书等形式,帮助他们慎重作出决策,避免高风险以及卷入金融诈骗。

(二) 对投资者实施全程警示

现在不少投资者常常无视风险或低估风险而做出非理性的决策,尤其是在金融诈骗案件中,有些投资者通过特定性试探,先投少量资金获得了安全回报,从而将政府和官方媒体对风险的警告抛诸脑后;有些投资者被直观经验的信息和情绪化认知所左右,就像香烟盒上面的"吸烟有害健康"标示对烟民的作用非常有限一样;有些投资者笃信"宁可冒风险,也不能错过发财机会",跟随前人"前仆后继"地做出冒险的决策,例如 P2P 网贷平台风险运行中,尽管监管部门多次提出投资者要抵制 P2P 平台高返现的诱惑,吸取一些平台倒闭的风险教训,但一些金融消费者还是照样跟投、追投,这类投资行为俨然已演绎成为另类集体行动。这些究竟是对风险社会中风险的认同还是麻木,需要金融心理学的解释。面对这种情势,金融风险的社会治理活动应当盯住金融安全边际,不能因为一些金融行为实害性还没有暴露或者违法、违规因果链条还不清晰而不出手,不能为了安抚民众而忽视了控制风险。各类治理主体应该开展持续性的警示,大量的劝诫不会构成浪费。在某一些特定场合下,不管是被动被警示信息辐射还是主动分析警示信息,只要信息能进入投资人的决策视野,并对其判断标准的形成产生影响,也就实现了信息成本的价值。

(三) 对特殊投资者的重点关注

老年人是金融弱势群体,根据《中国养老金融发展报告(2017)》的数据

① 丁鲁,王露爽,冯东阳. 监管改革视野下投资者适当性制度浅析——兼论金融投资者保护[J]. 西南金融,2017(11): 36－40.

显示,曾有30.3%的50岁以上的中老年受访者表示曾遭遇过金融诈骗。受骗者中有58.3%的老年人被骗金额在1万元以内,有9.2%的老年人被骗走10万元以上,因此针对老年人筑起金融安全防火墙尤其重要。[①] 对于老年人较感兴趣的养老金融,在老龄化形势加剧的背景下的确有发展空间,例如上海等地已推出了以房养老、保险养老等形式的探索。但目前参与设计和运营养老服务的金融机构和金融品种数量很少,而瞄准老年人养老需求的金融骗局却不少,已发案的就有集资建养老公寓、用较少的金额享受养老服务、销售老年保健产品等。目前,标注为民办非企业单位、不以营利为目的的集中居住性养老机构在民政部门登记,如果养老机构中含有医疗照护职能的,则还需要到卫计部门登记。而收费性、营利性的养老机构在市场监管部门登记,开展居家养老的服务甚至不需要登记。即便是登记管理也只需要报送年度报告,介绍养老院的总体资金收支情况,不涉及具体账目。那些冠名为养老地产的项目,其销售过程和销售方式属于住建部门监管,其他部门难以知道真伪。因此,在防范老年投资者的金融诈骗中,需要有一个部门发挥综合研判信息、组织调度、指挥行动的职能,同时各部门的分工需要协调。

现在金融机构针对老年人推出的一些银发金融产品以改变单一的存款结构、增加老年人金融投资收益为目的。最近证监会开始批准养老目标证券投资基金,这是一类公募基金,借鉴了国外养老基金的一些成熟做法,但还需要考虑我国的国情和老年投资者的特点,将其本土化。对于老年基金投资者需要进行专门的投资理念宣传和知识教育,例如倡导投资者长期持有,不要频繁申购赎回,以利于基金机构进行稳健的投资安排。证券监管部门应制定比其他基金更详细的投资负面清单,严防高风险、高杠杆,而且要采取干净管理人制度,对出现内幕交易、操纵市场等证券交易违规行为的机构和基金经理,应坚决将其拒绝在养老基金市场之外。

二、金融消费者的保护

(一)金融消费者利益保护机制

金融消费者利益保护要构建长远机制,需要下一盘大棋,形成系统性的

---

① 姚余栋,董克用.中国养老金融发展报告(2017)[M].北京:社会科学文献出版社,2017.

治理方案。

第一,把存款保险基金、证券投资者保障基金、保险保障基金三类基金进行整合,设立金融(存款)保险机构。根据具体情况再下设一些子基金或信托,例如利用监管机构从证券经营机构、证券投机者处罚没的资金设立证券投资者利益保护基金,对于涉及面广、投资者损失额巨大的证券欺诈发行、操纵市场案件,在加害方明显无能力弥补投资者侵权损失时进行援助。同时,这个机构还可以支持一些金融犯罪社会治理领域的支出。

第二,成立金融消费者保护机构。目前银保监会已经有此类机构,还需要把服务对象从银行客户逐渐扩展到非银行机构的客户,为金融消费者提供金融知识讲解,对消费者投诉进行立案调查,对金融机构进行巡查。金融消费者保护机构要掌握金融风险信息发布的主动权,向外界解释金融政策,通报监管信息,披露维权进展,对重大案件的外界揣测进行及时澄清。金融消费者保护机构实施的涉及消费者治理的重大决策过程时,可以借鉴西方国家监管机构议事规则,将相关决策记录定期公开。[①] 金融消费者保护机构在面对一些个人利益色彩浓厚的金融消费者意见表达,甚至纠缠要改变“只听”不“回应”或不充分“回应”的弊病,也不能简单地将其让渡到司法机关去处理,而应当承担其必要的主体责任。

第三,保护好金融消费者的信息和隐私。金融与职业、教育、健康、消费的联系非常紧密,当前储蓄者、投资者、消费者的个人信息被不当利用、甚至被买卖的事件屡见不鲜。有些信息是通过传统的金融柜台渠道泄露,有些则是通过新兴网络渠道泄露,不但直接影响到个人,还进一步波及家庭、企业、社会组织。2009 年,我国《刑法》增加了非法窃取、出售,提供公民个人信息的相关犯罪,使得泄露金融消费者信息的行为有了遏制依据,相关网络信息管理的行政法规和消费者权益保护法也将此作为规范依据。[②] 然而,诸多经营者在开展业务时须收集保存金融消费者的信息,其他金融机构也有分享和分析这些信息的需求。在信息使用的限度、信息使用的知情同意方面,不少金融业务都采取格式合同形式,留给金融消费者的选择余地很小。同时,还有一些金融经营者信息安全防护能力差,不自觉地将客户信息泄露

---

① 焦瑾璞,宋俊平. 金融消费者保护监管:一个文献综述[J]. 金融理论与实践,2018(1): 10 - 13.
② 吴弘,徐振. 金融消费者保护的法理探析[J]. 东方法学,2009(5): 13 - 22.

出去。目前监管部门对金融客户信息流失类案件处罚的并不多。因此,还需要运用社会治理机制来应对金融信息泄露风险,实现金融与社会诚信、法律规则与商业习惯及信息技术的耦合空间。

一是在加强信息保护监管和执法的同时,金融研究机构有必要开展金融信息收集、信息传送保密工作协调、信息外泄风险监测评估方面的研究。二是由于欧盟等国家地区近期已经出台个人数据保护法规,确立了更严格的网络个人数据采集知情同意制度和更严厉的处罚措施,因此,金融机构应当采取因应措施,针对我国金融机构的海外业务、境外客户等资料的采集和运用进行相关调整,以防陷入巨额索赔案件。同时还需要加强社会联合防护和从业人员的自律。三是基于我国信息基础技术设施建设的依托,金融平台和网络平台、通信平台、社交平台等已经紧密地联系融合在一起,为个人信息流通提供平台渠道的一些网络内容提供者、存储服务提供者、通信服务商在发送批量性的金融客户个人信息时,有责任进行信息持有人和收取人的背景审核,确保只能是监管部门、执法部门和特定金融机构才能读取信息,同时应采取必要的防护措施,比如对于其他人群浏览信息的访问请求进行屏蔽,或者对身份证号码、银行账号、账户金额等进行加密,只有有权访问者才能浏览。四是金融机构和其他金融组织的从业人员不仅需要签署职业秘密保护协议,承诺保守客户机密,防止被信息买卖者俘获,对于违纪、违规泄露和买卖客户金融信息的人员,可以对其实施职业禁入处罚。金融从业人员也应培养合法竞争意识,营造良性金融市场竞争环境,远离通过购买、刺探客户金融资料,以及通过骚扰性营销等方式来争取客户的做法。同时也需要对个人电脑、其他电子设备实施必要的技术和物理隔离措施,防止客户资料外泄。

(二)分类保护各类金融消费者

第一,对于银行消费者的保护。2012年原中国银监会成立银行业消费者权益保护局,开展了一些有助于金融消费者的活动,例如敦促商业银行免除小额账户管理费、减少挂失办卡收费等。近期有两项消费者非常关注的事项取得了进展:一是信用卡罚息征收的问题。根据一些商业银行的格式条款,如果信用卡出现逾期未归还则按照消费金额全额计收罚息,而不是按照逾期未还金额计息,这使得一些疏忽大意的信用卡消费者深受其害,银保监会正在协调、督促商业银行改变这种不合理的条款。二是银行卡遭人盗刷的举证问题,过去商业银行经常主张银行卡盗刷的原因是持有人没有保管好银行卡或者卡密码,但是部分消费者反映一些银行还在使用过时的磁条卡,这种银行卡的信息很容易被犯罪分子复制。一些消费者也能够证明银行卡明明在自己身边,但却在外地被频繁盗刷。银保监会正在协调司法机关,加强商业银行对此类行为的注意义务和举证义务,以维护用卡人的利益。还有一些银行卡客户发现有的商业银行在未经客户授权情况下自动开通了银行卡小额免密支付功能,只要银行卡在消费场所的 POS 机上感应一下,银行卡中 300 元以下的金额就会被自动扣走,不需要持卡人输入密码或者签单,存在一定风险。但商业银行却辩解说:在用户办卡协议中有这一条款,这是为了加速推行金融电子化。这种涉及众多消费者的举措应当由消费者权益保护机构代表消费者进行磋商,必要时应举行听证会。

第二,对保险消费者的保护。由于保险公司直销化、分散化的营销模式,保险代理人收取用户保费后开具假保单的事件时有发生。还有些代理人收到保费后不上交给公司,给投保人开具假凭据。一些保险代理人和理赔、定损、维修机构相勾结,利用假资料制造假保险事故,骗取保费赔付,而被保险人完全不知情。[①] 因此,纸质化的保单已经不能满足需要。而纯电子化的保单一些客户也不太适应。中国保险行业协会在银保监会支持下,开发了"中国保险万事通"公益性服务平台,能够满足全国消费者在网上查询保单的需求。消费者通过姓名、身份证、手机号码、人像识别等验证后就可以查询自己承保的保单状况。平台接入了全国 166 家保险公司的客服系统和营业网点信息,用户可以避免被虚假保险推销电话或报案电话所骗。同时这个平台也可以帮助保险公司宣传新产品以及与客户进行互动,可以有效减少欺诈风险,增强保险安全。

---

① 林晓. 中保协发布保单统一查询平台［EB/OL］.［2018 - 07 - 08］. http://baijiahao. baidu. com/s? id=1605393856783494142&-wfr=spider&-for=pc.

第八章　金融犯罪高发场域
社会治理方略(下)

第一节　互联网金融活动中的犯罪风险治理

一、互联网金融产业的治理

做大做强互联网金融,使之成为支柱产业已成为一些地方政府的愿景,例如浙江省杭州市建设了互联网金融小镇;湖南省攸县容纳近 100 家 P2P 平台注册,成立了互联网金融创新中心。这些地方已经开始构思如何对互联网金融进行激励与规范。2014 年 11 月,杭州市政府发布《关于推进互联网金融创新发展的指导意见》,浙江省政府金融办、中国人民银行杭州中心支行、银监会浙江监管局、证监会浙江监管局、保监会浙江监管局于 2015 年共同发布了《浙江省促进互联网金融持续健康发展暂行办法》,规定了互联网金融监管和服务的指导思想、原则、运行规则、工作机制、自律要求。2015 年 1 月,浙江省互联网金融委员会成立,并募集了 5 亿元的风险保障金作为 P2P 金融平台的流动性支持资金。

光有开放的政策环境是不够的,还需要导正互联网产业的发展方向,从产业规划、商事主体资格准入、信息支持、财政税收激励、竞争规则、人才吸引、知识产权储备等方面进行统筹,鼓励互联网金融组织在资产规模、技术开发、流程设计、品牌建设等商业优势方面有进步,同时也应在企业经营理念、企业文化价值观、从业人员合规性、企业内控机制方面取得进步。可行的做法包括以下几点。

第一,由政府委托相关行业协会和领军型互联网金融企业研究制定互联网金融企业内控团体标准,在行业内试点推广标准贯彻与认证,并将资质认证结果作为互联网金融平台备案、评估的依据,从技术、管理等方面同步推进风险防堵工作。

第二,发挥行业自律机制。目前,地方互联网金融协会作为政府对互联网金融企业实施管制和行政处罚的受托方,行使着金融产品备案、日常经营状况检查统计、应急救助资金申请和使用监管、违法违规调查认定、失联企业债权登记、债权人安抚等职能,类似于准行政主体。[①] 今后要解决此类协会的技术开发和保障能力较弱的问题,使其有能力解决互联网金融交易环节的技术矛盾,能够识别互联网金融企业的技术障眼法。同时,对协会的协商能力、对成员企业的人事事务的建议权利、协会发布的章程和倡议等制度的效力方面也要加强建设。同时应谋划以政府、协会、从业人员为主体,共同组建互联网金融安全联盟,配合金融监管部门、市场监管机关重点对行业内的虚假宣传、诱导宣传、违规标的、泄露客户个人信息等行为进行检查,向监管部门反馈金融消费者举报投诉情况,实施从业人员自我教育,对投资人发出警示,使社会各界对互联网金融有正确完整的认识,在信息充分的条件下进行理性决策。

第三,由行业协会、金融中介组织、研究机构等为主组建互联网金融研究与咨询平台,独立发布互联网金融企业的项目实施、风险管理信息动向,提出互联网金融项目和企业评估,改变目前以"网贷之家"等商业性机构为主发布互联网金融信息的做法,使信息披露更中立、更客观。政府部门和金融监管机构可以对这类平台采取购买服务的方式,并敦促互联网金融企业足量、真实地向研究咨询平台提供经营情况数据,倡导互联网金融企业根据专家意见对经营活动进行调整、规范。对拒绝和不如实向第三方平台提供金融信息的互联网金融企业,可采取行业内外通报、行政处罚等措施。

第四,联合消费者权益保护协会、律师协会、法律援助机构等方面的力量,完善互联网金融投资者和消费者维权机制。当前成立的互联网金融协会是在监管部门指导下,由互联网金融从业者组成的社会组织,而代表互联网金融服务对象和出资人的社会组织还是空白。互联网金融已经成为影响数以亿计的企业、个人的金融生态,其中每一方参与者都应当有相应的治理

① 曹兴权.金融行业协会自律的政策定位与制度因应——基于金融中心建设的考量[J].法学,2016(10):79-88.

主体和联络渠道。因此,组建互联网金融投资者(消费者)协会应当及时提上议事日程。同时,互联网金融的跨地域性、非面对面性使投资者和消费者的维权面临很大的困难。因此,有必要成立互联网金融专家委员会、互联网金融中介服务组织协会等社会组织,并考虑设置公益性的基金会,对互联网金融中的弱势群体进行援助。①

第五,互联网金融行业是新生行业,近一段时间的金融实践证明,行业内的风险非常容易互相传染,一些问题企业的风险有时会影响其他企业的正常经营,从而导致某些互联网金融企业的经营陷入泥沼。因此,互联网金融企业可以发起组织互助保障基金,用于行业建设和成员救助。

二、互联网金融活动中的危机治理

互联网金融的敏感性、传染性高于传统金融,对于互联网金融犯罪,各方治理主体应坚持市场导向,在监管之外、监管之上加强治理手段的运用,帮助公众有效识别,是减少互联网金融风险、遏制金融犯罪的有效路径。

第一,治理要以互联网为依托。如今,金融与互联网已深度融合,在治理方面也应该实现治理手段与互联网充分融合。一方面,银行、证券、保险等正式金融机构只要接入了互联网,就应该按照互联网经营管理规定设立网络服务平台,取得增值电信业务经营许可证(ICP)等合规证明,并开发出符合互联网金融要求的服务、技术。本身不是金融主业的电子商务企业要开展互联网金融,更应该符合金融法律法规要求,先许可再建设,保证业务许可范围与实际经营范围一致,不能以供应链、支付链等形式变相地未批先用,混淆商业支付与金融的界限。金融机构与互联网巨头进行合作应当主要是渠道合作,比如资金存管、代理支付。如果是新产品合作就构成了资产管理业务,需要得到监管部门批准或备案。不能允许互联网企业打着金融机构的招牌发售产品。

第二,治理要以金融信息为支撑。中央提出要扩大金融信用信息数据库规模,将互联网金融数据容纳进去。从软硬件上说,互联网金融组织的数据存储、信息安全有一定基础和较高端的设备,但一直没有建立起信用信息的交流平台。除了需要有专门的信用法规来推动,还需要有主管部门、信息

---

① 邓建鹏.互联网金融消费者困境及其权益保障[J].银行家,2016(11):124-126.

管理企业、中介组织和征信公司共同参与实施,并由各方分摊建设运营成本。互联网金融信息平台建成以后,对监管部门使用和小微金融消费者的使用应当保持公益化模式,并逐步接入会计、审计、管理咨询等方面的职能。

第三,各个部门在治理中要"组群"。金融监管部门、市场监督管理部门、电信主管部门、互联网信息管理部门、税务部门、财政部门要形成集群力量,监督和服务好互联网金融从业单位。[①] 一是金融监管部门要坚持应批尽批、贯穿监管、不留空白,而且应该享有互联网金融监管所有的必要性权能。在互联网金融创新产品的审批上,监管部门应当召开听证会,听取金融消费者的意见,以消费者看得懂、听得明白的方式发布产品的相关介绍,并与传统的金融产品进行对照,明确告诉消费者产品是姓"银"、姓"证"还是姓"保"。监管机关对互联网金融业务要始终坚持严格的"分业"经营,规定不能经营事项的负面清单。比如点对点网络平台(P2P)平台应该限于资金信息中介,要保证借款人和融资项目信息的真实,可以请保险公司或民间担保机构担保融资标的,但不能自行担保。网络小额贷款公司应当限于消费信贷。网络资产管理公司应当有较高的门槛,有能力经营资产证券化业务,各种业务不允许混同。二是市场监督管理部门对互联网金融的不正当竞争、违法违规广告宣传、金融消费者投诉、知识产权纠纷等具有纠察权和裁决权,互联网金融组织的工商登记应当与营业许可、监管备案同步起来,必要时形成一证化。市场监督管理部门要掌握互联网金融组织的经营网站是否正常,并能对金融消费者投诉进行快速反应,帮助金融监管部门发现风险线索,能够准确、全面出示互联网经营的一些证据。三是电信主管部门、互联网信息管理部门应当是互联网金融的"门神",应当不间断的检查互联网金融网站的运行情况、公布内容、客户访问量、安全水平等,防止网络风险与金融风险叠加,不能仅仅只是备案和发证。四是财政部门代表国有资本管理者对金融机构享有股东权益,应当参与金融机构互联网经营的一些重大决策。五是审计部门应当指导中介机构对互联网金融平台中资金流动情况、客户资金存款情况进行按期审计,对账目不清的金融平台要监督其整改,并提出处罚建议。

互联网金融监管的多部门模式能否顺畅运作还需要精细设计。根据政

① 潘静.从政府中心规制到社会共治:互联网金融治理的新视野[J].法律科学,2018(1):67-77.

策规划,目前的监管格局是分类监管,但是几乎每一项互联网金融业务都与其他业务有前后衔接、相互嵌套的关系,例如在业务的前端和终端都有互联网支付,互联网上募集到的资金马上又会投向互联网金融资产端,因此最适宜采用"1＋N",即监管加治理加自律的保护模式(见表8－1)。为应对互联网金融犯罪威胁,广东省公安部门建立了涉众型经济犯罪监测防控中心,与工商行政管理部门联合进行信息采集、风险监测、涉嫌组织和人员摸排,探索非法集资、传销犯罪早发现、快打击的路径,成功发现了一批犯罪案件的线索。例如工商部门注意到一家名为广东禾中量子生物科技发展公司没有研发生产科技产品,反而在销售一种"量子币",营业收入达到6 000多万元,通报公安机关调查后发现这个公司发展了4 100名会员在搞传销,遂加以取缔。通过这个联合机制,广东省公安部门还发现和破获了由犯罪嫌疑人卢某等成立的一路有喜公司消费返积分方式诈骗案,涉案金额8 000多万元,以及由犯罪嫌疑人李某、郭某等设立的"理财咖"网络平台非法集资案件,涉案金额1.25亿元。① 规模比这些更大的广东云联惠网络科技公司的一些违法发展客户行为也是首先由受骗消费者向工商行政管理部门举报后才引起公安机关注意的。这些案件的成功处理之处在于通过网络梳理和排查,全部犯罪嫌疑人都被锁定到案,没有人逃脱,涉案的证据链也比较完整。

表8－1　中国互联网金融联合治理主体一览表

业 务 类 型	主监管部门	协 同 治 理 者
互联网支付	人民银行	商业银行、行业协会、支付运营商、公安
网络借贷	银监会	人民银行、政府金融办、市场监管机构、公安、会计师及律师中介机构、互联网金融协会、消协、商业银行
股权众筹融资	证监会	证券业协会、经信部门、国资管理部门、市场监管部门、证券交易所、产权交易所、证券公司、合作银行、资产评估和律师中介机构
互联网基金销售	证监会	银行、信托、保险、融资租赁和大宗商品期货交易机构、网信部门、互联网企业
互联网保险	保监会	保险业协会、公安、网信部门、消协、电商网站

---

① 钟嘉欣.“量子币”发财梦疯狂敛财6 000多万,擦亮眼睛,这是传销! [N].南方法治报,
　　2018－07－20.

续　表

业 务 类 型	主监管部门	协 同 治 理 者
互联网信托	银监会	从业机构、行业协会、金融智库
互联网消费金融	银监会	互联网金融协会、人民银行、公安

第四,其他市场主体在治理中不能掉队。为互联网金融网站提供架构运维服务的信息技术企业有责任对网站运行的不正常情况,尤其是被篡改数据、毁灭交易记录、被恶意入侵的行为应及时发出警报。对出现风险的网站要有预见性地做好运营维持和数据固定。对互联网金融组织进行股权投资,开展战略合作的金融机构、投资机构应当遵循正常的渠道,不允许一些互联网金融平台动辄以国资入股、金融机构下设等名义进行宣传,捆绑金融机构风险。互联网金融协会应当充分行使行业自律管理权,包括:按照业务类型成立各种分会;在征求会员意见基础上制定行业标准、经营公约、投诉处理办法、评级规则;开展业务交流和风险状况通报;对违反协会共识、诚信的行为和从业人员进行警示、惩戒;对恶意的金融消费者建立黑名单。

第五,将纠纷解决活动与治理整合起来。在互联网金融中,交易模式是由服务商提供的,用户没有选择权。互联网金融产品的运作状况、风险状况非常不透明,出于保护接入互联网的小微金融用户的需要,互联网金融纠纷解决方式的设置非常重要。虽然在线争议解决(ODR)模式已经开始试验,[①]但是为了方便金融消费者也需要保持互联网金融服务商现场投诉受理、监管部门全天候受理和行业协会、消费者协会协同受理等形式。引入人民调解、专门机构调解和仲裁,争取在民事阶段就消弭风险,使纠纷不继续恶性发展。对于已经涉嫌犯罪的互联网金融行为,营运商、代理商应协助公安司法机关整理资金流转线索,报告财产存量,提供证据采集和财产查扣方面的便利。

三、互联网金融活动社会治理的分类施策

在金融全球化浪潮影响下,互联网金融涌现出多种样态,需要有针对性地部署治理重点,解决关键性的治理难题。

---

① 安迪.我国网络交易在线争端解决机制的建构[J].长白学刊,2014(6):67-70.

第一,互联网支付的治理,应该由人民银行清算中心与各商业银行、银联公司、网联公司、公安机关网络安全部门联合形成防护平台,严格核查客户身份,按规定保存完整的交易记录。对出现交易异常、怀疑有犯罪行为的企业应当在平台上进行通报,也可以由收付双方和管理部门进行临时处置,以保护金融消费者的资金安全。同时进行支付全链条管理,对接入第三方支付平台的电子商务机构进行交易真实性和交易记录全面性的检查,一方面堵住洗钱通道,另一方面避免资金大量流出的风险。

第二,网络小额借贷的治理需充分吸取 P2P 平台风险失控的教训,由银监部门、人民银行、政府金融办、市场监管机关、公安机关、会计师和律师等中介机构、互联网金融协会、消费者保护协会、商业银行组成联合防护网。加强对网络小贷公司的信息的公示,并由中介评级机构对业务风险进行分级编号。对于借贷利率及服务费用,互联网金融协会和消费者协会要密切关注和判断,对涉及高利贷的投诉,公安机关要及时介入。对于失信的小贷公司和借款人,人民银行征信系统应当及时识别并公布,避免公司成为非法集资的工具。对于小贷公司超范围经营,并提供杠杆资金和增信的,监管部门应当立即制止。

第三,股权众筹融资的治理,证监部门、证券业协会、经信部门、国资管理部门、市场监管机关、证券交易所、产权交易所、证券公司、合作银行、资产评估和律师等中介机构应当共同负责。股权众筹是新生事物,经信部门、国资部门应该对股权结构合理性、筹资是否符合产业政策给予政策说明。市场监管机关应当要求标的公司对股东大会公开募集决议合法性、入股资金到位情况、资金抽离情况进行披露。证券公司应当对参与咨询的项目进行盈利模式、管理架构的尽职调查。合作银行要确保众筹资金专户管理,防止被挪用。评估机构应当出具公允的估值报告,上述信息应该在网络众筹平台上详细披露,并应当考虑设计投资者犹豫期制度,让投资者充分测算风险。

第四,互联网基金销售的治理,应当同最新颁布的金融机构资产管理业务规范相衔接,涉及资金流出方向的银行、信托、保险、融资租赁、大宗商品期货交易机构以及背后的监管单位都应当参与进来,按照高风险业务产品的级别执行管控。治理的重点应当放在收益承诺、给付方、收益水平等方面,任何一方都有权制止违规承诺收益现象。另外,对现在较为流行的注册送积分、开户购买返款的做法,行业协会需要进行自律规范,避免误导投资者。对其他门户网站和网上社区推荐或推销理财产品的,网信部门、互联网企业协会应当予以关注,并要求网站全面披露风险。代理银行应当管理好互联网基金销售者的自有账户和承销账户,防止兑付风险。对两者之间串户、用不同来源资金进行垫付或赎回的行为应拒付。

第五,互联网保险的治理,一方面,应当顺应消费者的网络使用习惯,鼓励发展;另一方面,则需要监管部门、保险业协会、保险公司、市场监管机关、消费者保护协会共同治理,保险公司如果将线下业务改头换面搬到线上的,应在监管部门进行销售方式变更的登记备案。保险公司与电子商务网站进行合作的,应当由法律中介机构参与合同起草,明确双方的责任,不允许有虚假性、兜底性赔付的约定。对于目前较为热门的投资连接险、万能分红险等险种需要向投保群众清楚解释产品本身属于财产保险还是人身保险,对此,消费者协会应当加以监督。市场监管机关要及时处理虚假宣传、恶性竞争等行为的投诉。保险业协会要协调网站或保险代理人同时代理不同公司多个保险品种而引起的一些业务争端。对网上收取保费、续保等行为,第三方支付机构和银行需要和保险公司建立信息对接、金额核对机制。对于保险业务网站泄露、买卖投保人与被保险人信息的,网信部门、公安部门应当严厉打击。

第六,互联网信托的治理,各从业机构、行业协会、金融智库应当积极论证投资者的入门条件、风险承受能力,给主管部门提供中肯的建议。对条件不具备的暂停审批或者开展试点、限制交易规模。监管部门可以邀请市场监管机关、专家学者参与互联网信托产品格式合同示范条款的制定,对信托关系中的财务状况披露、免责问题、争议解决方式问题进行合理设置。监管部门也需要中介机构参与评定信托业务运作状况是否稳健、风险是否可控。

第七,互联网消费金融的治理,监管部门要提示经办企业不能以信用卡名义或类似信用卡功能进行宣传,对借款人的资格要进行限定。互联网金融协会要制定自律公约,对借贷金额上限、多家平台对同一借款人放款、手续费和利率水平进行调节,禁止捆绑式消费,确保全行业健康发展。学校、社区、企事业单位要进行合理的消费宣传,不提倡民众超前消费、奢侈消费。同时,对陷入还款困难或有异常行为特征的消费者要加强关注。公安部门对逾期债权催收中的暴力、寻衅滋事现象要严厉打击。人民银行应当为消费金融平台查询借款人信用情况提供便利,防止恶意借贷。

第二节　P2P 网贷平台犯罪风险的治理对策

P2P 平台是近年来民间金融力量努力接入金融市场、分享金融发展空间一项草根式创新,也被认为是普惠金融在我国的一项试验,但目前我国的 P2P 平台的发展却存在许多问题。根据金融信息网站"网贷之家"的不完全统计,近年来,我国曾经出现 6 114 家 P2P 平台,但是截至 2018 年 4 月,有 4 237 家平台已经停业或者触发各种金融风险,例如平台经营者失联、委托投资人无法兑付资金等,仍在正常经营或者苦苦支撑的平台剩余 1 000 多家,存活率只占 30%,而违规者及淘汰者竟占到 70%。[①] 这当中有 P2P 平台先天基础及经营不利的问题,也有人指出与严格的行业监管和法规出台导致的自动退出有关。P2P 平台的关闭既是金融业优胜劣汰的客观规律以及与金融风险斗争取得的成果,同时也存在着不正常性,既有相当多的金融资源被浪费或者错配,也有相当多的平台经营者和委托投资方遭受了损失。

一、用社会治理的眼光来加固 P2P 金融监管政策的科学性与亲民性

(一)对政策制定发挥影响力

P2P 平台的政策规范主要有:《关于促进互联网金融健康发展的指导意见》《网络借贷信息中介机构业务活动管理暂行办法》《网络借贷信息中介机构备案登记管理指引》《网络借贷资金存管业务指引》《网络借贷信息中介机构业务活动信息披露指引》;禁令性规范主要有:《P2P 网络借贷风险专项整治工作实施方案》《互联网金融风险专项整治工作实施方案》。其中由原中国银监会、工业和信息化部、公安部、国家互联网信息办公室联合发布的《网络借贷信息中介机构业务活动管理暂行办法》层次最高,为政府规章。研究表明,政策期望和政策实际效果之间均会存在一定的差异。前述这些框架性文件主要划分了 P2P 平台行为的合法与违法,重申 P2P 平台不可

[①] 天逸,林影. 跑路、失联、清盘近 200 家……最后 20 多天! 万亿 P2P 整改备案倒计时[N]. 中国基金报,2018 - 06 - 02.

为、不应为的内容,而没有解释违规行为的刑法反应,即没有说明大前提(监管文件)、小前提(违规行为)与逻辑结果(刑法适用)的关系,没有阐明从违法到犯罪的象限在哪里,而且这些政策性文件因为立法层级较低,公安司法机关办案中援引的不多,对行业的震慑力不够。相比之下,P2P 平台从业人员感觉禁令性规范(《P2P 网络借贷风险专项整治工作实施方案》)的威力更大,因为这类文件中有所谓"量"的规定。他们期望的并不是经营行为越来越规范,而是清理整顿能够早日结束。这或许能从一个侧面解释为何政策越来越多、越来越严,而 P2P 平台脆弱和疯狂的局面,以及较高的涉刑风险好像没有得到改观,因此,笔者建议再出台 P2P 行业政策性文件时,在主题上应该更加鲜明,应以《关于打击 P2P 网络信贷中非法吸收公众存款现象的XX》为题,由司法机关、公安机关、金融监管部门联合发布,直接点出部分P2P 平台已涉嫌犯罪的症结所在,充分阐明在互联网场域严格适用非法吸收公众存款罪的刑事立场。既让投资民众知道这是一个新型犯罪场域,要适度止步,也让从业者明确他们的行为应当遵守怎样的训诫,让行政规制变得更有威力,但这并不代表我们主张依赖刑事手段解决所有的问题,迷恋严刑峻法,而是针对 P2P 行业中暗藏已久、但部分从业人员仍乐此不疲的制造风险行为加以明确阻断,以防姑息成奸。

根据中国人民银行清理整顿互联网金融风险的部署,要以从业机构数量和业务规模两项指标下调为手段来降低金融风险,但是中国人民银行没有公布具体的调控数量指标。到底需要保持多少家互联网金融平台属于比较正常的现象,学术界没有专门的测算,但这个问题在互联网金融行业内比较受关注,也在一定程度上影响了社会中投资人的心理。笔者认为可以有以下几种调控依据。

第一种依据是根据 P2P 平台的用户数量来测算。根据有关网站统计,2017 年在 P2P 平台上活动的投资人约有 1 700 万人次,借款人有 2 200 万人,但到了 2018 年,由于 P2P 平台爆发风险较多,目前大约只剩下 400 万名客户是活跃用户。以每个平台服务 5 万名—10 万名客户的中位数计算,高峰时可能需要 400 家—800 家平台,而紧缩时只需要 80 家—100 家 P2P 平台,这是常态化估算。在 P2P 平台清理整顿期间,P2P 平台实际数目可能将进一步缩小。

第二种依据是如果按照银行类金融机构数量计算的话,我国可以容纳 2 000 家,但互联网金融与传统金融之间并没有直接的可比性。如果按照上网网民人数统计或者社会存款余额来计算,则计算结果会更大一些。[①]

第三种依据是比照证券投资者账户的数量测算有兴趣进行互联网金融投资的人数,因为互联网金融中的投资行为者比普通银行存款储户的风险耐受能力要高一些,与股票投资比较类似。根据中央证券登记结算公司的数据显示,截至 2018 年 5 月,我国开通证券投资账户的自然人累计有 1.39 亿户,但这当中包括了一些沉睡账户以及在不同证券营业部多头开户的数据,另一项是开通创业板功能的自然人投资账户,数量约为 4 300 万户。创业板是 2014 年 5 月正式开始交易的,关注和从事创业板证券交易的一般是比较活跃、比较年轻的投资者,也比较契合互联网金融的投资偏好。还有一项数据,即上海、深圳股市定期统计的在一定期限内有交易活动的账户,两个交易所有交易记录账户大约为 5 000 万个,也接近上述数据。因此,我们判断有 4 000 万—5 000 万民众是互联网金融的潜在投资人。我国现在有各类证券公司 100 余家,已经满足了证券投资者的服务需求。随着竞争的日趋激烈,未来还可能会减少一些数量。我们估测,我国的 P2P 网贷平台将下降至 100 家左右,基本与市场相匹配。当然 P2P 平台不能以倒闭、失联等不正常形式成批退出,应该稳步的转换经营方式。

(二)对政策执行发挥影响力

由于 P2P 平台数量众多,规模较大的平台交易金额远远超过村镇银行,甚至超过一般的城市商业银行。它已不再是典型意义上的小微金融,而需要的是大监管、严监管。我们应借助行政审批改革、监管改革的契机,考虑其从设置到运营,再到退出的全过程,精心设计好金融监管之余的干预治理的渠道和力度。

第一,履行 P2P 平台监管责任的部门应发挥权利能力和行为能力。根据 P2P 平台的监管框架,银监会享有全面的 P2P 平台业务监管权,既包括宏观的政策规制和发展规划制定,也包括对 P2P 经营行为合规性的认定。地方各级银监机构则负责机构监管,主要包括 P2P 平台的整改后效

---

① 李长银,高寒,刘立金.模式异化、规模扩张与监管介入——我国 P2P 网络信贷发展现状与前景分析[J].金融理论与实践,2016(5):105-109.

果审核及备案,以及 P2P 平台出现经营风险后的化解处置。可见中央的银监会将 P2P 平台的"准生证"下放给了地方银监机构,并在风险防范和处置上选择了属地原则,即由 P2P 平台注册所在地的地方政府领导公安、银监、综治等部门共同来化解。但业务审核监管权没有下放。一是 P2P 平台都是跨区域经营的,一个地方的银监机构的监管不敷其用。二是不赋予地方监管机构 P2P 平台日常业务监管权,是为地方银监机构减负,让其能够集中精力抓风险化解。三是避免重蹈以前"一放就乱"的困局,吸取前期各地在审批 P2P 平台上过多、过松的局面,避免监管尺度不一。这可以认为是一种分置式的监管。作为一种金融创新产物,P2P 平台虽未获得类似银行的全面金融业务功能,也被严格限制了规模,但其区域性风险还是应高度提防的,分置式的监管效果如何还需要进一步观察。应当采取风险治理前移的策略,由在地的金融监管部门承担起监管主体责任,在日常经营活动中面向服务对象和 P2P 平台本身开展全覆盖的风险治理,以避免 P2P 平台像过去那样大范围出现问题。重庆市在此方面的做法值得推荐。早在 2015 年年底,重庆市在全国率先出台《重庆市小额贷款公司开展网络贷款业务监管指引(试行)》。重庆市在担保公司、小贷公司、P2P 等涉及网贷的企业的注册登记中,要求申请者必须先取得金融业务许可证,然后才能办理营业执照,①以防止一些网贷平台取得营业执照后,以合法面目蒙骗不懂金融监管要求的投资者,在实际上也帮助金融监管部门多把了一道关。

第二,根据治理能力来设置治理内容。今后 P2P 平台要想实现正常经营,且不被市场淘汰或不被监管机关取缔,则需要按照法律法规所确定的经营底线和风险管理、资金管理等方面的合规标准来执行,监管机关和其他治理主体也要确保有能力、有手段防止 P2P 平台不行骗、不越界。就目前的治理能力而言,可以着力于以下几个关键点。

一是根据当地互联网市场的健康情况、相同业务的机构平台数量的多少、消费者的风险承受能力、P2P 平台的自我风控能力好坏等因素,综合决定是否给予备案。

二是对 P2P 平台的单笔交易金额设置限制,确保"小额分散"有其必要

---

① 许腾飞.“我在重庆没有批过一个”,黄奇帆对这事再发声[N]. 新京报,2017-12-12.

性。未来可以考虑设置等级,对合规性高的 P2P 平台允许其中介金额较高的融资标的。而对风险控制能力不强或有违规记录的平台,要降低其融资标的额度。当然,这种等级设置和调整不需要完全由金融监管部门决定,也可以吸收投资人参与,形成用户投票机制。同时,需要借助金融数据信息系统的力量,收集融资方在各个 P2P 平台上的融资总额,并根据用资方的资产状况同样设置一个限制。这种对外联合融资限制可以由金融监管部门指导,由 P2P 行业内部自行协商确定,平台之间实现自律并动态调整。P2P 平台也需要适应市场环境的要求,例如开展必要的重组联合、补齐某些业务领域的短板,对 P2P 平台所产生的不良债权也需要有适当的转让和处置渠道。对于不愿意从事小额分散融资的 P2P 平台可以转型成为其他类型的资产管理机构,例如私募基金、创业投资基金。①

　　三是关紧资金调用水龙头。中国人民银行、银监会和市场监管部门基于共同治理的决心,规定必须完成 P2P 平台的资金全额银行托管目标,并将这一指标作为 P2P 平台整顿和获得正式备案资格的必备条件。今后发展的方向应当是被 P2P 平台业务所招徕的投资人应当按照 P2P 平台的指引将理财资金汇入平台在银行开立的基本账户,P2P 平台不得再以其他方式直接收受投资人的资金,包括要求投资人交付现金、通过支付宝转账给 P2P 平台(投资人可以通过支付宝等第三方支付将资金转到平台的银行账户)。P2P 平台账户由银行托管,P2P 平台在调动投资人资金实施增值业务时,也必须委托银行将资金定向划入借款人账户。除了主营业务和正常行政开支外,P2P 平台不得擅自调动资金给自身的关联账户或者可疑账户,也不得利用积存的资金从事与正规金融机构混同的项目,包括购买银行理财产品、购买公募基金份额、购买保险产品、参与证券公司资产集合投资计划、参与信托投资项目等,银行可以拒绝为 P2P 平台办理上述类型的资金划转。当然,下一步还需要针对 P2P 平台经常化咨询和中介的金融项目,并结合委托投资人、用款人的金融行为习惯制定 P2P 平台经手的资金银行第三方存管的具体办法,明确哪一种类型的银行能够担任委托存管方,明确可以给予银行哪些监督权和阻却权。

　　四是以网管网。前期 P2P 平台可谓是兴于网络,亦乱于网络,其缘由就

① 赵大伟.P2P 网络借贷行业如何实现转型发展[J].清华金融评论,2016(7):99-102.

是平台上所流传的信息中带有不少虚假性成分,也没有对风险进行甄别的机制。比如 P2P 平台风险的借款人虚假身份信息、失信信息问题,如果 P2P 平台以及金融信息服务网络能够及时核查,就可以有效减少错误。同时这些信息也不能为监管部门所掌握,没有信息,监管部门变成睁眼瞎;信息不在网上,监管部门就无法有效监管。只有严格规范 P2P 平台中金融信息的输入端和输出端,才能准确判断 P2P 平台经营有没有偏离主业。因此,所有 P2P 平台应当向电信主管部门申请电信业务经营许可,这也意味着,工信部门、网信办等机构在网络日常管理中发现 P2P 平台有夸大宣传、违规进行业务撮合时,可以采取限制访问、切断网络流量等方式将 P2P 平台业务停掉,也可以对 P2P 平台所开展的业务以及资金流向进行追溯,起到保护锁的作用。

五是信息监测预警。监管规定强调了 P2P 平台对单一客户的借款上限,自然人不得突破 20 万元,企业不得超过 100 万元,自然人在所有 P2P 平台上的总借款额不得突破 100 万元,企业不得突破 500 万元。为达到这一目标,首先需要有严密的金融数据统计监控,在发现某个借款人在某一时点的借款额度已经接近或突破限额时能自动提示 P2P 平台停止中介,甚至否决平台提出的中介方案。其次,一些金融专业服务网站也可以对 P2P 平台的一些公开网络数据进行跟踪、分析、评级,乃至提出警示,限制 P2P 平台为所欲为。[①] 再次,监管部门也可以透过金融信息数据联网系统查看到某一笔融资项目的基本信息,可以根据信息披露规则,将与借款人相关的信息开放给一些 P2P 平台查看,实现信息共享。最后,关于互联网信贷平台监管的指导意见已经要求中国人民银行会同有关部门适时建立和完善互联网金融数据统计监测体系,由金融、财政、市场监管、统计等部门运用自身的职权和服务职能收集汇总各类金融统计数据,下一步的关键问题是数据的完整性、数据更新的及时性、关联数据的汇总和挖掘,以及数据共享使用和客户隐私保护相协调的问题。

第三,专项性整顿措施的合理化采用。2017 年 12 月,中国人民银行发布《关于做好 P2P 网络借贷风险专项整治整改验收工作的通知》,要求

---

① 朱清香,王莉. 互联网金融民营系 P2P 网贷平台的风险预警[J]. 河北大学学报(哲学社会科学版),2016(4): 123 - 130.

2018 年 6 月之前所有尚在经营的 P2P 平台,无论之前是由哪个政府部门审批的,都应当重新在金融监管机构进行备案,随后金融监管部门决定延长 P2P 平台自行整改时间,要求 2019 年 6 月前完成,比原计划推迟了一年。同时给予的豁免条件是整顿到期前,P2P 平台应当将以往发生的违规业务处理完成,合格者将不予追责。整顿后的 P2P 平台应当在资本充足性、股东投资资格、从业人员资格要求方面比照金融机构的标准,并加强公司治理才能通过备案验收。

采取全行业整顿、排队进行备案验收的方式是将金融安全放在首位的政策选择,尽管这种安排存在着整顿期间过长、备案时间和结果难以预料、增加 P2P 平台的费用开支和时间成本,以及对 P2P 平台经营宏观影响过于负面等问题,但对这些影响还需要进一步研究和优化。[①] 为了让投资者了解 P2P 平台的经营状况和合规程度,避免跟风投资,稳定已投资的民众的情绪,一些地方金融办采取了应急措施,提早公布了预验收合格的 P2P 平台名单。在互联网金融较为密集的杭州市西湖区,共有 15 家 P2P 平台验收合格。沈阳市和平区也公布了通过预验收可予登记备案的 P2P 平台名单,以及平台的存管银行、电信与信息服务业务经营许可证信息、平台网络信息安全保护等级证书申请进展,并要求平台今后要严格执行电子签章、借款限额、信息披露等规定。这种做法类似于为 P2P 平台进行一次官方验证,确保平台现在的经营水准比过去有较大的改进和提升,有助于保持投资者的信心。

应当指出,P2P 平台的风险治理应当是持续性的,而应不局限于一次次专项整顿。监管部门和其他金融风险治理主体应当密切关注那些经营状况不正常的平台,及时地要求它们整改,需识别一些 P2P 平台在经营状况不正常后又成立新平台的"换马甲"行为。对于业务规模扩张较快、在多个地区经营的大型 P2P 平台需要实施联合治理机制,由 P2P 平台注册地和业务开展地双方的金融主管部门共同进行经营状况、资金存管落实情况等方面的核查,以保无虞。

第四,稳健处理 P2P 平台停业问题。笔者认为平台只能在接到地方政府金融办公室或者公安机关指令,要求冻结财产、清账核资后,才能停止兑

---

① 肖岳,冯志雄. P2P 退出机制正当其时[J]. 法人,2017(11):72 - 74.

付,其他情况下应保持营业状态,先行暂停融资标的推介,再视情况决定下一步处理。当然,作为民事主体,也应当允许 P2P 平台按照破产法规定申请破产清算,但不能以一纸公告自行结束营业。如果平台开展的是正规借贷中介业务,也不承诺兜底支付,则平台的负债额不会特别高,清算过程也不会特别复杂。

二、对 P2P 平台进行分级分类治理

与银行信贷业务以及证券交易业务类似,P2P 平台不可能没有正常的资产管理风险,但是一旦某家 P2P 平台被曝光出现违约兑付,即基本上意味着这家平台已经无法挽回败局。一经公安机关介入,也就代表着这家平台已有非法吸收公众存款犯罪的嫌疑。是否现在只有极少数合法经营的 P2P 平台,剩余大多数平台都是非法集资行为的潜在犯罪者?一些平台在出现经营危机时有没有可能自我消化,P2P 平台滑入犯罪的临界点又在哪里?对于 P2P 平台的经营状态应进行初步的分类,做到早识别、早预警、早发现、早处置。

(一)正常及轻微风险平台

目前,一些资产规模较大的 P2P 平台仍旧维持着正常经营,它们的特点是在网络上广告宣传力度并不大,给出的回报率也不显眼,但这类 P2P 平台所经营的产品风险属于可控状态,即使平台管理的某一款产品出现兑付困难,也因为其规模或损失率有限不会损及 P2P 平台的正常经营。例如 P2P 平台上海陆金所在 2018 年妥善处理的一宗产品违约事件。这款产品是山西大同证券公司在陆金所平台上代销的产品,名称为"同吉 3 号集合资产管理计划",启动时间是 2016 年 10 月 26 日,共吸引了 107 名投资方购买,人均投资额约为 120 万元,产品募集资金的监管银行是宁波银行,产品融得资金投向了上市公司东方金钰公司。该产品年化收益率为 7.2%,每季度付息一次。2018 年 7 月初有投资者表示没有收到当季利息。经过各方协调,用资人表示目前公司因重大资产重组事项处于停牌状态,但经营状况正常,并承诺在 2018 年 7 月底前支付利息。① 还有一些 P2P 平台在互联网上被批评为融资标的审核严、通过率低,当然其中也有一定的投资标的出现逾

---

① 黄玮.陆金所再"踩雷"?这家在深办公的上市企业兑付逾期[N].南方都市报,2018 - 07 - 05.

期,但属于低频风险,未影响到平台的整体兑付。对于这类平台,维持小型化、分散化的格局可能是最佳策略。同时,要帮助它们加强风控建设。P2P平台的风险控制目前没有国家或行业的标准范本,对借款人的违约概率、违约的迹象、违约的时间点判断都不够准确和细致。因此,要学习商业银行的信贷保全机制,例如贷款担保制度、企业和个人信用记录制度等,尽管这些制度主要运用于正式金融机构,主要面向的是规模以上的企业和债务偿还能力较强借款人。对于次级借款人,尤其是民间网贷机构、小额贷款机构接触的借款人,应当加强审核后试用。P2P平台应当严格按照监管要求,以明确的方式告知投资者平台对逾期的融资项目将努力催收,但不会兜底偿付,这也是P2P平台与银行的最大不同点,必须让投资者明知。

(二)较高风险平台

在监管部门对P2P平台清理整顿过程中,有些平台发布了停业或清盘公告,主动宣布退出互联网金融市场,有些平台则处于歇业状态,没有或很少发布新的融资标的信息,平台的网站和客服热线也疏于维护。据金融专业网站"网贷之家"统计,2018年以来已经有近200家平台处于此种状态。对这类平台需要具体分析,其中一部分平台可能因业务萎缩、难以支付营运费用而陷入"冬眠"状态。例如杭州孔明金融信息服务有限公司创办的"人人爱家"金融P2P平台正常营运时间约3年,融资规模达到232亿元。2018年发布公告称由于收受融资的企业很多都出现逾期,P2P平台已经没有足够的现金来兑付给投资者,故决定停止网贷业务,聘请会计师事务所和律师事务所组成清算小组,自行清盘。① 这家平台的注册资本有1亿元,但是杠杆化非常严重,承接了173.6万注册用户,这表明平台的备付金与经营规模是严重不匹配的,而且平台没有提取坏账备付金,这使得一旦有用款人逾期,平台就会手忙脚乱,应付不了挤兑。一些平台可能过多涉足资产管理业务而被深套其中,难以翻身。资产管理业务不属于中介性业务,需要专门的管理人才和风险控制。以往从事资产管理业务需要向银监部门申请业务牌照,绝大多数P2P平台并不具备这种资质,但有些P2P平台打着互联网金融旗号贸然进入资产管理行业。此外,一些私募证券投资基金与P2P平

① 书晓.232亿规模P2P平台人人爱家金融"良性"清盘,总部却已人去楼空[N].国际金融报, 2018-07-06.

台有资金往来,例如 2018 年中金诚集团发布公告宣布其发行的金诚易 4 号私募基金出现大量赎回情况,基金管理人临时决定暂停赎回业务,在其背后就是杭州市一家"念钱安"P2P 平台曾大量购买基金份额,现在平台因兑付困难而要求赎回。① P2P 平台为一些热点城市房地产投机者配资炒房,以及亲自上阵炒房早就有迹可查。2018 年以来,国家房地产调控政策更趋严厉,使一些平台陷于其中。P2P 平台与境外资本市场也有勾连,一些在国外上市公司其主业就包括 P2P 业务,一些资金流向了证券市场从而影响了股票价格。这些行为已经背离互联网金融创新的宗旨,加剧了民间金融体系之间的骨牌效应,拖垮了平台的小微金融主业。另外还有一些平台可能在前期经营中有隐藏的资金交易黑数,惧怕在监管部门整顿备案中暴露出来,为了避过清理整顿的风头而停业。对于这些 P2P 平台应当分类处置。

第一,对尚有经营愿望和一定实力的平台,要帮助它们解决资金流动的效率问题,并借助网络解决其信息缺乏的问题。从目前的市场状况看,它们的资金并不缺乏,但信息严重不对称。P2P 平台的信用首先取决于能否提供真实的信息,例如用资方发出的融资标的是否真实、平台是不是把资金真正投向用资方。其次,P2P 平台的信用体现在能否管理好资产。因此,要帮助 P2P 平台获取融资申请方的真实信息,确保中介撮合成功,进而发挥资金效益。

第二,对于长期停业、歇业无法达到整改要求的 P2P 平台,说明其在前期经营合法性方面有重大瑕疵,需要进行善后处置,结束其业务,令其退出市场。其中的关键性工作是监督其规范清算,清算时应当明确以下的法律关系。① 根据 P2P 平台的中介性质,在平台所撮合的融资中债权人是投资者,债务人是用资企业或个人,但 P2P 平台开辟了客户充值功能,与投资者之间也建立了类似存款或者暂时寄存的债务关系。从法理上说,P2P 平台仅有义务将尚未投资出去的客户的充值金额进行偿付,但这明显对投资者不利,也减轻了平台的兑付责任。因此,在 P2P 平台清算过程中应当要求平台实施债权转让,即平台所办理的所有融资项目都应当将平台变更为债权人,用款单位为债务人。相应的,投资人所投入的全部金额除了已兑付部

① 张洋. 号称 700 亿资产规模的金诚财富陷兑付危机,私募产品无法赎回[EB/OL]. [2018－11－01]. http://money. hexun. com/2018-11-01/195071783. html.

分,其余部分都应视为 P2P 平台的债务,无论这些资金有没有对外进行投资。② 要监督好 P2P 平台兑付投资者资金的时间、兑付份额、兑付顺序。由于平台与投资者约定的资产管理方式各有不同,有些可能含有担保或者优先权,在平台出现兑付困难时有些投资者会情绪激动,不接受一些法律安排。同时,还有一些早先的投资者或大额投资者参与了平台的高返现活动,并领取了高息,需要在兑付时进行甄别,相应扣除其不当得利。③ 要监督好平台的资产回收、变现。P2P 平台在向用资方拨付款项时,会设置一些抵押或者其他担保形式,在 P2P 平台资产清理时要防止用款人恶意逃废债权,也同时要防止 P2P 平台怠于行使债权,甚至和用款人沆瀣一气制造无力偿还的假象。为此,要加强 P2P 平台清算中的资产评估和财务审计力量,吸收专门中介人员参与。④ 清算过程中要保持信息畅通,禁止平台随意关闭网站服务器、客服系统,以免造成社会恐慌。P2P 平台要准确如实地发布债权人和债务人信息、清算方案、资产处置进展情况。防止 P2P 平台主要负责人、股东等藏匿、逃逸、离境等。对于 P2P 平台历史业务的各种资料、凭据、电脑记录都应该保存备份。⑤ 在 P2P 平台清算过程中,法院不应受理其母公司或重要关联企业的破产申请。[①] 市场监管部门、金融办、金融监管部门、公安等部门要协同行动。市场监管部门要核查平台业务范围有没有违规。金融办应当审查平台投资者的数量、融资的金额、平台主要经营者的身份。金融监管部门应当调查平台与其他金融机构的资金往来、账户开立、股权投资关系等。当出现平台经营者不配合清算、平台返现额度高、融资项目虚假或存在自融等典型非法吸收公众存款情形的,公安机关应及时介入。

第三,对采取了逆向选择措施的 P2P 平台要格外防范,金融风险治理主体有义务采取保全措施,应尽可能让风险"软着陆",防止其出现失联、转移资金等恶化趋向,使后续的债权债务处理能够顺利进行。

(三)高危平台

一些 P2P 平台出现失联状态或者放弃债权债务,使投资者无处兑付资金。P2P 平台业务运作有自身的网络体系,平台也在银行开立资金账户,负责人的潜逃对平台经营会造成了较大影响,但不能算是毁灭性打击,是否达

---

① 丁灿榕.论 P2P 网贷平台高管个人破产制度的引进——基于法国商法典的借鉴与启示[J].福建金融,2016(11):43 - 46.

到停业的程度值得怀疑。因此,存在一种可能性,即一些P2P平台采取弃卒保车的手法,借故将责任推卸给某些个人,并以此为由不履行兑付义务。P2P平台出现这种事态显示投资者已经无法约束融资方,需要加强外力干预,但不宜一律将这些P2P平台的活动作为非法金融活动,需要处理好经济发展矛盾与金融安全需求之间的关系。同时,对这些P2P平台确已涉嫌金融犯罪面临如何定性的问题,P2P平台经营的初心是点对点融资服务,因此,平台吸收的资金用在何处是平台最重要的问题,也是对平台及其经营者刑事责任判断的根本。结合主客观要件,笔者有以下建议。

首先,性质最恶劣的应当是集资诈骗犯罪,这表明平台实际经营者有非法占有投资人资金的故意,在客观上实施了虚构融资标的、伪造放款凭证的行为。有的融资标的根本不存在,有的融资标的采用阴阳合同方式,合同融资额和实际出借额不一致,其中的差额被平台控制人拿走,将投资人资金实际用于个人消费挥霍,并采取用后加入的投资者资金填补先前的债务黑洞等手法。

其次,性质较为严重的是P2P平台设置资金池违规经营以及自融行为。P2P平台不具有正规金融机构经批准经营的存款和贷款的业务资格,只能开展融资中介业务,设立资金池实际上就成了地下银行,中介关系也变成了三方债权债务关系,而平台允诺给投资人的高额返现符合非法吸收公众存款罪的要件。对于平台自融行为,则情况有所不同,即融资标的是真实的,款项也实际发放,平台与融资者之间具有股权、管理的关联关系,但融资资金却难以收回,造成投资人损失。从部分行为特征看,与金融机构及其工作人员违法向关系人发放贷款罪的罪状比较相似,但囿于P2P平台不是经过认证的金融机构,所以不能入此罪。[1] 换个角度考虑,这种行为可以构成非法经营罪,即违反了P2P平台资产管理法规,违背投资人委托,超越经营范围。

在P2P平台处置中,资金问题是牛鼻子,直接影响受害人及其家庭,同时辐射到用资者。平台案发被查封资金的类型较多,大致包括平台少量自有资金、存款人存入到平台尚未投资的资金、平台投资后收回的部分资金、P2P平台控制者的可疑所得等。资金追偿的彻底性和清退的及时性与公正

---

[1]　万志尧. P2P借贷的行政监管需求与刑法审视[J]. 东方法学,2015(2):99-110.

性是 P2P 平台处置工作的最高目标。

第一,是 P2P 平台尚有的资金。目前 P2P 平台仅有少量实现了银行资金托管,因此资金名义上是存放在存款人在 P2P 平台开设的账户中,而实际上是停留在 P2P 平台自有账户中。对这类资金的归属可以分两个层面:一方面,基于 P2P 平台的中介性质,这部分资金的所有权应当是属于存款人的,当然还需要审查是否存在违规返现等现象。另一方面,存款人和 P2P 平台之间的委托投资关系协议处于已经生效、但还没有实际履行的阶段,这部分资金如果已经确定了投资对象,但基于 P2P 平台已经无法承担起监督用资方合理使用资金的义务,则三方融资合同处于履行不能状态,需要立即解除。一些存款人认为,他们能够提供打款给 P2P 平台的时间、凭证,根据《刑事诉讼法》和《公安机关办理刑事案件程序规定》,对于这部分资金,如果能够厘清来源,建立存款人打款——P2P 平台收款之间的清楚证据链条,从法理上看应可退还。但目前有些 P2P 平台存在着账目不清、将不同存款人的资金混同存放,或者将收到的资金用于支付其他存款人的返现或应付兑付的情形。同时,也有存款人汇款和提现频繁、将返现金融或者奖励积分又投入理财等现象,因此账目没有想象的那样清晰。再加上存在其他存款人诉求,公安机关不允许在侦查过程中有存款人提走资金,一般至少要到侦查终结、基本确定 P2P 平台非法吸收公众存款的数额以及造成损失的数额后,才会考虑退还。这是基于《最高人民法院、最高人民检察院、公安部关于办理非法集资刑事案件适用法律若干问题的意见》相关规定,但可以结合具体案情来确定退还时间,以便让存款人安心。

第二,是 P2P 平台已投资形成的债权。一部分份额是用资方尚有能力偿还资金或者以资产抵偿的,另一部分份额用资方没能力偿还或逃避偿还的。根据 P2P 平台倒闭的情况来看,这部分金额少则几亿元,多则几十亿元,最难以处置。合法经营的 P2P 平台由于投资行为已经实施,用资人及其担保方成为债务人,故 P2P 平台无须负连带清偿责任。在具体清偿中,需要对应投(融)资合同,确定存款人此笔投资债权的风险,必要时还需要进行民事诉讼以便确认。诉讼中用资方、存款方都应参加,而 P2P 平台的处置小组也应以第三人身份参与诉讼,这是三方清算渠道。但现实中,一些 P2P 平台在状况好时,合法合规地进行融资中介,在状况不良或者存在恶意时则抛弃一对一融资,而是采取建立资金池的方式混同债权;也有些平台采取为关联公司自融的方式,攫取民众财富。此情形触犯了 P2P 平台监管法规,所涉及债权债务成为刑事调查对象,而且投(融)资性质也发生了逆转,最终只能将资金收回和资产处置所得资金组成"债权包",供存款人按照比例进行清偿,这是两方清算渠道。[①] 由于在两种清算渠道中存款人会被加以区分,清偿比例也有所不同,因此需要对存款人进行解释、教育,缓解他们的对立情绪。对用资方需要以最强的清收力度追回融出的资金,尤其是要清查出他们与 P2P 平台之间的资本关联,例如有没有合谋,有没有被迫向 P2P 平台支付高额代理费用等,如果存在股权勾连关系或者自融现象,则需要刺破法人面纱,将这部分用资人也列为清偿义务人。

第三,是 P2P 平台自有资产,包括股本、办公场所、设备。这部分财产的处理方式与集资诈骗案件类似,从刑事法理上讲,应当根据是否符合单位犯罪的要件从而决定是否纳入刑事调查和收缴的范围,但从保护存款人利益的角度和民事法角度出发,即使是 P2P 平台个别人员的犯罪,但他借用的是 P2P 平台这个壳以及平台的各种合约,而且存款人也是相信他们与平台之间的表见代理关系才到平台存款,因此,这部分资金应当归入 P2P 平台对外清偿资产中。同时还有平台控制人的个人资产问题,有部分个人资产是通过占用或挪用存款人资金而形成的,带有犯罪性质,理应追缴。有部分个人资产可能属于案外不相关财产或犯罪嫌疑人亲属资产,需要进行甄别。

无论是哪种清退方式都涉及法律依据是否充分、信息公开,以及实现司法正义的及时性问题。现在 P2P 平台涉案数量逐渐增多,需要设置一个基本的处置标准,[②]并树立一些典型的处置案例,供各地金融部门、公安机关参考适用。

三、从 P2P 平台的资产端和负债端同步进行治理

(一)资产端治理

在 P2P 平台的资产负债管理方面有必要借鉴国外的经验。在美国,P2P 平台注册时要求有大规模的注册资金审计报告。同时,对 P2P 平台的融资标的有严格的要求,需审核融资申请人的信用记录和信用积分,以及是

---

① 郑观. P2P 平台债权拆分转让行为的合法性之辨[J]. 法学,2017(6):158-169.
② 江乾坤,鲁筱. 基于 ISO31000 标准的 P2P 网贷平台风险管理研究——以拍拍贷为例[J]. 生产力研究,2017(9):150-154.

否接受过专门的信用核查,这些数据均来自专门的评级公司。P2P 平台融资输送主要也不是以现金形式,而是通过规模化证券。在这方面,证券监管机构、投资银行会应协助监管和把关。我国的 P2P 平台可以采取以下强化资产管理举措。

第一,关于注册资本及股东。P2P 平台需要一定的营运和宣传展业成本,也需要应付一些意外诉讼事件,因此,P2P 平台的核心资本需要较为充分。目前一些平台通过增发股本、吸引战略投资者的方式充实资本,少数平台已经在境外证券市场上市融资,这些都能增强偿付能力,但需要注意的是,应当实施实业经营与金融业务的适度分隔,即实业型企业作为 P2P 平台股东时,可以设置最高投资限额或者规定实业公司成立子公司作为平台出资股东,以避免 P2P 平台风险传导至实业,拖累正常主业。

P2P 平台通常股东数量较少,有些平台甚至采取一人有限责任公司(私营法人独资)方式,在治理结构上有严重的内部人控制特征,造成平台自融现象。因此,对于吸纳公众资金的 P2P 平台应当适度进行股权分散化。较佳的方式是组建互联网金融投资者保护基金会,强制性代持一定比例的平台股份,这些股份拥有表决权,或者在 P2P 平台设立独立董事制度,由互联网金融协会或律师、会计师出任独立董事,监督、制约平台经营者。

第二,关于核心产品。P2P 平台资产端是平台的盈利源,也是生命线。从展业范围来看,P2P 平台作为一种草根理财方式,减少了银行中间环节,给投资人的回报率应当高过正规金融机构,方能体现市场效率规则,但银行、证券公司目前也推出各种理财产品、资产管理计划,它们和 P2P 平台的竞争是非对等化的。针对此现象,要统一资产管理业务的准入和业务种类配置、收益率计算标准,让银行、证券公司的业务回缩、归位。实行与 P2P 平台错位经营,以服务不同的目标客户,才能真正实现市场均衡。[①] 对 P2P 平台日常业务而言,所审批通过的融资标的应当是低风险、稳定回款的标的,这需要平台进行尽职审核。同时也要履行替投资人管理好资产的义务,做好贷后管理和逾期债权催收。由于平台的类金融机构性质,应当考虑平台在维护债权时获得一些优先法律安排,例如引入仲裁速裁机制、允许平台申

---

① 舒海棠,陶莹.互联网金融发展的驱动力研究——基于 P2P 行业资产端和负债端的经验证据[J].金融与经济,2016(4):21-26.

请支付令、要求用资人尽速偿还。

P2P 平台资金都投向了用资人,用资人的表现是 P2P 平台流动性管理的关键。现在不少企业都存在脚踏两只船的现象,既在银行开立结算账户,申请贷款,又推出一些融资标的,在 P2P 平台上寻找资金。在银行端的金融业务,用资企业通常要有一定的存款规模以及规范的结算,如果出现逾期会被记录在中国人民银行征信系统中,影响后续的金融服务,也很难在其他银行再获得信贷支持。而在 P2P 平台上则不同,由于缺乏统一的信用监测,用资企业可以游走于不同的平台,发布不同的标的,虽然融资额被限定为最高100 万元,但通过分拆标的的方法,这些用资企业可以融到更多的资金。平台对资金的使用方式约束也比银行宽松,借款时间最长可达三年。在一家平台上出现违约不会彻底影响其在其他平台上的融资。随着互联网金融行业的繁荣,还出现了一批为融资企业提供包装的公司,它们帮助用资方设计融资标的、美化业绩,使项目得到投资者青睐。因此,有必要探索建立用资企业与 P2P 平台分担风险的机制,引导用资企业更注重在 P2P 领域的信用记录,不能让用资企业只承担债权违约责任,而应当相应提高投资者对用资企业债权的优先权级别。如果用资企业出现逾期,则能够快速处置其资产,避免 P2P 平台承受过重的流动性压力。在 P2P 平台选择退出时,用资企业要积极配合债权清收,归还 P2P 平台自融的资金,对不能归还的应当同平台一起承担对投资者的连带清偿责任。

(二)负债端治理

P2P 平台的负债端是成千上万的投资者。平台不仅需要竞争服务水准和收益回报率,而且更应当保障竞争资金安全。据统计,现在已有 900 余家P2P 平台为存款人资金设置了银行第三方存管,占营运平台数量的一半左右。现在这项制度也面临一些不利情形:一是一些接受委托的银行出于对P2P 平台经营状况的担忧,尤其是担心平台停业后投资人因取现困难而围攻银行网点,准备逐步退出 P2P 平台资管业务。还有一些中小银行准备开展这项业务,但其自身风险控制能力还需要加强。二是根据金融网站统计,一些进行了银行存管的平台仍然没能阻止危机的爆发,这与这些平台前期违规经营规模过大、难以填补漏洞有关。但在这些平台上进行银行资金存管的投资人因为平台刑事案件调查未结束,也在相当长一段时间内不能提现,导致了对银行存管的一些负面评价,需要加以纠正。同时有必要从现在开始测评银行存管对 P2P 平台经营合规程度的贡献度,构思如何进一步完善这个制度。笔者建议,今后 P2P 平台引入银行存管服务的,银行应当采取分别处理的做法,享有多次查验的权利。具体而言,对投资人存入(充值)到平台的资金,银行应当及时核查是否如实计入投资人的账户,在 P2P 平台申请将这些资金从投资人账户中划出转到认购的融资标的时,银行应当在履行通知投资人这一程序后,再同意将资金划出,以使投资人明确资金的真实用途。而对投资人直接指定申购某个融资标的的资金,或购买 P2P 平台推出的理财产品时,可以简化通知程序。在融资标的开始还款时,银行应当将回款资金的信息同步通知 P2P 平台和投资人,并及时转入投资人账户中以应付提现的需要。更为重要的是应考虑是否授予存管银行止付权,即当 P2P 平台融资标的出现逾期的数量和逾期金额超过正在运行的融资标的的一定比例(例如可设置为 5%～10%),存管银行有权暂缓或中止将投资人资金继续划入融资标的中,以迫使平台注重融资标的审查和贷后管理,加强债权催收,但这种止付权需要获得监管政策的首肯,以及征得平台、投资者授权同意,并且应当有一定的行使期限和次数的限制。

(三)加强 P2P 平台经营规律的研究

普惠金融是近年来出现的新理念,那么,P2P 平台究竟是不是普惠金融? P2P 平台的比较优势是降低了中小企业的融资难度和成本,而实际运行情况如何呢? 从一些 P2P 平台发布的融资回报率(平台手续费＋出资方利润)来看并不低于银行贷款利率。[①] 此外,P2P 平台还有自身盈利以及运营成本,将这些数据都合并起来估算,企业从 P2P 平台融资的成本并不低。因此,要保持这个行业健康发展,还必须在优化商业环境、限制恶性竞争、降低费用支出上努力,并将回报率保持在合理水平,这既需要 P2P 平台广泛学习国际经验、优化经营管理能力,还需要各类商业智库和金融智库加强 P2P 行业的研究。

一方面,应当高度关注 P2P 平台产业链的演化新动向。P2P 金融产业及其形成过程和复制规律现在还没有被充分揭示,可以肯定的是,P2P 金融业应当遵循产业链规律。首先是经营模式上有可参照性。国内几家

---

① 巴曙松,侯鑫彧,张帅.基于生存模型的 P2P 平台生存规律与政策模拟研究[J].当代财经,2018(1):44-56.

开创时间较早、推出业务较全的 P2P 平台可以成为其他机构效仿的对象。其次是数据支持。P2P 平台需要建立网站、客户数据链、登录和管理账户等,现在有专门的科技公司帮助其建立进行网站设计、软件开发、数据管理、平台维护等。我国对金融科技公司并没有专门的准入要求,对民间金融业务客户数据库的保真要求、数据保存时间也没有特殊的规定以及严格的执行,导致网络金融平台可能出现将计算机中枢服务器设在国外,增大了篡改数据甚至销毁数据的风险。再次是营销模式。由于业务的同质性,P2P 平台在广告宣传、客户经理团队招募、业务提成激励等方面的竞争十分激烈。通俗的说法是,争取访问流量、引起民众关注、吸引投资者来参与。曾经有网站进行过 P2P 平台规模比较、返现率排名等活动,这也成为平台的一种营销手段。在 P2P 平台整顿和备案过程中,各类平台必然会出现过去的半合法化产业链向合法产业链上升或者滑入地下化、非法产业链的趋势。

另一方面,应充分利用 P2P 平台存储和自带的信息。P2P 平台是金融信息的一个重要来源,根据监管部门确定的小额金融信息中介的定位,P2P 平台将汇集众多金融供方和需方的信息,这些信息虽然不完全都是直接的交易信息,但对金融监管和风险控制是非常有意义的。

四、为 P2P 平台犯罪受害人提供各类服务

投资人对司法机关将会如何处置平台资产并不非常了解,一些投资者经济能力和法律意识不佳,未能找律师进行法律咨询,出现一些恐慌情绪。有些投资人甚至被平台首脑分子煽动利用,前往政府机关、司法机关办公处聚集、纠缠。对此,应当有妥善的处置方式。

（一）公安司法机关应加强信息公开、宣讲、信访接待等工作

公安机关在侦查过程中组成办案队伍,对 P2P 平台涉案人员进行调查,采取强制措施,对涉案证据进行收集、鉴证,会查封 P2P 平台的账目,冻结款项,停止所有的资金进出,追缴犯罪所得。同时,对涉及受害人人数多、金额大的 P2P 平台,当地政府部门会同公安机关组成处置工作领导小组,进行善后工作。

一是信息通报。各地办案和处置机关做法不一致,有的严格保密,有的则向部分新闻媒体通报信息,但很少有接待受害人并向其完整通报信息的,

尤其是平台可偿付金额、最终兑付方式等信息。基于办案便利和诉讼公正的平衡，以及从金融违法犯罪打击的有利性角度出发，笔者建议按照以下的时间节点有序对外公开信息，并针对受害人的诉求开展法制宣传。既告知受害人政府和司法机关坚决打击金融犯罪、保护群众财产安全的立场，也要充分解释参与 P2P 平台高返现的危害和受害人需要承担的民事风险(见表 8－2)。对于个别不信服、不理解的受害人，应引导其到正规的涉法、涉诉信访渠道理性地反映问题，接访中应注意政策法律宣传和人性化抚慰相结合，避免生硬拒绝、打官腔，以免造成受害人走上拘禁、伤害 P2P 平台经营者及其家属、报复社会或自杀等极端道路，增加社会稳定风险。

表 8－2　P2P 平台风险处置中信息公布时点明细表

类型	专案组组成单位、成员信息、受理联系方式	平台总体资金情况	平台实际控制人到案情况	债权债务申报登记	平台资金追查资产处理变现动向	评估审计结果	债权人、债权数额确认情况	平台整体处置方案	资金退偿方案	资金退(偿)还时间进度
立案后	✓									
侦查初期阶段		✓	✓							
侦查中间阶段				✓	✓					
侦查终结						✓	✓			
审理阶段（含附带民事诉讼）								✓		
判决执行阶段									✓	✓

二是取证。对于深陷非法吸收公众存款案件的投资者对案件侦查情况非常焦虑，为避免投资者聚集且相互感染，可以采取科技化、远程化的取证方法，由公安机关协同受害人所在地公安部门进行投资人身份核实以及受

骗、受损情况登记,然后将证据材料汇集提交给办案机关。① 参与 P2P 平台资金存管的银行也应当协助公安机关对投资标的款项进出、回报计算、投资人账户金额等提供准确信息。

(二)加强对投资人和被害人的研究甄别

随着 P2P 平台发案数量逐渐增加,我们可以通过统计在 P2P 平台上蒙受投资损失的投资人的构成比例、职业背景、资产情况、投资经历等因素,借助社会人类学的分析方法来了解为什么是这个群体容易受损,怎样帮助他们避免未来的投资损失。根据一些媒体披露的信息显示,近期集中爆发问题的 P2P 平台中,有一定比例的投资者是长年转战于各个平台的职业投资者(网络媒体俗称为"羊毛党")。他们的投资风格特色是:一是偏好于投高收益率的标的;二是在一些平台中投一两次后就撤走资金,然后再去追逐更高收益的平台,也就是说,他们的赌性较强。还有一些投资者是被介绍或被邀请进平台的小额投资者,他们对股市和房地产市场比较失望,但又不愿意将资金存入收益率稳低的余额宝理财、银行理财中,故想在 P2P 平台中试一把。这两类投资者都能通过平台的风险承受能力测试,在投资经验上也不算太差,但在平台出现兑付问题时,他们的反应却比较激烈,并准备采取到办案机关和政府部门聚集和信访、要求政府给予救助等措施,其实 2015 年以来一些平台屡次倒闭的事件也没有束缚住他们的手脚,或者让他们改变投资风格。这使得我们要重新审视转型时期我国投资者的投资心态和状态、风险倾向性等指标,不应再一味单纯地认为投资者都是无辜受害者。当然,尽管这些投资者具有投机性,但在法律面前,所有的债权都应平等保护。

(三)加强宣传解释

由于 P2P 金融业务诞生于互联网,在诸多 P2P 平台出现兑付困难以及倒闭、逃逸的时刻,在平台上有未追回款项的投资人纷纷采用组成微信群、QQ 群等方式进行联络,开展维权活动。这类虚拟社群在沟通信息、安抚受害人情绪、发现案件线索方面发挥了一定的作用,但也存在一些负面作用,例如有些微信群讨论采取比较极端的方式去 P2P 平台经营地址和负责人家中讨债维权,或去瓜分 P2P 平台的固定资产、房产、车辆等。有些群里讨论

---

① 王书斌,谭中明,陈艺云. P2P 网贷债权市场中违约舆情的传染机制[J].金融论坛,2017(11):56-69.

如何向政府部门和公安机关请愿、施压,要求快速兑付。甚至有些社群还流传一些不合法诉求,例如筹资、施压将 P2P 平台涉案嫌疑人保释出来以继续经营,有些不明用心的人还在群内散发悲观、误导信息,或者为 P2P 平台经营者脱罪、"洗白",以混淆事实,转移矛盾。又或者鼓吹群内投资者"转战"其他 P2P 平台、投资其他风险业务,以挽回损失,故我国在加强 P2P 平台行业整顿的同时也需要规范网络环境,扩大官方信息发布传播的力量,强化正规信息发布和交流渠道的建设,金融监管部门、网信部门、公安机关对虚拟社群中的不合理诉求、违法倾向要及时察觉和澄清,根据法律和政策进行正确引导,不避讳、不拖延。

五、发挥行业协会治理作用

对于民众应当如何选择安全的 P2P 平台,金融治理主体应当为其提供一些帮助。互联网金融协会应当成为 P2P 平台的"娘家",鼓励甚至要求更多的 P2P 平台加入,充分发挥效能。

第一,互联网金融协会可以整理发布 P2P 平台经营状况定期报告,在 P2P 平台自愿的情况下滚动公开其融资规模、现时未收回投资状态、投资人人数等信息。可以要求 P2P 平台及时发布重大事项。对于可能涉及 P2P 平台商业秘密的融资标的内容、预期收益率等指标可以进行技术处理后再公开。

第二,互联网金融协会可以为 P2P 平台推荐和筛选提供专业服务的律师事务所、会计师事务所,并关注这些中介机构在 P2P 平台合规性核查中发现的问题,包括 P2P 平台的信息披露是否完整;在融资总额、有效标的、逾期标的、费率方面是否如实披露;有没有代偿现象;有没有超过最高限额发布融资标的现象;有没有全面实施投资人资金银行存管;P2P 平台股东的其他关联公司与平台之间有没有资金业务往来等。

第三,互联网金融协会可以总结 P2P 平台在风险审核、风险控制、风险分担方面的有效经验,树立一些标兵,进行介绍宣传。

第四,互联网金融协会应当引导和帮助 P2P 平台开展业务创新,摆脱同质化竞争局面。基于互联网的企业间的融资借贷撮合是一种新的发展方向,它可以避免个人投资者承担风险能力弱等问题,在投资出现逾期时可以以定向发行企业债券、相互参股等方式化解,这就需要互联网金融协会出面建设平台和信息交换机制,以利于各类 P2P 平台开展资金供需对接。

第五,互联网金融协会也应当要求 P2P 平台及时释放风险,不能将融资标的逾期情况隐瞒不公布,不能变相为用资人兜底支付。同时还应采取一些措施,帮助 P2P 平台催收逾期债权,例如可以进行联合催收、建立用资人黑名单等。

第六,对于爆出风险的 P2P 平台,互联网金融协会可以汇总统计受害人信息,反映集体关注问题;可以帮助查找、核实 P2P 平台经营者信息和与其他 P2P 平台的关联情况;可以向监管部门和公安机关上报行业动向;可以联系协调其他有实力平台参与资产处置,消化部分 P2P 平台债务。

六、社会多元参与

我国法律规定,律师可以在侦查阶段为受害人提供法律服务,律师的作用是帮助受害人认清法律风险和资金风险。律师可以帮助受害人整理和保存证据,向公安司法机关提交救济申请材料,和受害人一起关注案件侦查审判的进展情况。在资金风险方面,律师可以通过宣讲刑法、金融法规、政策关于 P2P 平台非法吸收资金的处理方式,帮助受害人核对投资账目,甄别以往所取得收益合法性,确定被平台占用资金的具体数额,并对公安司法机关决定退还的资金或者其他退还方式的合法性、合理性进行商讨,用专业服务来维护被害人的权益。

各类法律援助机构、会计审计中介机构也应参与到处置过程中,为受害方提供免费或者优良的法律、财务服务,协助政府部门加快资产审核、债务清理速度,以独立第三方名义出具独立的法律和审计意见,增加公信力。

七、推动正式金融与民间金融相得益彰

各类正式金融机构要共同着力,建设和维护好通畅的产业链金融体系。具体而言,银行类金融机构可以为 P2P 平台的资金往来结算、借款人资信审核等提供便利,以及与 P2P 平台形成联合贷款、担保合作,并且约束各种表外业务、理财业务、通道业务,以免挤压 P2P 平台正常的发展空间。

银行还可以帮助规范信用卡透支理财等 P2P 平台资金供应端的一些不理性行为。一是改善信用卡持卡人的用卡习惯,合理规划透支。商业银行要及时发送消费警示,劝阻持卡人不要进行风险投资性透支。同时,商业银

行应当根据行为人投资次数和额度规定差别性、累进性的手续费标准,不能一味地鼓励行为人透支消费。二是要堵住信用卡取现、套现的渠道。人民银行的清算系统、网联支付应当能够识别一些经常受理信用卡消费的可疑第三方支付平台以及和 P2P 平台有密切业务联系的支付机构,在行为人发生交易行为时进行过滤审查或专门抽查,对相关业务进行缓付及撤销。三是征信系统和金融统计系统要发挥效能,强化实名制管理。对于信用记录不佳的持卡人,在 P2P 平台上有频繁投资记录的人员,对他们的信用卡应设置不同的关注级别,并及时将信息发送给监管部门。四是基于正式金融和民间金融杠杆风险同等的原则,应当阻止一些激进投资人通过民间金融的消费信贷渠道将资金投入 P2P 行业。

大型金融机构的普惠金融部门要和 P2P 平台之间形成配合之势,由银行担任产业链供应链业务主办方和上游出资方;P2P 平台充当产业链供应链业务协办方和下游出资方。尽量贯通上下游,精准地为小微企业融资。非银行类金融机构可以将部分中小企业融资需求分解、转移,例如证券行业可以为实力较强的企业提供股权融资、债券业务、资产证券化方面的延伸服务;融资租赁公司、商业保理公司、担保公司可以为 P2P 平台提供各种增值服务。负责金融信用体系建设的各类中介组织需要尽快推出 P2P 平台的信用评级机制和经营状况健康监测标准。

P2P 平台需要培育与融资企业之间的伙伴关系,加强商业信用培育,加深金融与商业之间的关联、约束和风险补偿关系的探索,让 P2P 与实体经济同向而行。

参考文献

一、中文文献

1. 刘宪权.金融犯罪刑法学原理[M].上海：上海人民出版社,2017.

2. 韩哲主.金融犯罪典型判例[M].北京：中国金融出版社,2018.

3. 毛玲玲.金融犯罪的实证研究——金融领域的刑法规范与司法制度反思[M].北京：法律出版社,2014.

4. 韩哲.银行业犯罪风险防范与罪刑适用[M].北京：中国金融出版社,2018.

5. 刘宪权.金融犯罪刑法学新论[M].上海：上海人民出版社,2014.

6. 陈辐宽.金融证券犯罪疑难问题解析[M].北京：中国检察出版社,2009.

7. 顾肖荣等.当前金融犯罪新问题研究[M].哈尔滨：黑龙江人民出版社,2008.

8. 郭华.互联网金融犯罪概说[M].北京：法律出版社,2015.

9. 李娜.社会管理创新视野下的金融犯罪防控研究[M].杭州：浙江大学出版社,2016.

10. 安曦萌.金融犯罪的刑法治理——以刑法谦抑为视角[M].北京：北京大学出版社,2017.

11. 蒋苏淮.金融刑法立罪研究[M].北京：中国人民大学出版社,2016.

12. 廖天虎.地下金融风险的刑法控制[M].北京：中国政法大学出版社,2016.

13. 李娜.论金融安全的刑法保护[M].武汉：武汉大学出版社,2009.

14. 胡启忠等.修正金融刑法适用研究[M].北京：法律出版社,2013.

15. 刘宪权.刑法学研究(第11卷)——互联网金融刑法规制研究》[M].上

海：上海人民出版社,2014.

16. 朱小黄,李永升,刘建.金融安全与法治建设研究[M].北京：中国法制出版社,2018.

17. 于世忠.刑法与民法交叉问题研究[M].厦门：厦门大学出版社,2018.

18. 封利强.司法证明过程论[M].北京：法律出版社,2012.

19. 刘建.金融刑法学[M].北京：中国人民公安大学出版社,2008.

20. 周剑云,谢杰.金融刑法——问题、争议与分析[M].上海：上海人民出版社,2016.

21. 杨团,葛道顺.中国社会政策研究十年·论文选(1999—2008)[M].北京：社会科学文献出版社,2009.

22. 王崇青.全流通时代的证券犯罪问题研究[M].北京：中国人民公安大学出版社,2014.

23. 韩哲,陈捷.银行业犯罪风险防范与罪刑适用[M].北京：中国金融出版社,2018.

24. 廖斌.非法集资犯罪防控研究[M].北京：中国政法大学出版社,2018.

25. 山口厚.从新判例看刑法[M].付立庆,刘隽,译.北京：中国人民大学出版社,2009.

26. 大谷实.刑法总论[M].黎宏,译.北京：中国人民大学出版社,2008.

27. 罗克辛.刑事政策与刑法体系[M].蔡桂生,译.北京：中国人民大学出版社,2011.

28. 魏礼群.创新政府治理,深化行政改革[M].北京：国家行政学院出版社,2015.

29. 史晋川等.制度变迁与经济发展：温州模式研究[M].杭州：浙江大学出版社,2002.

30. 张兆松.刑事司法公正的制度选择[M].北京：法律出版社,2008.

31. 楼伯坤.经济刑法学[M].杭州：浙江大学出版社,2017.

32. 李有星等.民间金融市场治理法律制度研究[M].杭州：浙江大学出版社,2016.

33. 高艳东等.金融诈骗罪研究[M].北京：人民法院出版社,2003.

34. 胡铭.转型社会多元纠纷解决[M].北京：知识产权出版社,2011.

35. 阮方民.洗钱罪比较研究[M].北京：中国人民公安大学出版社,2002.

36. 翁里.转型期犯罪侦查的理论与实践[M].北京：法律出版社,2010.

37. 叶良芳.转型期刑事立法的宪政制约研究[M].北京：知识产权出版社,2010.

38. 王敏远.刑事诉讼法修改后的司法解释研究[M].北京：中国法制出版社,2016.

39. 黄韬."金融抑制"与中国金融法治的逻辑[M].北京：法律出版社,2012.

40. 葛洪义.法与实践理性[M].北京：中国政法大学出版社,2002.

41. 焦宝乾.法律论证：思维与方法[M].北京：北京大学出版社,2010.

42. 钱弘道.治道的选择[M].北京：清华大学出版社,2005.

43. 邵劭.从无与从轻：疑罪的理论界分与实践运行[J].浙江学刊,2016(2).

44. 张成虎,武博华.金融和技术创新视角下网络金融犯罪的形成机理与治理策略[J].西安交通大学学报(社会科学版),2018(3).

45. 马微.跨区域互联网金融犯罪发展趋势与国际治理[J].华侨大学学报(哲学社会科学版),2017(2).

二、外文文献

1. Cavallo, Laura & Stefania P. S. Rossi. Scale and Scope Economies in the European Banking Systems[J]. Journal of Multinational Financial Management, 2001, Vol. 11, No. 4.

2. Philosophov, Leonid V. & Vladimir L. Philosophov. Corporate Bankruptcy Prognosis: An Attempt at a Combined Prediction of the Bankruptcy Event and Time Interval of Its Occurrence[J]. International Review of Financial Analysis, 2002, Vol. 11, No. 3.

3. Akers, Ronald L. Criminological Theories: Introduction, Evaluation, and Application[M]. Los Angeles: Roxbury, 2000.

4. Siegel, Larry. Criminology, 9th ed. [M]. CA: Thomson Learning, 2006.

5. Manning, George A. Financial Investigation and Forensic Accounting

［M］. FL：CRC Press，2005.

6. O'gara, John D. Corporate Fraud：Case Studies in Detection and
Prevention［M］. New Jersey：Wiley，2004.

索　引

后 记

本书是本人承担的国家社会科学基金项目"金融犯罪高发地区社会管理综合治理路径探析"的研究成果。自党的十八届三中全会以来,"社会治理"的概念取代了之前有关"社会管理""社会管理综合治理"等提法,故本书采用了"社会治理"的说法。

本书虽然完成了,但就金融犯罪这一大课题而言,我的探索还很稚嫩,收获更是微不足道。一切的取得都离不开师友们的指导和帮助,以及组织和领导的关心和支持,在此要特别感谢我的导师莫洪宪教授一直以来对我的关心和爱护;感谢钭晓东教授、李学兰教授、张炳生教授、刘满达教授、赵微教授、王慧博士对我的全面指导和关照,以及宁波大学法学院对我的科研工作所提供的支持。感谢上海交通大学出版社汪娜编辑对本书出版所付出的辛勤劳动。还有诸多的人士在此难以一一列举,唯有致以深深的谢意。虽然本人研究能力有限,但已与刑法学、犯罪学结下不解之缘,我愿继续跟随我所崇敬的师长们投身这一事业,贡献自己的微薄之力。

囿于本人的研究视野和水平,研究资料、研究时间等诸多因素的限制,本书仍存在不少缺陷与不足,恳请各位专家、读者批评指正,为我今后进一步深入研究,提供宝贵意见。

李 娜

2020 年 5 月